Internet und Recht

Herausgegeben von

Prof. Dr. Georg Borges
Ruhr-Universität Bochum

Band 12

Prof. Dr. Martin Kutscha/Sarah Thomé, LL.M.

Grundrechtsschutz im Internet?

Nomos

Die Deutsche Nationalbibliothek verzeichnet diese Publikation in der Deutschen Nationalbibliografie; detaillierte bibliografische Daten sind im Internet über http://dnb.d-nb.de abrufbar.

ISBN 978-3-8329-7907-2

1. Auflage 2013

Vorwort

„Verteidige Dein Netz!“ – Mit diesem Slogan rief das US-amerikanische Internetunternehmen *Google* Ende November 2012 u. a. in ganzseitigen Zeitungsanzeigen zum Protest gegen die Verabschiedung des Leistungsschutzgesetzes in Deutschland auf. Aber handelt es sich beim Internet wirklich um „unser“ Netz, wie der Anzeigentext von *Google* suggeriert? In der Tat stellt die adäquate Erfassung und Einordnung des Internets und des milliardenfachen Datentransfers über dieses Medium das überkommene Rechtssystem vor gewaltige Herausforderungen.

Die Leitidee dieses Buches lässt sich so umschreiben, dass die Grundrechte eine wichtige Orientierungsfunktion für die Regelung der unterschiedlichen und zum Teil gegenläufigen Interessen der am weltweiten Netz beteiligten Akteure erfüllen können. Zwar sind die Grundrechte ursprünglich als Abwehrrechte gegenüber dem Machtanspruch der Staatsgewalt entstanden, entfalten ihre prägende Wirkung inzwischen in zunehmenden Maße aber auch auf die Rechtsbeziehungen zwischen „Privaten“ – wobei sich nicht zuletzt die Frage stellt, in welchem Maße dies auch für *global player* wie die großen Internetdienstleister gilt. Wir sind uns bewusst, dass die von uns entwickelten Positionen keine erschöpfende Antwort auf die komplexen Problemstellungen geben können. Immerhin hoffen wir, mit unserer Untersuchung einige Anstöße für die weitere Debatte in diesem Forschungsbereich geben zu können. Der Vollständigkeit halber sei erwähnt, dass wir beide jeweils nur für die mit unserem Namen gekennzeichneten Teile des Buches die inhaltliche Verantwortung tragen oder, pointierter formuliert, wir sind keineswegs in allen Punkten derselben Auffassung.

Unser Dank gilt allen, die uns mit Anregungen und Unterstützung bei der Verwirklichung dieses Projekts zur Seite gestanden haben und von denen hier nur einige namentlich genannt seien: Marianne Egger-de Campo, Fredrik Roggan, Olaf Winkel, Johannes Oppermann, Brigitte Thomé und nicht zuletzt auch die Dekanin des Fachbereichs 3 der Hochschule für Wirtschaft und Recht Berlin, Dörte Busch, durch deren Engagement die materiellen Voraussetzungen für diese Buchveröffentlichung sichergestellt wurden. Dank sagen möchten wir auch Georg Borges für seine Bereitschaft, das Buch in die Reihe „Internet und Recht“ aufzunehmen.

Berlin, im Januar 2013 *Martin Kutscha, Sarah Thomé*

Inhaltsverzeichnis

A. Erster Teil

Martin Kutscha

I. Einführung

1. Die aktuelle Herausforderung

Keine andere Technologie hat das Informations- und Kommunikationsverhalten der Menschen innerhalb so kurzer Zeit so grundlegend verändert wie der Einsatz von Computern sowie das Internet. Das Schlagwort „Ubiquitous Computing" kennzeichnet die Situation jedenfalls in den hochentwickelten Industriestaaten.[1] Dort nutzt der mobile Mensch nahezu stets und überall seinen elektronischen Rechner, sei es in Gestalt des PC am Arbeitsplatz oder in der Wohnung oder – in zunehmendem Maße – in Gestalt des überall einsatzbereiten Smartphones für die Kommunikation mit anderen, aber auch für vielfältige andere Zwecke („Multimedia"). Im Jahre 2011 waren nach einer Erhebung im Auftrag von ARD und ZDF bereits 73,3 % der Bevölkerung in Deutschland (51,7 Mill. Personen) „online",[2] und nach der „JIM-Studie 2011" gehen zwei Drittel der Jugendlichen jeden Tag ins Netz.[3] Nur ein so renommierter Sozialwissenschaftler wie *Wilhelm Heitmeyer* traut sich noch, in der Öffentlichkeit zu bekennen, dass er „Offliner" ist.[4] Wer ansonsten in der Wissenschaft, in der Politik oder in der Wirtschaft zugibt, nicht über ein Handy und einen PC zu verfügen, wird eher mitleidig belächelt. Vor allem junge Menschen, die nicht an einem sog. sozialen Netzwerk wie *Facebook* beteiligt sind, müssen mit sozialer Isolation rechnen:[5] Sie erfahren schlichtweg nicht mehr, wo die nächste Party stattfindet und was sonst „angesagt" ist. Und auch Suchmaschinen wie *Google* u. ä. entfalten inzwischen exkludierende Wirkungen. Eine

1 Vgl. nur *Friedewald/Raabe/Georgieff/Koch/Neuhäusler*, Ubiquitäres Computing, 2010, S. 33 ff.; *Heckmann*, Persönlichkeitsschutz im Internet, NJW 2012, 2631 (2633 f.); *Kühling*, Datenschutz in einer künftigen Welt allgegenwärtiger Datenverarbeitung, Verw. 2007, 153; zur Funktionsweise des Internet z. B. *Hoffmann-Riem*, Neue Kollektivität im World Wide Web als Herausforderung für das Recht, JZ 2012, 1081; aus kommunikationswissenschaftlicher Sicht *Bleicher*, Internet, 2010, S. 9 ff.

2 www.ard-zdf-onlinestudie.de (Abfrage am 7. 6. 2012).

3 Medienpädagogischer Forschungsverbund Südwest, JIM-Studie 2011, S. 65.

4 In einem Interview mit der „Berliner Zeitung" v. 4. 6. 2012. Freilich verfügt der Wissenschaftler über Mitarbeiterinnen, welche die Arbeit am Computer für ihn erledigen.

5 Vgl. z. B. *Worms/Gusy*, Verfassung und Datenschutz, DuD 2012, 92 (96); Zahlen zur Nutzung sozialer Netzwerke im Internet bei *Schlögel*, Das Bundesverfassungsgericht, die informationelle Selbstbestimmung und das Web 2.0, ZfP 2012, 85 (91 ff.).

Person, über die man im Internet kaum Informationen findet, kann nach der Wahrnehmung der „Onliner“ nicht besonders bedeutsam sein.[6]

Als repräsentativ für die optimistische Betrachtungsweise der massenhaften und ubiquitären Nutzung des Internet kann eine Stellungnahme der *„Piratenpartei Deutschland*“ gelten: „Die freie Kommunikation über digitale Netzwerke ermöglicht unserer Gesellschaft die klassischen Freiheitsrechte wie die Meinungsfreiheit und die freie Entfaltung der Persönlichkeit zu stärken. Sie schafft informierte Bürger und stärkt den demokratischen Diskurs, während neue Wirtschaftsbereiche entstehen und zum Wohlstand der Gesellschaft beitragen.“[7] Aber ist das Vertrauen in die grenzenlose Freiheitsentfaltung durch ein unreglementiertes Netz sowie dessen demokratische Potentiale wirklich berechtigt? Immerhin stoßen im Internet wie auch in der Welt „offline“ verschiedene Interessenpositionen aufeinander, deren Ausgleich sich häufig nicht einfach gestaltet. Dies lässt sich anhand eines scheinbar banalen Alltagsproblems verdeutlichen: So kollidiert das Bedürfnis des Menschen nach einer ruhigen Wohnumgebung nicht selten mit den Interessen jener, die gemeinsam mit anderen in der Nachbarschaft feiern wollen oder einfach mit ihrem Auto oder Motorrad die nächstgelegene Straße befahren und damit zwangsläufig Lärm erzeugen. Verbindliche Regeln zur Lösung dieses Konflikts erscheinen hier als unverzichtbar.

Verschiedene „Datenschutzskandale“ der letzten Jahre[8] haben das Bewusstsein dafür geschärft, dass auch bei der Nutzung des Internet und seiner vielfältigen Möglichkeiten unterschiedliche Interessenpositionen miteinander kollidieren. So geben Internetnutzer eine Vielzahl personenbezogener Daten z. B. bei den inzwischen massenhaft genutzten „sozialen Netzwerken“ ein, die zumeist nur einem bestimmten Empfängerkreis zur Kenntnis gelangen sollen. Die Betreiber solcher Netzwerke wie z. B. *Facebook* nutzen diese Daten hingegen für kommerzielle Zwecke, indem sie elektronisch ausgewertet und die Ergebnisse dann an andere

6 In diesem Sinne *Gersdorf*, Diskussionsbeitrag, VVDStRL 70 (2011), 100.

7 www.piratenpartei.de/politik/wissensgesellschaft/digitale-gesellschaft/ (Abruf am 7. 6. 2012); ausführlicher zur Debatte um die demokratischen Potentiale der digitalen Informationstechnologie z. B. *Meißelbach,* Web 2.0 – Demokratie 3.0? 2009; *Winkel,* Bürgerpartizipation – Organisation und Vitalisierung politischer Prozesse durch Electronic Government, der moderne staat 2011, 381 (392 ff.).

8 Vgl. dazu *Kutscha,* Informationelle Selbstbestimmung – Grundrecht ohne Zukunft? JBÖS 2010/2011, 1. Halbb. Frankfurt 2011, S. 377.

Unternehmen übermittelt werden.[9] Die durch Techniken des Data Mining ermöglichte „passgenaue“ Werbung wird von den meisten Internetnutzern vermutlich als willkommen oder als nur unerhebliche Belästigung empfunden. Kritik regt sich aber jedenfalls dann, wenn die Kenntnis der preisgegebenen Daten möglicherweise zu gravierenden Nachteilen für die Betroffenen führt. So wurde mit Empörung auf die Nachricht reagiert, dass die *Schufa* ein Forschungsprojekt in Auftrag gab, um herauszufinden, ob sich die bei *Facebook* gespeicherten Daten ihrer zahlreichen Mitglieder zur Beurteilung von deren finanzieller Bonität nutzen lassen.[10]

Ein weiteres Beispiel für die unerwartete Folgewirkung einer Mitteilung in *Facebook* und zugleich für die „Undichtigkeit“ im Hinblick auf den anvisierten Adressenkreis bietet der vom VGH München am 29. Februar 2012 (im Verfahren um die Prozesskostenhilfe zugunsten der Klägerin) entschiedene Fall:[11] Aus Ärger über Probleme mit ihrem Mobiltelefon hatte sich die Klägerin in ihrem privaten facebook-account abträglich über den betreffenden Mobilfunkbetreiber geäußert. Daraufhin hatte ihr Arbeitgeber, bei dem der Mobilfunkbetreiber Kunde ist, eine außerordentliche Kündigung gegenüber der Klägerin ausgesprochen.

Schon längst werden soziale Netzwerke indessen auch von staatlichen Sicherheitsbehörden ohne Wissen der Betroffenen zur Erhebung personenbezogener Daten benutzt.[12] Keineswegs aus der Luft gegriffen ist denn auch die Befürchtung, das Internet könne sich zu einer „perfekten Überwachungsmaschine“ entwickeln, die in den Händen einer totalitären Regierung die Ausforschung die Aktivitäten oppositioneller Kräfte erheblich erleichtert .[13]

Als abschreckendes Beispiel hierfür kann die Auswertung der elektronischen Kommunikation von Oppositionellen durch die Geheimdienste des Mubarak-Re-

9 Vgl. dazu im Einzelnen *Fuchs,* Facebook, Web 2.0 und ökonomische Überwachung, DuD 2010, 453; *Hess/Schreiner,* Ökonomie der Privatsphäre, DuD 2012, 105; *Hofmann,* Von lahmenden Jägern und gierigen Sammlern, in: Müller-Heidelberg u. a. (Hg.): Grundrechte-Report 2012, 2012, S. 29; *Karg/Thomsen,* Tracking und Analyse durch Facebook, DuD 2012, 729; *Mühlberg,* Der gescorte Mensch – Wege aus der „Facebook“-Falle, in: Bsirske, u. a. (Hg.): Grenzenlos vernetzt? 2012, S. 165; *Schuler-Harms,* Die kommerzielle Nutzung statistischer Persönlichkeitsprofile als Herausforderung für den Datenschutz, in: Sokol, Bettina (Hg.): Living by numbers, 2005, S. 5; *Steidle/Pordesch,* Im Netz von Google. Web-Tracking und Datenschutz, DuD 2008, 324; *Weichert,* Die Ökonomisierung des Rechts auf informationelle Selbstbestimmung, NJW 2001, 1463 (1464).

10 Vgl. „Berliner Zeitung“ v. 8. 6. 2012.

11 VGH München, DuD 2012, 461.

12 Vgl. *Schulz/Hoffmann,* Staatliche Datenerhebung in sozialen Netzwerken, DuD 2012, 7; *Henrichs/Wilhelm,* Polizeiliche Ermittlungen in sozialen Netzwerken, Kriminalistik 2010, 30; *Kant/Busch,* Ermittlungen von Polizei und Geheimdiensten im Internet, Bürgerrechte & Polizei/CILIP 98 ((1/2011), 40; *Schulski-Haddouti,* Gläserne soziale Netzwerke, Bürgerrechte & Polizei/CILIP 98 (1/2011), 32.

13 So *John Naughton,* nach *Hayes,* In einer durchsichtigen Welt, Bürgerrechte & Polizei/CILIP 97 (3/2010), 36 (46).

gimes in Ägypten genannt werden, wobei von deutschen Firmen entwickelte Überwachungssoftware benutzt wurde.[14]

Um einen Interessenkonflikt im Rahmen der Internetnutzung geht es auch bei den sog. „Bewertungsportalen“, in denen Nutzer ihre positive oder negative Meinung über Lehrer, Professoren, Ärzte oder Rechtsanwälte äußern und damit einem - zumeist kaum überschaubaren – Publikum zugänglich machen. Nicht selten empfinden die von solcher Kritik Betroffenen diesen „elektronischen Pranger“ als Verletzung ihrer Persönlichkeitsrechte, wie z. B. das Gerichtsverfahren um das Schülerportal *www.spickmich.de* zeigte.[15] In der Tat kann das Anprangern einer bestimmten Person aus der scheinbaren Anonymität des Netzes heraus („Cybermobbing“) sogar lebensbedrohende Folgen zeitigen, wie der Fall eines 17-jährigen Schülers zeigt, der sich Anfang April 2012 in der Stadt Emden ereignete: Der Schüler war unter den Augen der Nachbarn von der Polizei unter dem Verdacht des Mordes an einer Minderjährigen festgenommen worden. Darauf hin wurde in *Facebook* zur Lynchjustiz an dem – in Wahrheit unschuldigen – Schüler aufgerufen und etwa 50 Personen belagerten die Polizeistation, in der sie den „Mörder“ vermuteten.[16] Dieser Fall veranschaulicht wie kaum ein anderer die Ambivalenz des Internet: „Das gleiche Medium, das egalitäre Freiheit ermöglicht, schafft auch die Grundlage für ihre Gefährdung. Es ist nicht nur das Medium des gleichberechtigten aufgeklärten Diskurses, sondern auch des Internet-Mobs, der sich selbst aufstachelt und zur Selbstjustiz greift.“[17]

2. Das Untersuchungsprogramm

Die hier vorgelegte Untersuchung erhebt nicht den Anspruch, für alle der hier durch Beispiele verdeutlichten Konfliktfälle eine detaillierte Lösung auf der Grundlage der einschlägigen Normen des Datenschutz- und Telemedienrechts zu entwickeln. Ihr Ziel ist vielmehr die Betrachtung und Analyse der hier sichtbar werdenden Kollisionslagen im Lichte der jeweils betroffenen Grundrechte der verschiedenen Akteure. Im Mittelpunkt steht dabei das vom Bundesverfassungsgericht im berühmten „Volkszählungsurteil“ 1983 kreierte Recht auf informationelle Selbstbe-

14 Vgl. *Bütikofer,* Dual Use: Exportkontrolle ohne Zähne, Blätter f. dt. u. intern. Politik 12/2011, 9; *Morozov,* Interview in „Berliner Zeitung“ v. 30. 6./1. 7. 2012.

15 Vgl. BGH, NJW 2009, 2888; dazu im einzelnen unter VII.2.

16 Nach „Berliner Zeitung“ v. 3. 4. 2012.

17 *Roßnagel,* Persönlichkeitsentfaltung zwischen Eigenverantwortung, gesellschaftlicher Selbstregulierung und staatlicher Regulierung, in: Bieber/Eifert/Groß/Lamla (Hg.), Soziale Netze in der digitalen Welt, 2009, S. 271 (276).

stimmung[18] (Kapitel III.). Dieses kann u. a. durch Ermittlungen von Sicherheitsbehörden z. B. in sozialen Netzwerken betroffen sein.

Als für die Internetnutzung bedeutsame Grundrechte werden darüber hinaus das im Urteil zur „Online-Durchsuchung“ des Bundesverfassungsgerichts vom 27. Februar 2008 entwickelte „Computergrundrecht“ („Grundrecht auf Gewährleistung der Vertraulichkeit und Integrität informationstechnischer Systeme“)[19] erörtert (Kapitel IV.), ferner das in Art. 10 GG gewährleistete Fernmelde- oder Telekommunikationsgeheimnis (Kapitel V.). Eine nicht zu vernachlässigende Rolle spielt darüber hinaus die Menschenwürdegarantie des Art. 1 Abs. 1 GG, der die Verfassungsrechtsprechung sowohl das Gebot eines absoluten Schutzes für den Kernbereich privater Lebensgestaltung[20] als auch das Verbot der Schaffung umfassender Persönlichkeitsprofile[21] entnimmt – beide Ausprägungen des Menschenwürdeschutzes können bei der Ausforschung und Verknüpfung zahlreicher elektronischer Daten durchaus betroffen sein (Kapitel VI.).

Bei der verfassungsrechtlichen Beurteilung z. B. von Praktiken des Data Mining gilt es auf der anderen Seite allerdings auch die einschlägigen Grundrechte von Telemedienunternehmen wie *Facebook* zu berücksichtigen, nämlich vor allem das Grundrecht der Berufsfreiheit des Art. 12 GG, sofern dieses hier in Ansehung des Firmensitzes im Ausland überhaupt Anwendung findet.

Alle genannten Grundrechte richten sich schon nach ihrer Entstehungsgeschichte zunächst als Abwehrrechte gegen den Staat.[22] Ihren Geltungsanspruch müssen sie inzwischen aber auch gegenüber mächtigen Privatunternehmen behaupten, die mittlerweile mindestens ebenso viele personenbezogene Daten erheben und verarbeiten wie die staatlichen Stellen und damit die Freiheitssphären der Internetnutzer nicht weniger beeinträchtigen als der Staat.[23] In diesem Rahmen soll deshalb auch untersucht werden, in welchem Maße aus den staatsgerichteten Abwehrrechten Schutzpflichten des Staates gegenüber dem Zugriff durch Private abgeleitet werden können.

Um einen Grundrechtskonflikt zwischen verschiedenen Privaten geht es auch beim Betrieb von Internetportalen, auf denen z. B. Lehrer oder Professoren von „ihren“ Schülern oder Studierenden bewertet werden. Diese Thematik wird unter VII. behandelt.

18 BVerfGE 65, 1.
19 BVerfGE 120, 274.
20 Vgl. BVerfGE 6, 32 (41); BVerfGE 109, 279 (313); BVerfGE 120, 274 (335).
21 Vgl. BVerfGE 27, 1 (6); BVerfGE 65, 1 (57); BVerfGE 109, 279 (323).
22 Vgl. nur BVerfGE 21, 362 (369); *Fisahn/Kutscha,* Verfassungsrecht konkret, 2. Aufl. 2011, S. 1 ff.
23 Vgl. nur *Masing,* Herausforderungen des Datenschutzes, NJW 2012, 2305 (2306); *Simitis,* in: Ders. (Hg.), Bundesdatenschutzgesetz, 7. Aufl. 2011, Einl. Rdnr. 126.

Des Weiteren soll ein knapper Überblick der Debatte um eine den Bedingungen des Internet gerecht werdende Reform des Urheberrechts gegeben werden. Die millionenfach geübte Praxis des kostenlosen „Herunterladens“ von Werken vor allem der Musik und des Filmschaffens stellt dieses Rechtsgebiet vor neue Herausforderungen, auf die bisher noch keine überzeugende Antwort gefunden werden konnte. Die sich in diesem Kontext stellenden Grundrechtsfragen werden unter VIII. erörtert.

Abschließend werden die wesentlichen Ergebnisse der Untersuchung unter Kapitel IX. in Thesen zusammengefasst.

Zunächst jedoch soll aus einer übergreifenden und interdisziplinären Sicht der Frage nach dem Verhältnis von Privatsphäre und Öffentlichkeit nachgegangen werden. Ist dieses scheinbar eindeutige Gegensatzpaar wirklich geeignet, das Schutzgut der für die Internetnutzung zentralen Grundrechte genau zu bestimmen?

II. Privatsphäre und Öffentlichkeit

1. Privatsphäre – ein Auslaufmodell?

Angesichts der oben nur mit wenigen Stichworten umrissenen Entwicklung, massenhaft persönliche Daten im Internet preiszugeben, fehlt es nicht an Mahnungen vor dem „Ende der Privatsphäre“.[24] So schreibt z. B. der angesehene Journalist *Heribert Prantl:* „Privatsphäre ist ein Wort aus vergangenen Zeiten; es gibt sie nicht mehr. Vielleicht ist diese Feststellung ein wenig übertrieben, aber nur ein wenig. Die Privatsphäre schrumpft, sie verhutzelt zu einem angeblich unzeitgemäßen Ding. Die Privatsphäre sieht aus wie eine Dörrpflaume; informationstechnische Systeme trocknen sie aus, sie ergreifen Besitz vom beruflichen und vom privaten Alltag der Menschen.“[25] Die ehemalige Bundesverfassungsrichterin *Hohmann-Dennhardt* beklagt, dass das Gespür für die Bedeutung der Privatheit vielen verloren gegangen zu sein scheine.[26] Voyeurismus, so konstatieren auch andere, sei zur zentralen kulturellen Erscheinung der heutigen Gesellschaft geworden.

24 So der Titel eines Buches des Bundesdatenschutzbeauftragten *Schaar* (Das Ende der Privatsphäre, 2007). Schon in dem berühmten Aufsatz von *Warren/Brandeis,* The Right to Privacy, Harvard Law Review, Vol. IV Dec. 15, 1890 No.5 (Wiederabdruck in deutscher Übersetzung in DuD 2012, 755 mit Anmerkungen von *Weichert*) wird das „Übel des Eindringens in die Privatheit durch Zeitungen“ beklagt.

25 „Süddeutsche Zeitung“ v. 17./18. 3. 2012.

26 *Hohmann-Dennhardt,* Freiräume – Zum Schutz der Privatheit, NJW 2006, 545 (548); vgl. auch *Gurlit,* Die Verfassungsrechtsprechung zur Privatheit im gesellschaftlichen und technologischen Wandel, RDV 2006, 43 (48), die auf die bereits 1974 von *Richard Sennett* beschriebene „Tyrannei der Intimität“ verweist, ferner die Zitate aus der klassischen Literatur bei *Tinnefeld,* Sapere aude! Über Informationsfreiheit, Privatheit und Raster, NJW 2007, 625.

„Soziales Verhalten, das bislang in engen räumlichen Kreisen und sozialen Zirkeln geübt wurde, findet sich heute im ‚Netz' – für alle einsehbar, langfristig fixiert, jederzeit reproduzierbar."[27] Damit gibt es auch nicht mehr die Rückzugsmöglichkeit *backstage*. Die Philosophin *Beate Rössler* konstatiert deshalb den Verlust von Autonomie und Authentizität des Einzelnen als Möglichkeit, selbstbestimmt in verschiedenen sozialen Kontexten auch verschiedene Rollen spielen zu können. „Aus einem selbstbestimmten Agieren wird ein Agieren für Andere; der Begriff, die Idee, der Wert des selbstbestimmten, authentischen Handelns verschwindet."[28]

Was von den einen als Not beklagt wird, erscheint anderen wiederum als Tugend: „Prima leben ohne Privatsphäre"[29] – mit diesem Motto bringt der Blogger *Christian Heller* die Einstellung eines Teils vor allem der jüngeren, die Angebote des Internet ausgiebig nutzenden Generation zum Ausdruck.[30] Angesichts der technischen Entwicklung hält er den Kampf zur Rettung der Privatsphäre für längst verloren und begrüßt zugleich, dass der Pfad in die Post-Privacy „viele neue Freiheitsräume" eröffne.[31] Er plädiert für Transparenz, um auf diese Weise der Geheimhaltung der Mächtigen entgegenwirken zu können. Dabei werden allerdings die unterschiedlichen Zielsetzungen z. B. von *Wikileaks* einerseits und *Facebook* andererseits übersehen. Wer seine Verhältnisse offen lege, so meint *Heller*, „findet Leidensgenossen, mit denen er sich zu einem gemeinsamen Vorgehen zusammentun kann."[32] Zweifellos kann die Offenbarung persönlicher Lebensverhältnisse zu Solidarisierungseffekten führen, sie kann aber auch das Gegenteil bewirken. Inzwischen mehren sich Berichte über „Cyber-Mobbing". Bei einer Forsa-Umfrage im Jahre 2011 gaben 32 Prozent der 14- bis 20-Jährigen an, bereits Opfer von

27 *Nettesheim*, Grundrechtsschutz der Privatheit, VVDStRL 70 (2011), 7 (10); ähnlich der Tenor bei *Wagner*, Schutz der Privatheit – Informationsgesellschaft ohne Tabu? DuD 2008, 736 sowie bei *Hermida del Llano*, Die Verteidigung der individuellen Privatsphäre innerhalb des „sozialen Exhibitionismus", DuD 2011, 639; dort auch ein pointiertes Zitat von *Umberto Eco*: „Es ist paradox, dass man für den Schutz der Privatsphäre in einer Gesellschaft von Exhibitionisten kämpfen muss." (640).

28 *Rössler*, Privatheit und Autonomie: zum individuellen und gesellschaftlichen Wert des Privaten, in: Seubert/Niesen (Hg.), Die Grenzen des Privaten, 2010, S. 41 (47).

29 So der Untertitel von *Heller*, Post-Privacy, 2011. Von solchen Positionen zu unterscheiden ist das Plädoyer z. B. des *Facebook*-Gründers *Mark Zuckerberg*, sich von der Privatsphäre zu verabschieden, dem offensichtlich eigene ökonomische Interessen zugrunde liegen; vgl. *Reppesgaard, Global Players*: Die großen Internetunternehmen betrachten den Datenschutz eher als Geschäftshindernis, in: Schmidt/Weichert (Hg.), Datenschutz, 2012, S. 412 (413).

30 Auf der anderen Seite konstatieren empirische Untersuchungen wie z. B. die „JIM-Studie 2011" eine wachsende Sensibilität Jugendlicher beim Umgang mit ihren Daten. Danach versuchen 79 %, ihr Profil in sozialen Netzwerken mit einer Privacy-Option vor dem Einblick Fremder zu schützen (Medienpädagogischer Forschungsverbund Südwest, JIM-Studie 2011, S. 51); gegen die These einer freiwilligen Preisgabe der Privatsphäre auch *Kaiser*, Rechtlich gefordertes Nichtwissen im virtuellen Raum – Der Schutz der Privatsphäre im Web 2.0, in: Hill/Schliesky (Hg.), Die Vermessung des virtuellen Raums, 2012, S. 55 (68); *Peifer*, Persönlichkeitsschutz und Internet, JZ 2012, 851 (855).

31 *Heller*, a. a. O., S. 8.

32 *Heller*, a. a. O., S. 135.

Cyber-Mobbing geworden zu sein.[33] *Heller* muss selbst einräumen, dass z. B. das Coming-out eines Homosexuellen „alles andere als ungefährlich“ ist.[34] In der Tat: In einer liberal geprägten Großstadt wie z. B. Berlin wird Homosexualität von der Mehrheit nicht mehr als verwerflich empfunden (wie z. B. die Akzeptanz einiger bekannter Politiker zeigt), in anderen Staaten kann eine solche Offenbarung jedoch zu einem Strafverfahren führen oder sogar lebensgefährlich sein – und im Internet verbreitete Informationen lassen sich nicht auf die Kenntnisnahme in Staaten mit einer vergleichbar liberalen Rechtsordnung beschränken.[35]

Freilich kann die Preisgabe von „Privatem“ auch Ausdruck der Behauptung des Selbst in der Öffentlichkeit sein. So gewinnt man nicht selten den Eindruck, dass laute und ausgiebige Handy-Telefonate auf der Straße oder in der S-Bahn typischerweise von jenen geführt werden, die ansonsten nur „wenig zu sagen haben“ . Vermutlich ahmen sie damit ein Stück weit die Inszenierung des Privaten durch manche Politiker und andere Prominente gegenüber den Massenmedien nach.[36]

2. Abgrenzungsversuche im Wandel der Zeiten

Dissens besteht indessen nicht nur über die Notwendigkeit, die Privatsphäre zu schützen, sondern auch über den Inhalt dieses Begriffs selbst. Im Grundgesetz findet er sich nicht, anders als in der Europäischen Menschenrechtskonvention, die in ihrem Art. 8 vom Recht auf Achtung des „Privat- und Familienlebens“ spricht, was dann auch in Art. 7 der Charta der Grundrechte der Europäischen Union von 2000 übernommen wurde.[37]

Eine Begriffsbestimmung anhand eines Kriteriums versucht etwa *Hans-Detlef Horn* mit Hilfe einer einfachen Formel: „Privat ist, was andere nichts angeht.“[38] Es ist allerdings fraglich, ob diese Formel mehr als eine Tautologie darstellt. Wer bestimmt nach Maßgabe welcher Kriterien, „was andere nichts angeht“? Zu dieser Frage dürfte es nicht selten unterschiedliche Auffassungen geben. Nehmen wir als Beispiel die am 22. April 2008 im Bundeskanzleramt ausgerichtete Geburtstags-

33 Nach „Berliner Zeitung“ v. 1. 3. 2012.

34 *Heller,* a. a. O., S. 135.

35 Im Übrigen dürfte vielen Jüngeren nicht mehr bekannt sein, dass auch in Deutschland noch bis 1994 einvernehmliche homosexuelle Handlungen von Männern unter bestimmten Voraussetzungen strafbar waren und dass auch das BVerfG 1957 die Strafbarkeit der „Unzucht zwischen Männern“ nach § 175 StGB für verfassungsmäßig befand, BVerfGE 6, 389; dazu *Lamprecht,* Ich gehe bis nach Karlsruhe, 2011, S. 54 ff.

36 Dazu *Loosen,* (Massen-)Medien und Privatheit, in: Schmidt/Weichert (Hg.), Datenschutz, 2012, S. 52 (57).

37 Vgl. dazu im Einzelnen *Marauhn,* in: Heselhaus/Nowak (Hg.), Handbuch der Europäischen Grundrechte, 2006, § 19 sowie *Schweizer,* Die Rechtsprechung des Europäischen Gerichtshofes für Menschenrechte zum Persönlichkeits- und Datenschutz, DuD 2009, 462.

38 *Horn,* Schutz der Privatsphäre, HStR VII, 3. Aufl. 2009, § 149 Rdnr. 1.

feier für den damaligen Vorstandsvorsitzenden der Deutschen Bank, *Josef Ackermann*[39] . Aus der Sicht der Bundeskanzlerin und vieler ihrer Gäste dürfte diese Veranstaltung und ihre Umstände nur den Kreis der Eingeladenen „etwas angehen“, aus der Sicht der Steuerzahler, die für die Kosten aufkommen mussten, indessen die Allgemeinheit. War die Nutzung des Dienstgebäudes und die Bewirtung der geladenen Gäste also „privat“ oder nicht?

Das OVG Berlin-Brandenburg hat diese Frage in seinem Urteil vom 20. März 2012 mit guten Gründen verneint: Die Gäste der Veranstaltung hätten nicht darauf vertrauen können, dass ein Kontakt mit der Bundeskanzlerin im Rahmen der Wahrnehmung ihrer Amtsgeschäfte nicht an die Öffentlichkeit gelangen würde. „Mit der Annahme der Einladung sind sie vielmehr in einen Bereich des öffentlichen Meinungsaustausches eingetreten, der nicht dem Kernbereich ihrer geschützten Privatsphäre zuzurechnen ist...Dass das Abendessen auf Seiten des Bundeskanzleramtes Teil der Regierungstätigkeit, auf Seiten der eingeladenen Gäste aber eine reine Privatangelegenheit sein soll, ist nicht nachvollziehbar.“[40] – Damit hat das Gericht die Relativität von Privatheit gut verdeutlicht. Im Ergebnis bestätigte es jedenfalls einen Anspruch auf Informationszugang nach dem Informationsfreiheitsgesetz des Bundes hinsichtlich der Gästeliste und einiger anderer Unterlagen zu den Umständen der Geburtstagsfeier. Auf der anderen Seite verdeutlicht das Beispiel dieser Veranstaltung im Bundeskanzleramt, dass die Verschmelzung der Grenzen zwischen Privatem und Öffentlichem seitens der Regierenden keineswegs als Gefahr gesehen wird – der vertraute Umgang mit den Mächtigen der Wirtschaft erscheint vielmehr als politische Notwendigkeit.[41]

In der Wissenschaft besteht weitgehend Einigkeit darüber, dass Privatheit eine „kulturelle Konstruktion“[42] darstellt, in der jeweils die sich wandelnden gesellschaftlichen (Macht-) Verhältnisse zum Ausdruck gelangen. Den historischen Ausgangspunkt dieser Entwicklung bildet die Unterscheidung zwischen dem auf der Agora verhandelten Politischen und dem Haushalt („oikos“) durch *Aristoteles.*[43] In dessen Sicht erschien nur die Aktivität im politischen Raum als „gutes Leben“, während der Haushalt für die materielle Reproduktion notwendig war. Im römischen Reich wurde diese Vorstellung übernommen, wovon bereits der vom

39 Dazu *Bode/Pink,* Geburtstagsparty im Kanzleramt, Blätter f. dt. u. intern. Politik 6/2012, 75.

40 OVG Berlin-Brandenburg, DuD 2012, 687 (689).

41 Vgl. *Bode/Pink* a. a. O., S. 81.

42 So aus politikwissenschaftlicher Sicht *Seubert,* Der gesellschaftliche Wert des Privaten, DuD 2012, 100 (101); in diesem Sinne auch z. B. *Albers,* Grundrechtsschutz der Privatheit, DVBl. 2010, 1061; *Nettesheim,* Grundrechtsschutz der Privatheit, VVDStRL 70 (2011), 7 (9); *Schaar,* Das Ende der Privatsphäre, 2007, S. 15 ff.; *Volkmann,* Schutz der Privatsphäre im freiheitlich-demokratischen Rechtsstaat, AnwBl. 2009, 118 (119); *Worms/Gusy*, Verfassung und Datenschutz, DuD 2012, 92 (93).

43 Vgl. im Einzelnen *Rosenzweig,* Von der Bedeutung des Privaten für die Politik: Grenzziehungen zwischen *oikos* und *polis* bei Platon und Aristoteles, in: Seubert/Niesen (Hg.): Die Grenzen des Privaten, 2010, S. 25.

lateinischen Verb „privare“ (= berauben) abgeleitete Begriff des Privaten zeugt. Ein Bürger, der sich nicht um die Politik kümmerte, wurde dem entsprechend als „privatus“ bezeichnet.

Erst die Vordenker des Liberalismus wie *Wilhelm von Humboldt*[44] und später dann *John Stuart Mill*[45] postulierten dem gegenüber ein Recht des Menschen auf Individualität, das inzwischen konstitutiv für das normative Selbstverständnis moderner, auf der Marktwirtschaft beruhender Gesellschaften ist. In dieser Perspektive erscheint der Mensch als autonomes Selbst, das selbständig entscheiden und handeln kann.[46] Seinen Ausdruck fand dieses Verständnis von Selbstbestimmung z. B. schon in der „Erklärung der Menschen- und Bürgerrechte“, einem der wichtigsten Dokumente des revolutionären Frankreichs von 1789. In dessen Art. 4 heißt es: „Die Freiheit besteht darin, alles tun zu können, was einem anderen nicht schadet.“ Aber schon der junge *Marx* geißelte die Beschränktheit dieser individualistischen Konzeption der Menschenrechte: Keines davon ginge „über den egoistischen Menschen hinaus, über den Menschen, wie er Mitglied der bürgerlichen Gesellschaft, nämlich auf sich, auf sein Privatinteresse und seine Privatwillkür zurückgezogenes und vom Gemeinwesen abgesondertes Individuum ist.“[47] Es ist vor allem die auf der Verteilung des Eigentums beruhende soziale Ungleichheit der Menschen, die von den Menschenrechtskatalogen der damaligen Zeit ausgeblendet wird. „Für eine wachsende Zahl von Menschen“, bemerkt der ehemalige Verfassungsrichter *Ernst-Wolfgang Böckenförde,* „wurde die allen gewährleistete rechtliche Freiheit zur leeren Form, weil ihnen die sozialen Voraussetzungen zur Realisierung dieser Freiheit fehlten; soziale Ungleichheit ging über in soziale Unfreiheit.“[48]

Zur Kehrseite des menschenrechtlichen Ideals bürgerlichen Privatlebens gehören auch die lange Zeit nicht in Frage gestellten Herrschafts- und Gewaltverhältnisse in der Familie:[49] Die Anwendung körperlicher Gewalt gegenüber Frauen und Kindern wurde noch bis in die jüngste Vergangenheit als quasi-natürliches Recht des „Hausherrn“ betrachtet. Bis 1997 konnte wegen Vergewaltigung („Notzucht“) nur bestraft werden, wer zum „*außerehelichen* Beischlaf“ genötigt hatte,[50] und erst durch das „Gesetz zur Ächtung der Gewalt in der Erziehung und zur Änderung des

44 *V. Humboldt,* Ideen zu einem Versuch, die Grenzen der Wirksamkeit des Staats zu bestimmen (1792), Reclam-Ausgabe 1967, S. 22 ff.

45 *Mill,* Über die Freiheit (1859), Nachdruck 1988.

46 Vgl. *E.-W. Böckenförde,* Vom Wandel des Menschenbildes im Recht, in: Ders., Wissenschaft, Politik, Verfassungsgericht, 2011, S. 13 (24 ff.); *Grimm,* Recht und Staat der bürgerlichen Gesellschaft, 1987, S. 11 ff.; *Seubert,* Privatheit und Öffentlichkeit heute, in: Seubert/Niesen (Hg.), Die Grenzen des Privaten, 2010, S. 9 (12 ff.).

47 *Marx,* Zur Judenfrage (1843), in: MEW Bd. 1, 1976, S. 347 (366).

48 *E.-W. Böckenförde* a. a. O., S. 35.

49 Vgl. *Nettesheim,* Grundrechtsschutz der Privatheit, VVDStRL 70 (2011), 7 (15); *Seubert* a. a. O., S. 14.

50 So § 177 Abs. 1 StGB a. F.

Kindesunterhaltsrechts“ vom 2. November 2000[51] wurde das Recht der Kinder auf gewaltfreie Erziehung im BGB verankert und damit das „gewohnheitsrechtliche“ elterliche Züchtigungsrecht abgeschafft.[52] Die Sozialwissenschaftlerin *Sandra Seubert* hat die Ambivalenz von Privatheit denn auch treffend auf den Punkt gebracht: „Das Private kann der enge Käfig sein, der uns einschließt und uns hilf- und widerstandslos den Wirkungen sozialer Macht überlässt. Oder es kann die Bedingung der Selbsterschaffung darstellen, die der Autonomie unseres Handelns einen Sinn und einen sozialen Bezug vermittelt.“[53]

3. Öffentliches Recht und Privatrecht: verschwimmende Grenzen

Auch die gängige Unterscheidung zwischen Öffentlichem Recht und Privatrecht hat ihre Wurzeln bereits im Altertum; in ausformulierter Form begegnet sie uns in den *Digesten* als dem Kernstück des berühmten Corpus Juris Iustinianus von 533: „publicum ius est, quod ad statum rei Romanae spectat, privatum quod ad singulorum utilitatem...“.[54] Entscheidend für die Abgrenzung ist demnach der jeweilige Interessenhorizont: Geht es um das Gemeinwohl oder um den Nutzen für den Einzelnen?

Zwar lassen sich einfach gelagerte Sachverhalte mit Hilfe der gängigen Abgrenzungstheorien meist problemlos einem der beiden Gebiete zuordnen.[55] Diese Abgrenzungslehren versagen jedoch angesichts der gegenwärtigen Verflechtungen von Staat und Wirtschaft zusehends.[56] Vor allem im Zuge der Privatisierungswelle seit den achtziger Jahren sind inzwischen zahlreiche sog. „gemischtwirtschaftliche Unternehmen“ entstanden, bei denen die Zuordnung zu einem der beiden Rechtsregimes schwer fällt.[57] Als abschreckendes Beispiel für die unüberschaubare Ver-

51 BGBl. I 2000, 1479.
52 § 1631 Abs. 2 BGB; zum Hintergrund *Roxin,* Die strafrechtliche Beurteilung der elterlichen Züchtigung, JuS 2004, 177.
53 *Seubert* a. a. O., S. 21.
54 Nach *Dulckeit/Schwarz,* Römische Rechtsgeschichte, 4. Aufl. 1966, S. 36.
55 Vgl. nur *Katz,* Staatsrecht, 18. Aufl. 2010, § 2 Rdnr. 9 ff.; *Peine,* Allgemeines Verwaltungsrecht, 9. Aufl. 2008, Rdnr. 116 ff.
56 Vgl. dazu *Grimm,* Das Öffentliche Recht vor der Frage nach seiner Identität, 2012, S. 30 ff. sowie die Kritik von *Stolleis,* Geschichte des öffentlichen Rechts in Deutschland, IV. Band, 2012, S. 673, der u. a. die „zunehmende Verwischung des Unterschieds von Gemeinwohl und Individualinteresse“ beklagt.
57 Zur grundsätzlichen Problematik näher *Kutscha,* Verfassungsfragen der Privatisierung von Staatsaufgaben, NJ 1997, 393; *Laskowski,* Privatisierung der Wasserversorgung, KJ 2011, 188; *Rinken,* Die Erosion des Öffentlichen, in: Festschrift für H.-P. Schneider, 2008, S. 97 (107); kritisch zum an marktwirtschaftlichen Leitbildern orientierten „Neuen Steuerungsmodell“ der Verwaltung z. B. *Penski,* Staatlichkeit öffentlicher Verwaltung und ihre marktmäßige Modernisierung, DÖV 1999, 85; *Schaefer,* Neues vom Strukturwandel der Öffentlichkeit, Staat 2012, 251 (268 ff.).

schachtelung öffentlichrechtlicher und privatrechtlicher Organisationsformen kann hier die inzwischen aufgelöste „Bankgesellschaft Berlin"[58] gelten. Solchen „Wildwuchs an dogmatisch nicht domestizierten und ohne erkennbaren Systemwillen errichteten staatlichen oder halbstaatlichen Organisationen, die zur Ausbildung apokrypher Rechtseinheiten führen," beklagt zu Recht *Horst Dreier*. Seine Schlussfolgerung lautet: „Wo es aber an Klarheit, Transparenz und Zurechenbarkeit fehlt, kann auch demokratische Steuerung nicht greifen."[59]

Die Problematik der Grenzverwischung zwischen den Regimes des Öffentlichen Rechts und des Privatrechts stellt sich indessen nicht nur im Hinblick auf die mangelnde demokratische Kontrollierbarkeit, sondern auch hinsichtlich der Frage der Grundrechtsbindung solcher „hybriden" Organisationen. Dies zeigt das Beispiel des von der *Fraport AG* im Jahre 2003 verhängten „Flughafenverbots" gegen Aktivisten der „Initiative gegen Abschiebungen": Die Aktien der den Flughafen Frankfurt a. M. betreibenden *Fraport AG* gehörten zum damaligen Zeitpunkt zu 70 Prozent dem Land Hessen, der Stadt Frankfurt und der Bundesrepublik Deutschland; die Anteile von Privaten haben sich inzwischen durch Aktienverkäufe erhöht. Um die Frage, ob die Grundrechte der Meinungsfreiheit und der Versammlungsfreiheit auch auf dem Gelände der privatrechtlich organisierten *Fraport AG* gelten, ist in den letzten Jahren bis zum Bundesverfassungsgericht gestritten worden. In seinem Urteil vom 22. Februar 2011 hat das Gericht diese Frage grundsätzlich bejaht. „Die Nutzung zivilrechtlicher Formen enthebt die staatliche Gewalt nicht von ihrer Bindung an die Grundrechte gemäß Art. 1 Abs. 3 GG."[60] Besonderes Interesse verdient in unserem Zusammenhang der Verweis des Gerichts auf die rechtlichen Folgewirkungen der „Eröffnung eines Verkehrs zur öffentlichen Kommunikation." Würden Räume durch die Einrichtung von Ladengeschäften, Dienstleistungsanbietern, Restaurants und Erholungsflächen für ein Nebeneinander verschiedener, auch kommunikativer Nutzungen geöffnet und damit zum öffentlichen Forum, „kann aus ihnen gemäß Art. 8 Abs. 1 GG auch die politische Auseinandersetzung in Form von kollektiven Meinungskundgaben durch Versammlungen nicht herausgehalten werden."[61] – Richtig wurde hier erkannt, dass ein im Eigentum einer Aktiengesellschaft befindliches und dem Privatrecht unterstehendes Areal zugleich ein „öffentliches Forum" sein kann. In der Tat teilt der Frankfurter Flughafen diese scheinbar widersprüchliche Situation inzwischen mit vielen anderen Stätten wie z. B. Bahnhöfen, die nach der Privatisierung der Deutschen Bundesbahn

58 Dazu *Ugarte Chacon,* Berlin Bank Skandal, 2012.

59 *Dreier,* in: Ders. (Hg.), Grundgesetz. Kommentar, Bd. 2, 2. Aufl. 2006, Art. 20 (Demokratie) Rdnr. 141; kritisch auch *Laskowski* a. a. O., S. 194; *Ugarte Chacon* a. a. O., S. 305 ff.; *Zivier,* Erosion der Demokratie, in: Butterwegge/Kutscha/Berghahn (Hg.), Herrschaft des Marktes – Abschied vom Staat? 1999, S. 85.

60 BVerfGE 128, 226 (244); dazu ausführlich *Schaefer* a. a. O.

61 BVerfGE 128, 226 (253 f.).

zur Shopping-Meile umgebaut wurden, aber auch mit Einkaufszentren u. ä, die sich vollständig in privater Hand befinden, faktisch jedoch als öffentliche Orte fungieren. Die inzwischen vielerorts anzutreffenden „privatisierten öffentlichen Räume" werfen nicht nur die Frage der Grundrechtsgeltung auf,[62] sondern sie veranschaulichen auch die Schwierigkeit einer klaren Abgrenzung zwischen öffentlich und privat.

4. Das Internet – ein privatrechtlich organisierter öffentlicher Raum

Das gleiche Problem stellt sich bei Nutzung des Internet: Dieses kann durchaus als ein virtueller Raum verstanden werden, der ununterbrochen und intensiv von einer globalen Öffentlichkeit genutzt wird.[63] Zugleich ist der Betrieb dieses weltweiten Netzes privatrechtlich organisiert. Seine „Pflege" liegt in der Obhut der 1992 gegründeten Nichtregierungsorganisation *Internet Society (ISOC)* mit Sitz in Washington, der etwa 6000 Einzelpersonen sowie rund 150 Organisationen angehören. Als Regulierungsinstanz fungiert die *Internet Corporation for Assigned Names and Numbers (ICANN)*, eine Unterorganisation der ISOC. Diese ist z. B. für die Vergabe der Top-Level-Domains zuständig und hat ihren Sitz im kalifornischen Marina del Rey.[64] Damit unterstehen die für den Betrieb des Internet wichtigsten Institutionen dem US-amerikanischen Privatrecht. Gleiches gilt für die im globalen Maßstab wohl bedeutendsten Anbieter von Dienstleistungen im Internet, *Facebook* und *Google*. Vermöge ihrer „geballten Marktmacht"[65] können solche Unternehmen ihre Bedingungen den Nutzern weitgehend diktieren, sie können Einzelne von der Nutzung ausschließen und Inhalte zensieren. Ironie der Geschichte: Das erste Buch, das *Amazon* per Internet von den *Kindle*-Lesegeräten seiner Kunden löschte, war der Titel „1984" von *George Orwell*.[66] Solange es an einem wirksamen globalen Datenschutzregime fehlt,[67] kann nur die massenhafte Verweigerung der Konsu-

62 Vgl. dazu *Kersten/Meinel*, Grundrechte in privatisierten öffentlichen Räumen, JZ 2007, 1127; *Fischer-Lescano/Maurer*, Grundrechtsbindung von privaten Betreibern öffentlicher Räume, NJW 2006, 1393.

63 Vgl. *Hoffmann-Riem*, Neue Kollektivität im World Wide Web als Herausforderung für das Recht, JZ 2012, 1081 (1083); *Kappes*, Netz ohne Vertrauen: Die neue Mega-Öffentlichkeit, Blätter f. dt. u. intern. Politik 5/2012, 99.

64 Vgl. *Bleicher*, Internet, 2010, S. 13; „Berliner Zeitung" v. 6. 6. 2012.

65 *Baer*, Braucht das Grundgesetz ein Update? Blätter f. dt. u. intern. Politik 1/2011, 90 (99); ähnlich *Kube*, Neue Medien – Internet, in: Isensee/Kirchhof (Hg.): HStR, Bd. IV, 3. Aufl. 2006, § 91 Rdnr. 7.

66 „New York Times" v. 17. 7. 2009, nach *Poscher*, Sicherheitsverfassungsrecht im Wandel, in: Vesting/Korioth (Hg.), Der Eigenwert des Verfassungsrechts, 2011, S. 245 (256).

67 Entscheidungen wie das Urteil des LG Berlin v. 6. 3. 2012, DuD 2012, 457 zum „Freundefinder" und zu den Geschäftsbedingungen von *Facebook* dürften insoweit die Ausnahme sein. Ausführlich zu den Möglichkeiten des supranationalen Datenschutzrechts in Teil Zwei.

menten eine Änderung der Geschäftspraktiken solcher Unternehmen bewirken. Der „ökonomische Hebel" des Konsumentenverhaltens dürfte gegenwärtig also weitaus effektiver, allerdings auch unberechenbarer sein als die Regeln des Datenschutzrechts.

Lässt sich nun das Versenden einer E-Mail an einen bestimmten Empfänger oder die Mitteilung an den Kreis der „Freunde" bei *Facebook* der Privatsphäre zuordnen? Vielen Nutzern, die mit den Auswertungsmöglichkeiten der eingegebenen Daten nicht vertraut sind, mag dies so erscheinen: Immer wieder ist das beschwichtigende Argument zu hören, man habe seine „privaten" Fotos und Mitteilungen ja nur an einen überschaubaren Freundeskreis adressiert. Kaum jemand kennt die Geschäftsbedingungen und sog. „Datenschutzrichtlinien" von *Facebook*, worin die Nutzer dem Unternehmen die „unentgeltliche, weltweite Lizenz" für die Nutzung aller übermittelten („geposteten") IP-Inhalte übertragen.[68] Das von seinen Urhebern als „privat" Gemeinte kann mithin ohne deren Kontrolle einer globalen Öffentlichkeit präsentiert werden. Es kommt hinzu, dass die Preisgabe von „Privatem" im Internet nahezu irreversibel ist – anders als die Freunde aus Fleisch und Blut vergisst das Netz nichts. Zwar ist die Löschung von darin gespeicherten Inhalten technisch durchaus möglich, stellt sich aber als außerordentlich schwierig dar.[69]

III. Das Recht auf informationelle Selbstbestimmung

1. Der technische Hintergrund

Die Orientierung an dem Gegensatzpaar Privatsphäre und Öffentlichkeit hilft bei der Frage nach einem wirksamen Grundrechtsschutz beim Umgang mit personenbezogenen Daten jedenfalls kaum weiter. Von der „Sphärentheorie"[70] mit ihrer Differenzierung zwischen der Intimsphäre, der Privatsphäre und der Sozialsphäre und deren unterschiedlichen Schutzniveaus hat das Bundesverfassungsgericht in seinem bahnbrechenden Volkszählungsurteil vom 15. Dezember 1983 denn auch weitgehend Abschied genommen. Die in dieser Entscheidung enthaltenen Feststellungen zum Gefährdungspotential der modernen Datenverarbeitung muten aus

68 So Ziffer 1.1 der „Erklärung der Rechte und Pflichten" von *Facebook,* die vom LG Berlin für unvereinbar mit § 307 Abs. 1 Nr. 2 BGB erklärt wurde, freilich nur bezogen auf die Nutzer in Deutschland, LG Berlin, DuD 2012, 457 (459); das „Geschäftsmodell" solcher Internetfirmen verteidigend *Härting/Schneider,* Das Dilemma der Netzpolitik, ZRP 2011, 233.

69 Vgl. dazu *Kaiser,* Rechtlich gefordertes Nichtwissen im virtuellen Raum – Der Schutz der Privatsphäre im Web 2.0, in: Hill/Schliesky (Hg.), Die Vermessung des virtuellen Raums, 2012, S. 55 (59 ff.); *Nolte,* Zum Recht auf Vergessen im Internet, ZRP 2011, 236.

70 Dazu *Nettesheim,* Grundrechtsschutz der Privatheit, VVDStRL 70 (2011), 7 (17 ff.); *Horn,* Schutz der Privatsphäre, HStR VII, 3. Aufl. 2009, § 149 Rdnr. 32.

der Sicht des heutigen Ubiquitous Computing geradezu prophetisch an: Das Gericht verweist darauf, dass „heute mit Hilfe der automatischen Datenverarbeitung über persönliche oder sachliche Verhältnisse einer bestimmten oder bestimmbaren Person (personenbezogene Daten [vgl. § 2 Abs. 1 BDSG])[71] technisch gesehen unbegrenzt speicherbar und jederzeit ohne Rücksicht auf Entfernungen in Sekundenschnelle abrufbar sind. Sie können darüber hinaus – vor allem beim Aufbau integrierter Informationssysteme – mit anderen Datensammlungen zu einem teilweise oder weitgehend vollständigen Persönlichkeitsbild zusammengefügt werden, ohne daß der Betroffene deren Richtigkeit und Verwendung zureichend kontrollieren kann. Damit haben sich in einer bisher unbekannten Weise die Möglichkeiten einer Einsicht- und Einflußnahme erweitert, welche auf das Verhalten des Einzelnen schon durch den psychischen Druck öffentlicher Anteilnahme einzuwirken vermögen."[72]

Vor drei Jahrzehnten, zum Zeitpunkt seines Volkszählungsurteils, konnte das Bundesverfassungsgericht die heutigen Möglichkeiten des *Data Mining* und die Masse der hierfür – insbesondere via Internet - zur Verfügung stehenden Daten allerdings nur erahnen. Vermutlich konnte sich das Gericht damals noch nicht vorstellen, in welchem Maße heutige Softwareprogramme z. B. durch Auswertung des Freundeskreises und durch Wahrscheinlichkeitsberechnungen auch persönliche Eigenschaften wie z. B. die Homosexualität einer bestimmten Person ermitteln kann, auch wenn diese Information nicht explizit als Datum eingegeben wurde.[73] Es hat die Gefährdungslage jedoch durchaus realistisch, wenn auch in abstrakter Form umschrieben und daraus die Notwendigkeit eines spezifischen grundrechtlichen Schutzes gefolgert: „Freie Entfaltung der Persönlichkeit setzt unter den modernen Bedingungen der Datenverarbeitung den Schutz des Einzelnen gegen unbegrenzte Erhebung, Speicherung, Verwendung und Weitergabe seiner persönlichen Daten voraus. Dieser Schutz ist daher von dem Grundrecht des Art. 2 Abs. 1 in Verbindung mit Art. 1 Abs. 1 GG umfaßt. Das Grundrecht gewährleistet insoweit die Befugnis des Einzelnen, selbst über die Preisgabe und Verwendung seiner persönlichen Daten zu bestimmen.".[74] - Das auf diese Weise definierte Recht auf informationelle Selbstbestimmung wurde inzwischen in zehn der 16 deutschen Lan-

71 Jetzt § 3 Abs. 1 BDSG.

72 BVerfGE 65, 1 (42); zustimmend *Schoch,* Das Recht auf informationelle Selbstbestimmung, Jura 2008, 352 (353); *Simitis,* Die informationelle Selbstbestimmung – Grundbedingung einer verfassungskonformen Informationsordnung, NJW 1984, 398 (402).

73 Beispiel bei *Heller,* Post-Privacy, 2011, S. 12.

74 BVerfGE 65, 1 (43); zu wissenschaftlichen Vorarbeiten *Denninger,* Das Recht auf informationelle Selbstbestimmung, in: Hohmann (Hg.): Freiheitssicherung durch Datenschutz, 1987, S. 127 (131); *Holznagel,* Das Grundrecht auf informationelle Selbstbestimmung, in: Pieroth (Hg.): Verfassungsrecht und soziale Wirklichkeit in Wechselwirkung, 2000, S. 29 (32 ff.); vgl. auch den Überblick von *v. Lewinski,* Zur Geschichte von Privatsphäre und Datenschutz – eine rechtshistorische Perspektive, in: Schmidt/Weichert (Hg.), Datenschutz, 2012, S. 23 ff.

desverfassungen aufgenommen,[75] nicht hingegen in den Text des Grundgesetzes.[76] Als eine wichtige Ausprägung des (ebenfalls unbenannten) allgemeinen Persönlichkeitsrechts ist es in Literatur und Rechtsprechung inzwischen durchweg anerkannt.[77] Nur vereinzelt wird kritisiert, dass dieses Grundrecht keinen bestimmbaren Schutzbereich habe,[78] was angesichts der klaren Definition durch das Bundesverfassungsgericht allerdings nicht überzeugt. *Elke Gurlit* spricht vielmehr von einem verfassungsrechtlichen Schutzkonzept „von schlichter und klarer Schönheit, das gleichwohl von Weitsicht geprägt war und sich als erstaunlich haltbar erwiesen hat."[79]

2. Der Schutzzweck des Grundrechts

Schon das Volkszählungsurteil lässt erkennen, dass sich das Recht auf informationelle Selbstbestimmung keineswegs auf Daten aus einer – wie auch immer definierten – Privatsphäre beschränken soll. Vielmehr soll es auch dort seine Schutzwirkung entfalten, wo der Einzelne in der Öffentlichkeit agiert. In seinen entsprechenden Ausführungen nimmt das Bundesverfassungsgericht indessen zunächst nur die Staatsgewalt als die nach der klassischen Dogmatik Grundrechtsverpflichtete in den Blick: „Wer unsicher ist, ob abweichende Verhaltensweisen jederzeit notiert und als Information dauerhaft gespeichert, verwendet oder weitergegeben

75 Art. 33 Abs. 2 Berl. Verf.; Art. 11 Bbg. Verf.; Art. 12 Abs. 3 Brem. Verf.; Art. 6 Abs. 1 Meck.-V. Verf.; Art. 4 Abs. 2 NRW Verf.; Art. 4a Rh.-Pf. Verf.; Art. 2 Saarl. Verf.; Art. 33 Sächs.Verf.; Art. 6 Abs. 1 Sachs.-Anh. Verf.; Art. 6 Abs. 2 Thür. Verf.

76 Zur Debatte um eine Ergänzung des Grundgesetzes vgl. *Roßnagel,* Die Zukunft informationeller Selbstbestimmung: Datenschutz ins Grundgesetz und Modernisierung des Datenschutzkonzepts, in: Kritische Justiz (Hg.), Verfassungsrecht und gesellschaftliche Realität, 2009, S. 99 (103 ff.); *Kloepfer/Schärdel,* Grundrechte für die Informationsgesellschaft – Datenschutz und Informationszugangsfreiheit ins Grundgesetz? JZ 2009, 453; *Künast,* „Meine Daten gehören mir" – und der Datenschutz gehört ins Grundgesetz, ZRP 2008, 203; *Schaar,* Datenschutz ins Grundgesetz? In: Robertson-von Trotha (Hg.): 60 Jahre Grundgesetz, 2009, S. 133.

77 Vgl. z. B. *Gurlit,* Verfassungsrechtliche Rahmenbedingungen des Datenschutzes, NJW 2010, 1035 (1036 f.) ; *Frenz,* Informationelle Selbstbestimmung im Spiegel des BVerfG, DVBl. 2009, 333; *Papier,* Entwicklungen des Rechts auf informationelle Selbstbestimmung seit dem Volkszählungsurteil des Bundesverfassungsgerichts, in: Gesellschaft für Rechtspolitik (Hg.), Bitburger Gespräche in München, Bd. 1, 2012, S. 17; *Rudolph,* Recht auf informationelle Selbstbestimmung, in: Merten/Papier (Hg.), Handbuch der Grundrechte Bd. IV, 2011, § 90 Rdnr. 87; *Spiecker gen. Döhmann,* Teil-Verfassungsordnung Datenschutz in: Vesting/Korioth (Hg.), Der Eigenwert des Verfassungsrechts, 2011, S. 263 (265 f.); *Welsing,* Das Recht auf informationelle Selbstbestimmung im Rahmen der Terrorabwehr, 2009, S. 38 ff.

78 So *Ladeur,* Das Recht auf informationelle Selbstbestimmung: Eine juristische Fehlkonstruktion? DÖV 2009, 45 (51); vgl. auch die Kritik bei *Albers,* Informationelle Selbstbestimmung, 2005, S. 149 ff.; *Kunig,* Der Grundsatz informationeller Selbstbestimmung, JURA 1993, 595 (596).

79 *Gurlit,* Verfassungsrechtliche Rahmenbedingungen des Datenschutzes, NJW 2010, 1035.

werden, wird versuchen, nicht durch solche Verhaltensweisen aufzufallen. Wer damit rechnet, daß etwa die Teilnahme an einer Versammlung oder einer Bürgerinitiative behördlich registriert wird und dass ihm dadurch Risiken entstehen können, wird möglicherweise auf eine Ausübung seiner entsprechenden Grundrechte (Art. 8, 9 GG) verzichten. Dies würde nicht nur die individuellen Entfaltungschancen des Einzelnen beeinträchtigen, sondern auch das Gemeinwohl, weil Selbstbestimmung eine elementare Funktionsbedingung eines auf Handlungs- und Mitwirkungsfähigkeit seiner Bürger begründeten freiheitlichen demokratischen Gemeinwesens ist.“[80]

Informationelle Selbstbestimmung bedarf danach also auch dann des verfassungsrechtlichen Schutzes, wenn der Einzelne in der Öffentlichkeit seine demokratischen Grundrechte wie z. B. die Versammlungsfreiheit wahrnimmt. Dies hat das Bundesverfassungsgericht in seiner Einstweiligen Anordnung vom 17. Februar 2009 zum Bayerischen Versammlungsgesetz noch einmal ausdrücklich bestätigt: Die Übersichtsaufzeichnungen von polizeilichen Videokameras bei Demonstrationen, so das Gericht, begründeten für die Teilnehmer „das Bewusstsein, dass ihre Teilnahme und die Form ihrer Beiträge unabhängig von einem zu verantworteten Anlass festgehalten werden können und die so gewonnenen Daten über die konkrete Versammlung hinaus verfügbar bleiben.“[81] Solche Aufzeichnungen seien schließlich geeignet, Aufschluss über politische Auffassungen sowie weltanschauliche Haltungen zu geben. „Das Bewusstsein, dass die Teilnahme an einer Versammlung in dieser Weise festgehalten wird, kann Einschüchterungswirkungen haben, die zugleich auf die Grundlagen der demokratischen Auseinandersetzung zurückwirken.“[82]

In beiden Entscheidungen des Bundesverfassungsgerichts wird mithin nicht nur auf den Schutz des Individuums rekurriert, sondern auch auf die Notwendigkeit freier grundrechtlicher Selbstbestimmung als Funktionsvoraussetzung für die Demokratie, also einen Gemeinwohlbelang. Dies mag als „funktionales Grundrechts-

80 BVerfGE 65, 1 (43).

81 BVerfGE 122, 342 (368 f.); ausführlich zur Thematik *Koranyi/Singelnstein,* Rechtliche Grenzen für polizeiliche Bildaufnahmen von Versammlungen, NJW 20011, 124; *Kutscha,* Demonstrationen auf dem Bildschirm der Polizei, KJ 2011, 223; zur Problematik des Eingriffs s. unter 2.

82 BVerfGE 122, 342 (369) in ausdrücklicher Anknüpfung an das Volkszählungsurteil, BVerfGE 65, 1 (43); vgl. auch BVerfGE 120, 378 (398 f.) – automatisierte Erfassung von Kfz-Kennzeichen (dazu auch unter 4.c.); BVerfG-K, NJW 2009, 3293 (3294) – Videoaufnahmen bei der Geschwindigkeitskontrolle; BVerwG, NVwZ 2012, 757 (759) zur Videoüberwachung der Hamburger *Reeperbahn* als Eingriff in das Recht auf informationelle Selbstbestimmung.

verständnis“ kritisiert werden,[83] weil es eben nicht allein um die „private“ Entfaltungsfreiheit des Einzelnen geht, sondern auch um den Schutz der Rahmenbedingungen des demokratischen Prozesses in der Gesellschaft.[84] Diese Doppelfunktion der Grundrechte hat das Bundesverfassungsgericht indessen schon in früheren Entscheidungen betont: Diese „sollen in erster Linie die Freiheitssphäre des Einzelnen gegen Eingriffe der staatlichen Gewalt schützen und ihm insoweit zugleich die Voraussetzungen für eine freie aktive Mitwirkung und Mitgestaltung im Gemeinwesen sichern.“[85] Der Jellinek'sche status negativus und der status activus[86] wurden damit zu einem modernen Grundrechtsverständnis kombiniert. Aus liberalen Ausklammerungsrechten gegenüber einer gegenüber dem Volk unabhängigen monarchischen Staatsgewalt sind also aus den Grundrechten zugleich demokratische Beteiligungsrechte geworden, wobei freilich der Schutz des Einzelnen als Substanz zu wahren ist.[87]

Schon der Begriff „informationelle Selbstbestimmung“ macht denn auch deutlich, dass die *Selbstbestimmung des Menschen* den Hauptzweck der Grundrechtsgewährleistung bilden soll,[88] nicht aber Abschirmung seiner Privatsphäre wie nach der früheren „Sphärentheorie“.[89] Es ist deshalb nur folgerichtig, den Schutz eines Kernbereichs privater Lebensgestaltung nicht etwa dem Recht auf informationelle Selbstbestimmung zuzuordnen, sondern der Menschenwürdegarantie in Art. 1 Abs. 1 GG.[90]

3. Vielfalt der Eingriffsformen

Gegenstand des Volkszählungsurteils von 1983 war die Verpflichtung aller Einwohner Deutschlands, im Rahmen einer gesetzlich angeordneten Volks-, Berufs-, Wohnungs- und Arbeitsstättenzählung für Zwecke der Statistik Auskunft zu ihren Lebens- und Erwerbsverhältnissen zu geben. Das Bundesverfassungsgericht wer-

83 Vgl. z. B. *E.-W. Böckenförde,* Grundrechtstheorie und Grundrechtsinterpretation, NJW 1974, 1529 (1534 f.); *Klein,* Die Grundrechte im demokratischen Staat, 1974, S. 12 ff.; aus neuerer Zeit, wenn auch weit vorsichtiger, *Ch. Möllers,* Wandel der Grundrechtsjudikatur, NJW 2005, 1973 (1976).

84 Vgl. *Simitis,* in: Ders. (Hg.), Bundesdatenschutzgesetz, 7. Aufl. 2011, § 1 Rdnr. 31.

85 BVerfGE 21, 362 (369); diese Doppelfunktion ist bereits im Lüth-Urteil (BVerfGE 7, 198) angelegt, wenn auch nicht explizit formuliert worden.

86 *Jellinek,* System der subjektiven öffentlichen Rechte, 2. Aufl. 1905 (Nachdruck 1963).

87 Vgl. *Abendroth,* Das Grundgesetz, 3. Aufl. 1972, S. 76; *Volkmann,* Freiheit und Gemeinschaft, in: Merten/Papier (Hg.), Handbuch der Grundrechte II, 2006, § 32 Rdnr. 31.

88 So auch z. B. *Bäcker,* Grundrechtlicher Informationsschutz gegen Private, Staat 51 (2012), 91 (96); *Simitis* a. a. O., § 1 Rdnr. 36.

89 So aber wohl *Albers,* Grundrechtsschutz der Privatheit, DVBl. 2010, 1061 (1065 ff.).

90 So insbesondere BVerfGE 109, 279 (313); BVerfGE 120, 274 (335); dazu im einzelnen in Kapitel VI.2.

tete diese Verpflichtung als Eingriff in das Recht auf informationelle Selbstbestimmung, der nur unter bestimmten, vom Gericht im Einzelnen dargelegten Voraussetzungen zulässig sei.[91] Diese Voraussetzungen sah es bei der Volkszählung 1983 als nur teilweise erfüllt an; das Volkszählungsgesetz wurde deshalb in bestimmten Punkten (vor allem im Hinblick auf die beabsichtigte Zweckentfremdung der Volkszählungsdaten sowie die mangelnden Verfahrenssicherungen) für verfassungswidrig erklärt.

a. Das weite Eingriffsverständnis

Für eine mit staatlichem Zwang durchgesetzte Erhebung personenbezogener Daten lassen sich neben einer Volkszählung zahlreiche weitere Beispiele benennen, von der Verpflichtung zur Offenlegung der Einkommensverhältnisse gegenüber dem Finanzamt bis zur Identitätsfeststellung durch die Polizei.[92] In allen diesen Fällen liegt nach der klassischen Grundrechtsdogmatik ein Eingriff in das Recht auf informationelle Selbstbestimmung des von der Maßnahme Betroffenen vor, der jeweils einer Rechtfertigung durch Erfüllung bestimmter gesetzlicher Tatbestandsvoraussetzungen bedarf. Weit weniger eindeutig ist der Eingriff bei staatlichen Handlungsformen wie z. B. die Beobachtung einer Versammlung durch Videokameras, deren Bilder in eine polizeiliche Einsatzleitstelle übertragen, aber nicht aufgezeichnet werden (Kamera-Monitor-Prinzip). Sofern solche „Übersichtsaufnahmen" von Versammlungen aus polizeilicher Sicht erforderlich seien, so wird teilweise behauptet, sei in ihnen kein Eingriff in das Recht auf informationelle Selbstbestimmung zu erblicken.[93] Schließlich würden die Teilnehmer der Versammlung wahrnehmbar in der Öffentlichkeit auftreten, wovor z. B. ein Polizeibeamter seine Augen nicht zu verschließen brauche – Gleiches gälte für das „elektronische Auge" der Videokamera.[94]

Angesichts der heutigen technischen Möglichkeiten digitaler Videoüberwachung vermag deren Gleichsetzung mit dem wachsamen Auge eines Polizeibeamten nicht zu überzeugen: Durch Fokussierung („Heranzoomen") können Personen auch bei sog. „Übersichtsaufnahmen" unschwer erkennbar gemacht werden, ohne dass die Betroffenen dies wahrnehmen können. Die von der Videokamera erfassten

91 BVerfGE 65, 1; zu den Voraussetzungen für die Rechtfertigung des Eingriffs vgl. im Einzelnen die Darstellungen unter 3.

92 Vgl. dazu z. B. *Kugelmann*, Polizei- und Ordnungsrecht, 2. Aufl. 2012, Kap. 7 Rdnr. 63 ff.; *Rachor*, in: Lisken/Denninger (Hg.), Handbuch des Polizeirechts, 5. Aufl. 2012, Rdnr. E 319.

93 *Söllner*, Urteilsanmerkung, DVBl. 2010, 1248 (1250); der Autor vermengt dabei die Frage der Eingriffsqualität mit der Frage der Rechtfertigung, bei der es u. a. auf die „Erforderlichkeit" der Maßnahme ankommen kann.

94 *Söllner* a. a. O.

Personen können auch nicht wissen, ob die Aufnahmen lediglich „life“ auf dem Monitor betrachtet oder auch gespeichert und mit Methoden der automatisierten Mustererkennung ausgewertet werden.[95] Dem entsprechend haben die mit dieser Thematik befassten Verwaltungsgerichte die Erfassung der Teilnehmer von Versammlungen durch Videokameras, auch sofern keine Aufzeichnung der Bilder erfolgt, zu Recht als Eingriff sowohl in das Grundrecht der Versammlungsfreiheit als auch in das Recht auf informationelle Selbstbestimmung gewertet.[96] Die Beobachtung, Auswertung und Speicherung der Daten stelle aus der Sicht der betroffenen Versammlungsteilnehmer, so das VG Berlin, einen einheitlichen Lebenssachverhalt dar. „Es besteht jederzeit die Möglichkeit, ohne weiteres von der Übersichtsaufnahme in die Nahaufnahme überzugehen und somit den Einzelnen individuell zu erfassen. Durch die so aufwandslose Möglichkeit der Erhebung personenbezogener Daten liegt eine faktische Beeinträchtigung des grundrechtlichen Schutzgegenstandes vor, die einer Grundrechtsgefährdung als Eingriff gleichkommt.“[97] In der Tat: Die von polizeilichen Videokameras erfassten Teilnehmer einer Versammlung können nicht mehr selbst über die Preisgabe und Verwendung ihrer persönlichen Daten entscheiden, es sei denn, sie verzichten auf die Ausübung ihres Grundrechts der Versammlungsfreiheit – die Einschüchterungswirkung dieser Maßnahme lässt sich mithin kaum leugnen.[98] Sowohl bei einer bloßen Betrachtung der Bilder auf dem Monitor der Polizei als auch bei einer Aufzeichnung und Auswertung mit möglicherweise nachteiligen Folgen für die Betroffenen werden diese zum Objekt staatlicher Observierung.

b. Eingriffe durch Ermittlungen im Netz?

Bei der Erhebung personenbezogener Daten aus dem Internet, z. B. aus sozialen Netzwerken, durch Polizeien oder Nachrichtendienste, ist die Situation durchaus vergleichbar: Die Nutzer offenbaren bestimmte Daten über ihre Lebensumstände

95 Vgl. OVG Bremen, NVwZ 1990, 1188 (1189); *Arzt,* Das Bayerische Versammlungsgesetz von 2008, DÖV 2009, 381 (384); *Koranyi/Singelnstein,* Rechtliche Grenzen für polizeiliche Bildaufnahmen von Versammlungen, NJW 2011, 124 (126); *Hanschmann,* Demontage eines Grundrechts, DÖV 2009, 389 (394); *Roggan,* Polizeiliche Bildaufnahmen von friedlichen Versammlungen unter freiem Himmel, NVwZ 2010, 1402 (1404); *Schnabel,* Die polizeiliche Videoüberwachung öffentlicher Orte in Niedersachsen, DuD 2011, 879 (880); die Videoüberwachung öffentlicher Plätze auch ohne Aufzeichnung als Eingriff in das Recht auf informationelle Selbstbestimmung wertend VGH Mannheim, NVwZ 2004, 498 (500); VG Hannover, DuD 2011, 899; *Brenneisen/Staack,* Die Videobildübertragung nach allgemeinem Polizeirecht, DuD 1999, 447; *Siegel,* „Spiel ohne Grenzen?“ VerwArch 2011, 159 (163 f.).

96 OVG Bremen, NVwZ 1990, 1188 (1189); VG Münster, NWVBl. 2009, 487; OVG Münster, DVBl. 2011, 175; VG Berlin, DVBl. 2010, 1245 (1247).

97 VG Berlin, DVBl. 2010, 1245 (1247).

98 Zu dieser Wirkung auch BVerfGE 122, 342 (368 f.).

einer nach ihrer Vorstellung begrenzten Öffentlichkeit – beispielsweise den „Freunden" bei *Facebook* –, dürften im Regelfall aber kaum damit einverstanden sein, dass diese Daten von „virtuellen verdeckten Ermittlern" der Sicherheitsbehörden ausgeforscht werden. In der Praxis spielen solche Datenerhebungen indessen eine zunehmende Rolle, so z. B. bei der Aufdeckung illegalen Drogenhandels oder der Strukturen gewalttätiger Jugendgruppen.[99] Damit stellt sich die Frage, ob und unter welchen Voraussetzungen solche Ermittlungsmaßnahmen in das Recht auf informationelle Selbstbestimmung der Betroffenen eingreifen.

Bei der Beurteilung dieser Frage stützt sich die neuere Literatur auf einige Feststellungen des Bundesverfassungsgerichts in seinem Urteil vom 27. Februar 2008 zur „Online-Durchsuchung".[100] Das Gericht unterscheidet hierin im Grundsatz zwischen zwei Fallkonstellationen, nämlich der Erhebung aus allgemein zugänglichen Internetquellen und der Erhebung aus nicht allgemein zugänglichen Quellen vermittels Täuschung:

Kein Eingriff in das Recht auf informationelle Selbstbestimmung liegt danach vor, wenn eine staatliche Stelle im Internet verfügbare Kommunikationsinhalte erhebt, die sich an jedermann oder an einen nicht weiter abgegrenzten Personenkreis richten. „So liegt es etwa, wenn die Behörde eine allgemein zugängliche Webseite im World Wide Web aufruft, eine jedem Interessierten offenstehende Mailingliste abonniert oder einen offenen Chat beobachtet." Allerdings könne dann ein Eingriff gegeben sein, „wenn Informationen, die durch die Sichtung allgemein zugänglicher Inhalte gewonnen wurden, gezielt zusammengetragen, gespeichert und gegebenenfalls unter Hinzuziehung weiterer Daten ausgewertet werden und sich daraus eine besondere Gefahrenlage für die Persönlichkeit des Betroffenen ergibt."[101] – Eindeutig ist diese Abgrenzung keineswegs: Nur in wenigen Fällen dürfte die jeweilige Sicherheitsbehörde nur an einer einzigen personenbezogenen Information (wie z. B. das Fachgebiet eines Hochschullehrers oder Arztes, das sich aus der jeweiligen Homepage ergibt) interessiert sein. Das gezielte Zusammentragen und Auswerten mit anderen Daten dürfte vielmehr den Regelfall bilden, und zwar sowohl bei den an Personenprofilen interessierten Nachrichtendiensten als auch bei den – möglicherweise sogar ohne Anfangsverdacht gegen eine bestimmte

99 So die anschaulichen Beispiele bei *Birgit Müller,* Einsatzmöglichkeiten virtueller Vertrauenspersonen, Verdeckter Ermittler und nicht öffentlich ermittelnder Polizeibeamter, Kriminalistik 2012, 295; vgl. auch *Rosengarten/Römer,* Der „virtuell verdeckte Ermittler" in sozialen Netzwerken und Internetboards, NJW 2012, 1764; *Schulz/Hoffmann,* Staatliche Datenerhebung in sozialen Netzwerken, DuD 2012, 7; ältere Untersuchungen dazu von *T. Böckenförde,* Die Ermittlung im Netz, 2003 und *Valerius,* Ermittlungen der Strafverfolgungsbehörden in den Kommunikationsdiensten des Internet, 2004.

100 BVerfGE 120, 274.

101 BVerfGE 120, 274 (344 f.).

Person – im Internet „auf Streife gehenden“ Strafverfolgungsbehörden.[102] Damit dürfte jedenfalls ein behördliches Data Mining auch aus allgemein zugänglichen Internetquellen unter Zuhilfenahme weiterer Daten nach den Kriterien des Bundesverfassungsgerichts einen Eingriff in das Recht auf informationelle Selbstbestimmung darstellen und deshalb nur nach Maßgabe einer spezifischen gesetzlichen Grundlage zulässig sein.

Die zweite im Urteil zur „Online-Durchsuchung“ behandelte Fallkonstellation betrifft die Datenerhebung auf der Grundlage einer Täuschung des Kommunikationspartners: Nach Auffassung des Bundesverfassungsgerichts liegt ein Eingriff in das Recht auf informationelle Selbstbestimmung nicht schon dann vor, „wenn eine staatliche Stelle sich unter einer Legende in eine Kommunikationsbeziehung zu einem Grundrechtsträger begibt, wohl aber dann, wenn sie dabei ein schutzwürdiges Vertrauen des Betroffenen in die Identität und die Motivation seines Kommunikationspartners ausnutzt, um persönliche Daten zu erheben, die sie ansonsten nicht erhalten würde.“[103] Ein solches schutzwürdiges Vertrauen dürfte nach der Argumentation des Gerichts allerdings nur die Ausnahme sein: „Die Kommunikationsdienste des Internet ermöglichen in weitem Umfang den Aufbau von Kommunikationsbeziehungen, in deren Rahmen das Vertrauen eines Kommunikationspartners in die Identität und Wahrhaftigkeit seiner Kommunikationspartner nicht schutzwürdig ist, da hierfür keinerlei Überprüfungsmechanismen bereitstehen.“[104] – Das ist in dieser Pauschalität unzutreffend. So wird insbesondere im Geschäftsverkehr die Authentifizierung z. B. durch das Post-Ident-Verfahren verlangt, bei dem die Identität anhand des Personalausweises in einer Postfiliale nachgewiesen wird.[105] Auch verlangen die Betreiber sozialer Netzwerke in ihren Geschäftsbedingungen jeweils die Angabe der Klarnamen ihrer Nutzer, dem zwar nicht immer, wohl aber in den meisten Fällen entsprochen wird, weil diese anderenfalls von ihren Bekannten nicht gefunden werden können.[106] Zwar kann man sich bei der Kommunikation via *Facebook* über die Identität seines Partners nicht sicher sein. Das Vertrauen darauf, mit einer aus „privatem“ Interesse handelnden Person zu kommunizieren statt mit einem „verdeckt ermittelnden“ Beamten einer Sicherheitsbehörde, sollte in einem Rechtsstaat durchaus schutzwürdig sein – schließlich berührt

102 Vgl. nur die anschauliche Darstellung bei *Henrichs/Wilhelm,* Polizeiliche Ermittlungen in sozialen Netzwerken, Kriminalistik 2010, 30 (32) sowie *Kant/Busch,* Der Staat surft mit, Bürgerrechte & Polizei/CILIP 98 (1/2011), 40 (42).

103 BVerfGE 120, 274 (345).

104 BVerfG a. a. O.

105 Vgl. *Rosengarten/Römer,* Der „virtuelle verdeckte Ermittler“ in sozialen Netzwerken und Internetboards, NJW 2012, 1764 (1766); *T. Böckenförde*, Die Ermittlung im Netz, 2003, S. 200.

106 Vgl. *Schlögel,* Das Bundesverfassungsgericht, die informationelle Selbstbestimmung und das Web 2.0. ZfP 2012, 85 (95); *Schmidt,* Persönliche Öffentlichkeiten und informationelle Selbstbestimmung im *Social Web,* in: Schmidt/Weichert (Hg.), Datenschutz, 2012, S. 215 (217).

die von staatlicher Seite nur durch eine Identitätstäuschung ermöglichte Datenerhebung das Recht des Kommunikationsteilnehmers auf Selbstbestimmung über die „Preisgabe und Verwendung“ seiner Daten durchaus nachhaltig.[107]

Die gegensätzliche Position des Bundesverfassungsgerichts in diesem Punkt vermag deshalb nicht zu überzeugen; sie steht in einem merkwürdigen Kontrast zu den Warnungen desselben Gerichts vor den „Einschüchterungswirkungen“, die staatliche Überwachungsmaßnahmen im Hinblick auf die Grundrechtswahrnehmung als Voraussetzung für einen freien demokratischen Prozess haben.[108] Im Übrigen bedeutet die Wertung einer Datenerhebung als Eingriff in das Recht auf informationelle Selbstbestimmung noch kein Unwerturteil über diese Maßnahme, weil diese auf Grund einer entsprechenden gesetzlichen Ermächtigung verfassungsrechtlich gerechtfertigt sein kann.[109]

Neben der Ermittlung in sozialen Netzwerken (und inzwischen auch schon der Beschlagnahme dortiger „Konten“)[110] spielt auch die Auswertung des E-Mail-Verkehrs eine zunehmende Rolle im Rahmen der Strafverfolgung sowie der nachrichtendienstlichen Tätigkeit.[111] Da E-Mails über die Telekommunikationsnetze übermittelt werden, liegt es nahe, bei entsprechenden staatlichen Überwachungs- bzw. Auswertungsmaßnahmen einen Eingriff in den Schutzbereich des – gegenüber dem Recht auf informationelle Selbstdarstellung spezielleren - Fernmelde- bzw. Telekommunikationsgeheimnis des Art. 10 GG anzunehmen. Die neuere Rechtsprechung des Bundesverfassungsgerichts differenziert hierbei allerdings nach den verschiedenen Phasen der Übermittlung. Hiernach soll sich der Schutzbereich des Fernmeldegeheimnisses auf den Übertragungsvorgang beschränken, während die danach im Herrschaftsbereich des Kommunikationsteilnehmers gespeicherten Daten nur durch das Recht auf informationelle Selbstbestimmung und gegebenenfalls durch die Unverletzlichkeit der Wohnung, Art. 13 GG, geschützt seien.[112] Sofern sich die E-Mails noch auf dem Mailserver des Providers befinden, soll wiederum Art. 10 GG zur Anwendung kommen.[113] - Diese Aufspaltung des

107 Im Ergebnis ebenso z. B. *Eifert,* Informationelle Selbstbestimmung im Internet, NVwZ 2008, 521 (522); *Hornung,* Ein neues Grundrecht, CR 2008, 299 (305); *Schulz/Hoffmann,* Staatliche Datenerhebung in sozialen Netzwerken, DuD 2012, 7 (12); *Birgit Müller,* Einsatzmöglichkeiten virtueller Vertrauenspersonen, Verdeckter Ermittler und nicht öffentlich ermittelnder Polizeibeamter, Kriminalistik 2012, 295 (299); eine normenklare Rechtsgrundlage fordert *Petri,* in: Lisken/Denninger (Hg.), Handbuch des Polizeirechts, 5. Aufl. 2012, Rdnr. G 363.

108 Vgl. nur BVerfGE 122, 342 (369) in Anknüpfung an BVerfGE 65, 1 (43).

109 Vgl. hierzu im einzelnen unter 3.

110 AG Reutlingen, K&R 2012, 303 – Beschlagnahme eines Facebook-Kontos; dazu die Besprechung von *Roggenkamp,* AnwZert ITR 12/2012, Nr. 2.

111 Vgl. dazu *Meininghaus,* Der Zugriff auf E-Mails im strafrechtlichen Ermittlungsverfahren, 2007; *Gercke,* Telekommunikationsüberwachung, in: Roggan/Kutscha (Hg.), Handbuch zum Recht der Inneren Sicherheit, 2. Aufl. 2006, S. 145 (153 ff.).

112 BVerfGE 115, 166 (183 f.); BVerfGE 120, 274 (307 f.).

113 BVerfGE 124, 43.

Grundrechtsschutzes je nach Übermittlungsstadium und Speicherort ist für den von einer Überwachungsmaßnahme Betroffenen kaum nachvollziehbar und deshalb wenig überzeugend.[114] Unabhängig von der grundrechtlichen Zuordnung einer solchen Maßnahme stellt sich die Frage, ob die zur Rechtfertigung herangezogenen Eingriffsnormen – beispielsweise der StPO – den verfassungsrechtlichen Vorgaben in hinreichendem Maße Genüge tun. Diese Vorgaben für die Rechtfertigung von Eingriffen in das Recht auf informationelle Selbstbestimmung sollen im folgenden dargestellt werden.

4. Anforderungen an die Rechtfertigung von Eingriffen

a. Die Maßstäbe des Volkszählungsurteils

Schon im Volkszählungsurteil des Bundesverfassungsgerichts von 1983 findet sich die Erkenntnis, dass der Einzelne kein Recht im Sinne einer absoluten, uneinschränkbaren Herrschaft über „seine" Daten habe. Auch personenbezogene Informationen stellten ein Abbild sozialer Realität dar, das nicht ausschließlich dem Betroffenen allein zugeordnet werden könne. Daher müsse auch der Einzelne Einschränkungen seines Rechts auf informationelle Selbstbestimmung im überwiegenden Allgemeininteresse hinnehmen.[115]

Nach diesen Feststellungen allgemeiner Art folgt eine der für den Grundrechtsschutz elementaren Kernaussagen des Urteils: Die Beschränkungen bedürften „einer (verfassungsmäßigen) gesetzlichen Grundlage, aus der sich die Voraussetzungen und der Umfang der Beschränkungen klar und für den Bürger erkennbar ergeben und die damit dem rechtsstaatlichen Gebot der Normenklarheit entspricht."[116] Insbesondere, so das Gericht weiter, müsse der Gesetzgeber den Verwendungszweck der jeweiligen Daten „bereichsspezifisch und präzise" bestimmen[117]

In der Sache hat das Gericht damit keineswegs Neuland betreten, sondern lediglich die überkommene Lehre vom Gesetzesvorbehalt für Grundrechtseingriffe[118] konsequent angewendet. Auch mit dem Verweis auf das Gebot der Normenklarheit und Tatbestandsbestimmtheit wird kein neues verfassungsrechtlichen Prinzip statuiert, sondern lediglich ein rechtsstaatliches Essential für die Ausgestaltung

114 Ausführlicher dazu in Kapitel V.3.c.
115 BVerfGE 65, 1 (43/44).
116 BVerfGE 65, 1 (44).
117 BVerfGE 65, 1 (46).
118 Vgl. nur *E.-W. Böckenförde,* Entstehung und Wandel des Rechtsstaatsbegriffs, in: Ders., Staat, Gesellschaft, Freiheit, 1976, S. 65 (76); *Denninger,* in: Lisken/Denninger (Hg.), Handbuch des Polizeirechts, 5. Aufl. 2012, Rdnr. B 53.

gesetzlicher Eingriffsnormen in Erinnerung gerufen.[119] Die dreifache verfassungsrechtliche Ratio von Tatbestandsbestimmtheit und Normenklarheit hat das Gericht dann in einer späteren Entscheidung, dem Beschluss vom 3. März 2004 zur Überwachung der Telekommunikation durch das Zollkriminalamt, im Einzelnen herausgearbeitet: Dieses Verfassungsgebot soll sowohl dem Schutz der von Eingriffsmaßnahmen betroffenen Bürger als auch der Bindung der Verwaltung sowie einer effektiven gerichtlichen Kontrolle dienen.[120]

Der Grundsatz der Verhältnismäßigkeit, im Volkszählungsurteil als weiterer Maßstab für die Beurteilung von Eingriffsermächtigungen angeführt, zählt ebenso zum Traditionsbestand des Verfassungsrechts und spielt in zahlreichen Entscheidungen des Gerichts eine tragende Rolle.[121] Immerhin lässt sich das Postulat der Beschränkung staatlicher Machtausübung auf das zum Rechtsgüterschutz Notwendige bis zu den Denkern der europäischen Aufklärung zurückverfolgen. So forderte z. B. *Wilhelm von Humboldt* 1792, beim Schutz der Sicherheit der Bürger müsse „allemal auf die Größe des zu besorgenden Schadens und die Wichtigkeit der durch ein Prohibitivgesetz entstehenden Freiheitseinschränkungen zugleich Rücksicht genommen werden....Jede weitere oder aus anderen Gesichtspunkten gemachte Beschränkung der Privatfreiheit aber liegt außerhalb der Grenzen der Wirksamkeit des Staats."[122]

Als weitere Schutzvorkehrung für das Recht auf informationelle Selbstbestimmung verlangte das Bundesverfassungsgericht die gesetzliche Regelung von Aufklärungs-, Auskunfts- und Löschungspflichten der jeweiligen Behörden sowie die Beteiligung unabhängiger Datenschutzbeauftragter.[123] Während die erstgenannte Vorgabe auf die Aktivität des Betroffenen selbst zielt, macht der Verweis auf die Notwendigkeit spezialisierter Datenschutzbeauftragter zugleich deutlich, dass der „Selbstdatenschutz" an bestimmte sachlich bedingte Grenzen stößt und deshalb zur Wahrung des Grundrechts nicht ausreicht.[124]

119 Vgl. im Einzelnen *Denninger* a. a. O., Rdnr. B 57; *Papier/Möller,* Das Bestimmtheitsgebot und seine Durchsetzung, AöR 122 (1997), 177; *Kutscha,* Innere Sicherheit und Verfassung, in: Roggan/Kutscha (Hg.), Handbuch zum Recht der Inneren Sicherheit, 2. Aufl. 2006, S. 24 (69 ff.); *Petri,* in: Lisken/Denninger a. a. O., Rdnr. G 36 ff.; *K. Weber,* Die Sicherung rechtsstaatlicher Standards im modernen Polizeirecht, 2011, S. 104 ff.

120 BVerfGE 110, 33 (53 f.); ausführlich dazu *K. Weber* a. a. O., S. 112 ff.

121 Vgl. dazu im Einzelnen *Schlink,* Der Grundsatz der Verhältnismäßigkeit, in: Festschrift 50 Jahre Bundesverfassungsgericht, Bd. II, 2001, S. 445; *Kutscha* a. a. O., S. 66 ff.; *Petri* a. a. O., Rdnr. G 40 ff.

122 *V. Humboldt,* Ideen zu einem Versuch, die Grenzen der Wirksamkeit des Staats zu bestimmen (Nachdruck 1967), S. 128.

123 BVerfGE 65, 1 (46).

124 Vgl. dazu auch unter 5.b.

b. Implementation mit fragwürdigen Ergebnissen

Obwohl das Volkszählungsurteil in wesentlichen Punkten nichts anderes als die Anwendung überkommener Verfassungsprinzipien auf eine neuartige Gefährdungslage beinhaltet, wurde damit ein gewaltiges Arbeitsprogramm für die Gesetzgeber von Bund und Ländern statuiert. Da in den meisten Verwaltungszweigen die Erhebung und Verarbeitung personenbezogener Daten zu den Hauptaufgaben gehören, musste eine Vielzahl „bereichsspezifischer" Befugnisnormen für die unterschiedlichsten EDV-Anwendungen geschaffen werden, was häufig erst viele Jahre nach dem Volkszählungsurteil geschehen ist.[125] Die multifunktionelle Verwendung einmal erhobener Daten, welche die moderne EDV-Technik ermöglicht, wurde damit bewusst eingeschränkt, um auf diese Weise dem höchstrichterlichen Postulat einer „informationellen Gewaltenteilung"[126] zu entsprechen.

Auf der anderen Seite lässt sich dieser Prozess der Normsetzung aber auch als „paradoxe Verrechtlichung" kennzeichnen: Zwar existieren inzwischen zahlreiche höchst detaillierte Bestimmungen über die Datenerhebung, -speicherung, -verarbeitung und -übermittlung für die unterschiedlichen Behörden. Häufig jedoch sind die Eingriffsvoraussetzungen – etwa für die verschiedenen Sicherheitsbehörden - generalklauselartig formuliert und erwecken nur den Eindruck genauer tatbestandlicher Eingrenzung: Dass eine bestimmte Maßnahme mit Eingriffscharakter „für die Aufgabenerfüllung erforderlich"[127] sein muss, folgt schon aus dem Grundsatz der Verhältnismäßigkeit, hätte also keiner besonderen Regelung bedurft. Durch solche Scheintatbestände, verbunden mit unzähligen, kaum überschaubaren Querverweisen wird mithin kaum eine Beschränkung, sondern teilweise eher eine Entgrenzung des Handlungsrahmens der jeweiligen Behörden bewirkt. Angesichts dieser Entwicklung lässt sich durchaus vom „Datenschutz in der Verrechtlichungsfalle" sprechen[128]Schon wenige Jahre nach dem Volkszählungsurteil warnte der an dieser Entscheidung maßgeblich beteiligte Verfassungsrichter *Ernst Benda* denn auch davor, „daß der Gesetzgeber sich mit einer Flut von Normen daran macht, die bisherige Praxis gesetzgeberisch nachzuzeichnen, also alles, was von der Praxis als

125 Vgl. nur *Garstka,* Bestandsaufnahme über die Situation des Datenschutzes „10 Jahre nach dem Volkszählungsurteil", DuD 1994, 243; *Simitis,* Die Entscheidung des Bundesverfassungsgerichts zur Volkszählung – 10 Jahre danach, KritV 1994, 121.

126 BVerfGE 65, 1 (69).

127 So z. B. § 21 I BPolG, §§ 7 I, II u. 10 I BKAG, § 8 I BVerfSchG.

128 So *Hoffmann-Riem,* Informationelle Selbstbestimmung in der Informationsgesellschaft, AöR 123 (1998), 513 (514); kritisch auch *Bäuerle,* Polizeirecht in Deutschland, APuZ 48/2008, 15 (18); *Holznagel,* Das Grundrecht auf informationelle Selbstbestimmung, in: Pieroth (Hg.): Verfassungsrecht und soziale Wirklichkeit in Wechselwirkung, 2000, S. 29 (42); *Lepsius,* Sicherheit und Freiheit – ein zunehmend asymmetrisches Verhältnis, in: Schuppert u. a. (Hg.), der Rechtsstaat unter Bewährungsdruck, 2010, S. 23 (33); *Schaar,* Datenschutz ins Grundgesetz? In: Robertson-von Trotha (Hg.): 60 Jahre Grundgesetz, 2009, S. 133 (135 f.).

unverzichtbar bezeichnet wird, in Gesetzesform aufzuschreiben. Ein Übermaß gesetzlicher Regelungen bedeutet nicht ein Mehr, sondern ein Weniger an Normenklarheit."[129] Damit aber wurde die Intention des Volkszählungsurteils im Ergebnis geradezu in ihr Gegenteil verkehrt.[130]

c. Widersprüchliche Verfassungsrechtsprechung – von der Rasterfahndung zur Beschlagnahme von Computern und der Auswertung von E-Mails

In mehreren mitunter spektakulären Entscheidungen des vergangenen Jahrzehnts hat das Bundesverfassungsgericht versucht, diesen Wildwuchs der Scheintatbestandlichkeit vor allem auf dem Gebiet der Datenerhebung und -verarbeitung durch Sicherheitsbehörden ein Stück weit zu beschneiden.[131] So wurde mit Beschluss vom 4. April 2006 der Verfassungsbeschwerde eines Studenten gegen die nach den Terroranschlägen am 11. September 2001 (auch) in Deutschland durchgeführte Rasterfahndung stattgegeben.[132] Durch diese Rasterfahndung wollte die Polizei terroristische „Schläfer" ermitteln, entsprechende Erfolge zeitigte die Maßnahme jedoch nicht.[133] Allein in Nordrhein-Westfalen wurden etwa 5,2 Mill. Personendatensätze, die von den Einwohnermeldeämtern, den Hochschulen des Landes sowie dem Ausländerzentralregister übermittelt worden waren, anhand bestimmter Suchkriterien elektronisch gerastert.

Eine solche präventive polizeiliche Rasterfahndung, so entschied das Gericht, sei mit dem Recht auf informationelle Selbstbestimmung nur vereinbar, wenn eine konkrete Gefahr für hochrangige Rechtsgüter besteht. Im „Vorfeld der Gefahrenabwehr" scheide sie hingegen aus.[134] Als zentraler Maßstab zur Beurteilung der Eingriffsmaßnahme diente dem Gericht der Grundsatz der Verhältnismäßigkeit.

129 *Benda,* Die Notwendigkeit bereichsspezifischer Regelungen für Informationseingriffe der Sicherheitsbehörden – Erfahrungen aus dem Volkszählungsurteil, PFA-Schriftenreihe 1/1995, 1 (26); ähnlich die Kritik von *Simitis* a. a. O., S. 127.

130 In diesem Sinne *Zöller,* Informationssysteme und Vorfeldmaßnahmen von Polizei, Staatsanwaltschaft und Nachrichtendiensten, 2002, S. 56 ff.

131 Ausführlicher dazu *Bommarius,* Ein Fels in der Brandung, KJ 2011, 43; *Brenneisen/Brenneisen,* Rechtsprechung des BVerfG, 2009; *Gurlit,* Die Verfassungsrechtsprechung zur Privatheit im gesellschaftlichen und technologischen Wandel, RDV 2006, 43; *Schlögel,* Das Bundesverfassungsgericht im Politikfeld Innere Sicherheit, 2010, S. 76 ff.; *Kutscha,* Überwachungsmaßnahmen von Sicherheitsbehörden im Fokus der Grundrechte, LKV 2008, 481 (482 ff.); *Trute,* Grenzen des präventionsorientierten Polizeirechts in der Rechtsprechung des Bundesverfassungsgerichts, Die Verwaltung 2009, 85.

132 BVerfGE 115, 320 mit Besprechungen von *Bausback,* Fesseln für die wehrhafte Demokratie? NJW 2006, 1922; *Schewe,* Das Ende der präventiven Rasterfahndung zur Terrorismusbekämpfung? NVwZ 2007, 174; *Volkmann,* Anmerkung, JZ 2006, 918.

133 Zur Praxis *Mager,* Terrorismusbekämpfung zwischen Freiheit und Sicherheit, 2005, S. 163 ff.

134 BVerfGE 115, 320 (Leits. 1 u. 2).

Von Bedeutung sei in diesem Zusammenhang, dass die landesgesetzliche Ermächtigung für die präventive Rasterfahndung „verdachtslose Grundrechtseingriffe von großer Streubreite“ vorsehe und deshalb eine hohe Eingriffsintensität aufweise. „Denn der Einzelne ist in seiner grundrechtlichen Freiheit umso intensiver betroffen, je weniger er selbst für einen staatlichen Eingriff Anlass gegeben hat. Von solchen Eingriffen können ferner Einschüchterungseffekte ausgehen, die zu Beeinträchtigungen bei der Ausübung von Grundrechten führen können (...)“.[135]

Auch im Beschluss des Bundesverfassungsgerichts vom 24. Januar 2012 zur Auskunftspflicht von Telekommunikationsunternehmen gegenüber Sicherheitsbehörden stand der Grundsatz der Verhältnismäßigkeit im Mittelpunkt:[136] Würden die gespeicherten Bestandsdaten wie Name, Adresse und Rufnummer (§ 111 TKG) gegenüber der anfragenden Behörde preisgegeben, sei dieser Eingriff in das Recht auf informationelle Selbstbestimmung verhältnismäßig. Diese Daten hätten nur eine beschränkte Aussagekraft, weil sie allein die individuelle Zuordnung von Telekommunikationsnummern zu den jeweiligen Anschlussinhabern ermöglichten.[137] Anders sei es hingegen bei der Meldung von Zugangssicherungscodes wie Passwörtern, PIN oder PUK gemäß § 113 I 2 TKG. In dem weiten Umfang, der durch diese Norm bestimmt werde, sei der Zugriff auf diese Daten für die effektive Aufgabenerfüllung der entsprechenden Behörden nicht erforderlich.[138]

In drei weiteren Entscheidungen des Bundesverfassungsgerichts aus den Jahren 2007 und 2008 spielte dagegen das Gebot der Tatbestandsbestimmtheit eine tragende Rolle. In seinem Beschluss vom 13. Juni 2007 erklärte das Gericht eine gesetzliche Ermächtigung zur automatisierten Abfrage von Kontostammdaten bei Kreditinstituten für teilweise verfassungswidrig.[139] Zu den Bestimmtheitsanforderungen gehöre es, so das Gericht, „den Erhebungszweck in einer dem Recht auf informationelle Selbstbestimmung genügenden Weise festzulegen. Mindestvoraussetzung dafür ist die Angabe im Gesetz, welche staatliche Stelle zur Erfüllung welcher Aufgaben zu der geregelten Informationserhebung berechtigt sein soll.“[140]

Auch in seiner Kammerentscheidung vom 23. Februar 2007 zur Zulässigkeit der Videoüberwachung eines Bodendenkmals in der Stadt Regensburg stützte sich das Gericht auf das rechtsstaatliche Erfordernis einer hinreichend bestimmten Ein-

135 BVerfGE 115, 320 (354).
136 BVerfG, NJW 2012, 1419; zur wenig überzeugenden Abgrenzung der Schutzbereiche des Fernmeldegeheimnisses und des Rechts auf informationelle Selbstbestimmung vgl. im Einzelnen Kapitel V.2.
137 BVerfG, NJW 2012, 1419 (1424).
138 BVerfG, NJW 2012, 1419 (1429).
139 BVerfGE 118, 168 – bezogen auf § 93 VIII AO in der Fassung des Gesetzes zur Förderung der Steuerehrlichkeit vom 23. 12. 2003 (BGBl. I 2928); kritisch dazu *Göres,* Zur Rechtmäßigkeit des automatisierten Abrufs von Kontoinformationen – Ein weiterer Schritt zum gläsernen Bankkunden, NJW 2005, 253.
140 BVerfGE 118, 168 (188.).

griffsgrundlage.[141] Die zur Rechtfertigung des Eingriffs herangezogen allgemeinen Bestimmungen des Bayerischen Datenschutzgesetzes genügten dieser Anforderung nicht. Mit einer gleichartigen Begründung verwarf das Bundesverfassungsgericht in seinem Urteil vom 11. März 2008 auch die landesgesetzlichen Ermächtigungen in Hessen und Schleswig-Holstein zur automatisierten Erfassung von Kfz-Kennzeichen.[142] Die bloße Benennung des Zwecks, das Kfz-Kennzeichen mit einem gesetzlich nicht näher definierten Fahndungsbestand abzugleichen, genüge den Anforderungen an die Normenbestimmtheit nicht. Auch fehle es an einer ausreichenden Bestimmung der Daten, die erhoben werden dürfen.

Einen deutlich weniger strengen Maßstab im Hinblick auf das Gebot der Tatbestandsbestimmtheit legt indessen der Zweite Senat des Bundesverfassungsgerichts bei seiner verfassungsrechtlichen Überprüfung der Ermittlungsbefugnisse in der Strafprozessordnung an. Immerhin stammen die Tatbestandsvoraussetzungen für überkommene Standardmaßnahmen wie Sicherstellung und Beschlagnahme teilweise noch aus dem 19. Jahrhundert. Es stellt sich somit die Frage, ob die entsprechenden, recht vage formulierten Eingriffsnormen auch zur Rechtfertigung der Sicherstellung oder Beschlagnahme elektronischer Datenträger zum Zwecke der Auswertung – inzwischen ein „Alltagsgeschäft“ der Strafverfolgungsbehörden – herangezogen werden können.[143] Schließlich spricht die hier einschlägige Bestimmung des § 94 I StPO nur von „Gegenständen, die als Beweismittel für die Untersuchung von Bedeutung sein können“. Nach Auffassung des Zweiten Senats des Bundesverfassungsgerichts erfasst diese Bestimmung jedoch auch die Sicherstellung und Beschlagnahme der auf einem Datenträger verkörperten Daten, obwohl es sich dabei gerade nicht um körperliche Gegenstände handelt.[144] Aus dem Blickwinkel des verfassungsrechtlichen Gebots der Normenklarheit muss die Begründung des Gerichts hierfür überraschen: „Für den vom Datenzugriff Betroffenen ist hinreichend erkennbar, dass die §§ 94 ff. StPO die Sicherstellung und Beschlag-

141 BVerfG-K, NVwZ 2007, 688 mit Besprechung von *Fetzer/Zöller,* Verfassungswidrige Videoüberwachung, NVwZ 2007, 775.

142 BVerfGE 120, 378 mit Besprechungen von *Breyer,* Kfz-Massenabgleich nach dem Urteil des Bundesverfassungsgerichts, NVwZ 2008, 824; *Roßnagel,* Verfassungsrechtliche Grenzen polizeilicher Kfz-Kennzeichenerfassung, NJW 2008, 2547; ausführlich zur Thematik *Arzt,* Automatisierte Kfz-Kennzeichenerkennung, in: Roggan/Kutscha (Hg.), Handbuch zum Recht der Inneren Sicherheit, 2. Aufl. 2006, S. 229 ff.; *Guckelberger,* Zukunftsfähigkeit landesrechtlicher Kennzeichenabgleichsnormen, NVwZ 2009, 352.

143 Vgl. *Gercke,* Telekommunikationsüberwachung, in: Roggan/Kutscha (Hg.) a. a. O., S. 145 (166).

144 BVerfGE 113, 29; anders z. B. *Roxin/Schünemann,* Strafverfahrensrecht, 27. Aufl. 2012, § 34 Rdnr.4; *Wohlers,* in: SK-StPO II, 4. Aufl. 2010, § 94 Rdnr. 26; problematisch auch BVerfGE 112, 304 zur Überwachung Tatverdächtiger mit Hilfe des Global-Positioning-Systems; kritisch dazu *Gercke,* Einsatz des Global-Positioning-Systems, in: Roggan/Kutscha a. a. O., S. 403 (404 f.); *Gurlit,* Verfassungsrechtliche Rahmenbedingungen des Datenschutzes, NJW 2010, 1035 (1041); *Kutscha,* Neue Grenzmarken des Polizeiverfassungsrechts, NVwZ 2005, 1231 (1232 f.).

nahme des Datenträgers und der hierauf gespeicherten Daten ermöglichen. § 94 StPO erfasst grundsätzlich alle Gegenstände, die als Beweismittel für die Untersuchung von Bedeutung sein können. Eine nähere gesetzliche Eingrenzung ist wegen der Vielgestaltigkeit möglicher Sachverhalte nicht geboten.“[145]

Diese Position hat der Zweite Senat in seinem Urteil vom 16. Juni 2009 zur Sicherstellung und Beschlagnahme von E-Mails auf dem Mailserver des Providers bestätigt.[146] „Die Ermittlungsmethoden der Strafprozessordnung sind zwar im Hinblick auf die Datenerhebung und den Datenumfang weit gefasst. Der den Datenzugriff begrenzende Verwendungszweck ist aber unter Beachtung des Normzusammenhangs, in welchen die §§ 94 ff. StPO eingebettet sind (vgl. § 152 Abs. 2, § 155 Abs. 1, § 160, § 170, § 244 Abs. 2, § 264 StPO) hinreichend präzise vorgegeben.“[147]

d. Ermittlungsbefugnisse in der StPO – Generalermächtigungen für den Zugriff auf elektronische Daten?

Ob der Verweis auf den „Normzusammenhang“ der Eingriffsregelungen in der StPO die fehlende Tatbestandsbestimmtheit im Hinblick auf den Zugriff auf elektronisch gespeicherte Informationen kompensieren kann, muss allerdings als fraglich erscheinen. Zwar ist es richtig, dass der Gesetzgeber sich wegen der „Vielgestaltigkeit“ von Sachverhalten auch unbestimmter Rechtsbegriffe bedienen darf – eine völlige Eindeutigkeit der Wortbedeutung lässt sich ohnehin kaum erreichen. Mit Recht geht der Erste Senat des Bundesverfassungsgerichts indessen davon aus, dass die Anforderungen im Hinblick auf die Tatbestandsbestimmtheit umso höher sind, je intensiver die jeweilige Maßnahme in die Grundrechte des Betroffenen eingreift: „Die konkreten Anforderungen an die Bestimmtheit und Klarheit der Ermächtigung richten sich nach der Art und der Schwere des Eingriffs. Diese ergibt sich aus der Art der vorgesehenen Maßnahme und der von ihr für den Betroffenen ausgelösten Wirkungen.“[148] Bei der Sicherstellung bzw. Beschlagnahme z. B. eines Computers und der anschließend Auswertung der darauf gespeicherten Daten handelt es sich unzweifelhaft um einen Eingriff in das Recht auf informationelle Selbstbestimmung von erheblichem Gewicht, was auch in der zitierten Entscheidung des Bundesverfassungsgerichts vom 12. April 2005 eingeräumt wird.[149] Schließlich können diese Daten eine Fülle von höchstpersönlichen Informationen nicht nur über den Nutzer des Geräts, sondern auch über seine Kommunikations-

145 BVerfGE 113, 29 (51.).
146 BVerfGE 124, 43.
147 BVerfGE 124, 43 (61).
148 BVerfGE 110, 33 (55).
149 BVerfGE 113, 29 (51 f.).

partner preisgeben. Die vage Umschreibung der Eingriffsvoraussetzungen in den §§ 94 und 110 StPOdürfte deshalb den hohen verfassungsrechtlichen Anforderungen hinsichtlich der Tatbestandsbestimmtheit in Bezug auf solche Eingriffe kaum genügen.[150]

Eine vergleichbare Problematik stellt sich bei der Rechtfertigung von Ermittlungen von Polizeibeamten in sozialen Netzwerken unter einer Legende. Entgegen der insoweit zu pauschalen Auffassung des Bundesverfassungsgerichts[151] liegt bei einer solchen Datenerhebung durch Ausnutzung des Vertrauens des Kommunikationspartners in die Identität seines Gegenübers durchaus ein Eingriff in das Recht auf informationelle Selbstbestimmung vor.[152] Dieser bedarf dann zu seiner Rechtfertigung aber einer dem Grundsatz der Tatbestandsbestimmtheit und Normenklarheit entsprechenden Eingriffsnorm. Stimmen aus der polizeilichen Praxis halten insoweit § 163 I S. 2 StPO für ausreichend.[153] Diese Ermittlungsgeneralklausel („Ermittlungen jeder Art“) ist jedoch viel zu unbestimmt, um diesen schwerwiegenden, nur auf der Grundlage einer Täuschung des Grundrechtsträgers ermöglichten Eingriff rechtfertigen zu können. Überzeugender ist es deshalb, auf die hohen Eingriffshürden für den Einsatz eines Verdeckten Ermittlers (§§ 110a ff. StPO) abzustellen.[154]

Auf jeden Fall ist der Gesetzgeber gefordert, wenn man die seit längerem in großem Umfang praktizierten Zugriffe von Sicherheitsbehörden auf elektronische Daten auf rechtsstaatlich stabile Füße stellen will. Auf der anderen Seite zeigen die vor allem im vergangenen Jahrzehnt unter Verweis auf die Terrorgefahren nach dem 11. September vorgenommenen Novellierungen z. B. des Bundeskriminal-

150 Ebenso z. B. LG Hamburg, StV 2009, 70; *Gaede,* Der grundrechtliche Schutz gespeicherter E-Mails beim Provider und ihre weltweite strafprozessuale Überwachung, StV 2009, 96 (99).

151 BVerfGE 120, 274 (345).

152 Vgl. im Einzelnen hierzu unter 3 b.

153 *Birgit Müller,* Einsatzmöglichkeiten virtueller Vertrauenspersonen, Verdeckter Ermittler und nicht öffentlich ermittelnder Polizeibeamter, Kriminalistik 2012, 295; *Henrichs/Wilhelm,* Polizeiliche Ermittlungen in sozialen Netzwerken, Kriminalistik 2010, 30 (36).

154 In diesem Sinne *Schulz/Hoffmann,* Staatliche Datenerhebung in sozialen Netzwerken, DuD 2012, 7 (10); *Rosengarten/Römer,* Der „virtuelle verdeckte Ermittler“ in sozialen Netzwerken und Internetboards, NJW 2012, 1764 (1767).

amtsgesetzes[155] sowie der Verfassungsschutzgesetze von Bund und Ländern,[156] wie bereitwillig die Gesetzgeber dem Ruf nach neuen Befugnissen zur möglichst lückenlosen Ausnutzung des Überwachungspotentials der massenhaften elektronischen Kommunikation nachkommen – ein weiteres Mal zeigt sich darin die faktisch das Handeln der Staatsgewalt entgrenzende Wirkung paradoxer Verrechtlichung.[157] Ob dieser Entwicklung allein durch das Beharren auf die Prinzipien der Verhältnismäßigkeit und Tatbestandsbestimmtheit Einhalt geboten werden kann, darf bezweifelt werden. Stärker in den Blick zu nehmen sind statt dessen absolut geltende grundrechtliche Schutzgewährleistungen, die keiner „Abwägung“ mit den jeweils sicherheitsbehördlichen definierten „Erfordernissen“ unterworfen sind.[158]

5. Grundrechtsschutz gegenüber Privatunternehmen?

Der Abruf personenbezogener Daten bei den Telekommunikationsunternehmen[159] und bei Finanzinstituten oder die im vorigen Abschnitt ebenfalls erörterten Ermittlungen von Polizeibeamten in sozialen Netzwerken sind nur einige Beispiele dafür, in welchem Umfang staatliche Stellen, insbesondere Sicherheitsbehörden sich für ihre Zwecke aus den Datensammlungen von Privatunternehmen bedienen. In der Tat dürften die „nichtöffentlichen Stellen“,[160] zu denen u. a. weltweit agierende Unternehmen wie *Facebook* oder *Google* zählen, inzwischen über deutlich mehr personenbezogene Daten verfügen als die „öffentlichen Stellen“.[161] Neben den Big Brother mit seinen Großrechnern, den die frühen Protagonisten des Datenschutzes fürchteten, sind inzwischen zahlreiche andere „Brüder“ getreten, die

155 Vgl. vor allem das Gesetz zur Abwehr von Gefahren des internationalen Terrorismus durch das Bundeskriminalamt v. 25. 12. 2008, BGBl. I, 3083; dazu im Einzelnen *Roggan,* Das neue BKA-Gesetz – Zur weiteren Zentralisierung der deutschen Sicherheitsagentur, NJW 2009, 257; *Wolff,* Die Grenzverschiebung von polizeilicher und nachrichtendienstlicher Sicherheitsgewährleistung, DÖV 2009, 597; *Zabel,* Terrorgefahr und Gesetzgebung, JR 2009, 453.

156 Vgl. nur das Gesetz zur Änderung des Verfassungsschutzgesetzes v. 7. 12. 2011, BGBl. I 2576; dazu *Busch,* Terrorismusbekämpfungsergänzungsverlängerungsgesetz, in: Müller-Heidelberg u. a. (Hg.), Grundrechte-Report 2012, 2012, S. 21; *Jach,* Verfassungsrechtliche Fragen der Verlängerung und Neuregelung von Auskunftsrechten des Verfassungsschutzes, DÖV 2012, 797; *Kutscha*, Die Erkenntnisse des Polyphem, Vorgänge 197 (1/2012), 86.

157 Vgl. dazu unter b.

158 Dazu im Einzelnen unter VI.

159 Allein im Jahre 2008 gab es mehr als 26 Mill. automatisierter Abfragen von rund 100 Behörden bei 120 Telekommunikationsunternehmen, wie die „Süddeutsche Zeitung“ v. 25./26. 2. 2012 meldete.

160 So die Terminologie des BDSG, vgl. nur dessen § 2.

161 Vgl. *Simitis*, Bundesdatenschutzgesetz, 7. Aufl. 2011, Einl. Rdnr. 126; *Hassemer,* Vom Datenschutz zum Verbraucherschutz – und zurück? In: Müller-Heidelberg u. a. (Hg.), Grundrechte-Report 2012, 2012, S. 15 (16).

sich die neuen Informations- und Kommunikationstechniken im großen Umfang für ihre Geschäftszwecke zu Nutze machen.[162]

Diese Entwicklung wirft die Frage auf, ob ein Grundrecht wie das Recht auf informationelle Selbstbestimmung seine Schutzwirkung auch gegenüber mächtigen Privaten entfaltet. Diese Frage ist schon deshalb nicht einfach zu beantworten, weil die Grundrechte im Wesentlichen als Abwehrrechte gegenüber der Staatsgewalt konzipiert sind.[163] Eine unmittelbare „Drittwirkung" der Grundrechte gegenüber Privaten wird – abgesehen von der Koalitionsfreiheit des Art. 9 Abs. 3 GG – durchweg abgelehnt.[164] Dem Interessenausgleich zwischen Privaten soll statt dessen das Zivilrecht mit seinem Grundsatz der Vertragsfreiheit dienen. Auch bei der Nutzung von Internetdiensten wie *Google,* so wird teilweise argumentiert, ginge es schließlich um den freien Austausch von Leistung und Gegenleistung: „Der Vorwurf der Geschäftemacherei mit Daten ist ebenso zutreffend wie naiv. Die Nutzung von Plattformen und Internetdiensten ist die Leistung, die Google anbietet. Die Daten, die der Nutzer bei Google hinterlässt, sind die Gegenleistung. Über die Auswertung der Daten und personalisierte Werbung erwirtschaftet Google die Umsätze, die für den erfolg- (und gewinn)reichen Betrieb der Dienste benötigt werden."[165]

a. Vertragsfreiheit und informierte Einwilligung?

Auch das heutige Datenschutzrecht Deutschlands für „nichtöffentliche Stellen" geht vom Grundsatz der Vertragsfreiheit zwischen Privaten aus: Nach § 4 BDSG ist die Erhebung, Verarbeitung und Nutzung personenbezogener Daten zulässig, soweit eine Rechtsvorschrift dies erlaubt oder „der Betroffene eingewilligt hat". Ebenso stellt der für „Telemedien" wie *Facebook* oder *Google* geltende § 12 TMG auf die Einwilligung der Nutzer ab. Diese Einwilligung bildet also die zentrale Rechtfertigung für die Auswertung der Daten im Rahmen einer privatrechtlichen

162 Vgl. dazu *Hoffmann-Riem,* Informationelle Selbstbestimmung in der Informationsgesellschaft, AöR 123 (1998), 513 (525); *Kühling,* Datenschutz in einer künftigen Welt allgegenwärtiger Datenverarbeitung, Die Verwaltung 2007, 153 (164); *Masing,* Herausforderungen des Datenschutzes, NJW 2012, 2305 (2306).

163 Vgl. nur BVerfGE 21, 362 (369); *Poscher,* Grundrechte als Abwehrrechte, 2003; *Fisahn/Kutscha,* Verfassungsrecht konkret, 2. Aufl. 2011, S. 1 ff.

164 Vgl. nur *Dreier,* in: Ders. (Hg.), Grundgesetz Bd. I, 2. Aufl. 2004, Vorbem. Rdnr. 98; *Katz,* Staatsrecht, 18. Aufl. 2010, Rdnr. 615 ff.. Immerhin haben *Warren/Brandeis* in ihrem berühmten Aufsatz von 1890 „The Right to Privacy" dieses schon gegen die Neugier der (privaten) Zeitungen in Stellung gebracht (Harvard Law Review, Vol IV Dec. 15, 1890 No. 5, Wiederabdruck in deutscher Übersetzung in DuD 2012, 755 mit Anmerkungen von *Weichert*).

165 *Härting/Schneider,* Das Dilemma der Netzpolitik, ZRP 2011, 233.

Vertragsbeziehung: „Einwilligung gegen Leistung".[166] § 4a BDSG knüpft die Wirksamkeit dieser Einwilligung indessen an bestimmte Voraussetzungen. Sie muss „auf der freien Entscheidung des Betroffenen" beruhen und auf der Grundlage einer Information der datenverarbeitenden Stelle über den vorgesehenen Zweck der Erhebung, Verarbeitung oder Nutzung erfolgen. Nach der dieser Regelung zugrunde liegenden Vorstellung sollen z. B. die Kunden von Internetanbietern zwischen den Vorteilen einer Herausgabe ihrer Daten und den ihnen dadurch entstehenden Nachteilen abwägen.[167] Damit wird dem Grundsatz der Selbstbestimmung als einem zentralen Paradigma unserer Rechtsordnung scheinbar Rechnung getragen.

Ob die hierbei vorausgesetzte Selbstbestimmung der Nutzer unter den heutigen ökonomischen, sozialen und technischen Bedingungen allerdings der Realität entspricht, ist aus mehreren Gründen fraglich.[168] Zu verweisen ist zunächst auf die oligopolistische Struktur des Marktes der Internetanbieter: So hat z. B. *Google* bei den Suchmaschinen inzwischen nahezu eine Monopolstellung inne, die durch Verknüpfung mit anderen Dienstleistungsangeboten derselben Firma (*Google Street View*, *Google Map* u. a.) noch verstärkt wird.[169] Bei den sozialen Netzwerken hat *Facebook* mit inzwischen weltweit über einer Milliarde Nutzern andere Anbieter wie StudiVZ nahezu vom Markt drängen können. Wenn eine Mehrheit der jungen Menschen sich vorwiegend über *Facebook* austauscht und dort z. B. Einladungen zu Partys „postet", riskieren diejenigen, die nicht „drin" sind, den sozialen Ausschluss.[170] Somit gibt es zwar keinen rechtlichen, wohl aber einen faktischen sozialen Zwang zur Mitgliedschaft bei diesem Netzwerk und damit auch zur Akzeptanz der vage formulierten und im Übrigen ständig veränderten Geschäftsbe-

166 *Buchner,* Die Einwilligung im Datenschutzrecht, DuD 2010, 39; vgl. auch *Beisenherz/Tinnefeld,* Aspekte der Einwilligung, DuD 2011, 110; *Peifert,* Persönlichkeitsschutz und Internet, JZ 2012, 851 (857); *Petri,* Datenschutzrechtliche Einwilligung im Massengeschäftsverkehr, RDV 2007, 153 (154); *Spindler,* Persönlichkeitsschutz im Internet – Anforderungen und Grenzen einer Regulierung, 2012, S. 76 f.

167 Vgl. *Hess/Schreiner,* Ökonomie der Privatsphäre, DuD 2012, 105 (108).

168 Vgl. dazu *Däubler,* in: Däubler/Klebe/Wedde/Weichert, Bundesdatenschutzgesetz, 3. Aufl. 2010, § 4a Rdnr. 1; *Bäcker,* Grundrechtlicher Informationsschutz gegen Private, Staat 51 (2012), 91 (105 f.); *Heckmann,* Persönlichkeitsschutz im Internet, NJW 2012, 2631; *Petri,* a. a. O, S. 153 ff.; *Simitis,* Hat der Datenschutz noch eine Zukunft? RDV 2007, 143 (146 f.).

169 Vgl. *Voigt,* Datenschutz bei Google, MMR 2009, 377 sowie *Gerhartinger,* Die Google-Datenschutzerklärung auf dem Prüfstand, ZD 2012, 303.

170 Vgl. *Worms/Gusy,* Verfassung und Datenschutz, DuD 2012, 92 (96).

dingungen von *Facebook.*[171] Zwar gibt es eine Auswahl hinsichtlich der Eingrenzung des Adressatenkreises für die Daten, nicht aber im Hinblick auf deren ökonomische Verwertung durch das Unternehmen und seine Geschäftspartner. Die Betätigung des – auch auf vielen anderen Homepages z. B. von Kommunen installierten – „Gefällt-mir"-Buttons mag von den betreffenden Personen zwar als Meinungsäußerung gedacht sein. Aus der Sicht des Unternehmens dient sie aber keineswegs dem Zweck sozialer Kontaktpflege und politischer Meinungsbildung, sondern der Steigerung der Zielgenauigkeit von Werbung. „Je mehr wir über dich wissen, desto teurer können wir Werbeanzeigen verkaufen" – auf diese Formel lässt sich das hierbei zugrunde liegende Geschäftsmodell bringen.[172] Angesichts des ökonomischen Ungleichgewichts zwischen den einzelnen Internetnutzern und den global agierenden Telemedienunternehmen mit marktbeherrschender Stellung kann von einer datenschutzrechtlichen „Selbstregulierung" durch das Einwilligungserfordernis mithin keine Rede sein.[173]

Es kommt hinzu, dass die allermeisten Internetnutzer die heutigen Möglichkeiten der Auswertung und „Verkettung" der Fülle an personenbezogenen Daten durch Techniken des Data Mining kaum zu überblicken vermögen. Im Hinblick auf die Risiken und Nebenwirkungen heutiger Datenverarbeitungspraktiken sind sie geradezu Analphabeten,[174] die mit ihrer pauschalen Einwilligungserklärung das Schicksal ihrer Daten in die Hände der Empfänger legen. „Derjenige, der nicht einmal übersehen kann, worin er einwilligt – etwa weil er nicht wissen kann, wer was wann und bei welcher Gelegenheit über ihn weiß und es wie verwenden kann -, erfüllt eine wichtige Voraussetzung einer wirkungsvollen Einwilligung nicht, nämlich das Informiertsein, und damit die Möglichkeit zu einer die Folgen über-

171 Zur Unvereinbarkeit von Teilen der AGB von *Facebook* wie z. B. dem „Freundefinder" mit den §§ 307 f. BGB vgl. LG Berlin, DuD 2012, 457; ausführliches „Sündenregister" bei *Weichert,* Datenschutzverstoß als Geschäftsmodell - der Fall Facebook, DuD 2012, 716 (717 f.); kritisch auch *Erd,* Datenschutzrechtliche Probleme sozialer Netzwerke, NVwZ 2011, 19; *Nord/Manzel,* „Datenschutzerklärungen" - misslungene Erlaubnisklauseln zur Datennutzung, NJW 2010, 3756; *Reppesgaard, Global Players:* Die großen Internetunternehmen betrachten den Datenschutz eher als Geschäftshindernis, in: Schmidt/Weichert (Hg.), Datenschutz, 2012, S. 412; anders dagegen *Härting,* Datenschutz zwischen Transparenz und Einwilligung, CR 2011, 169.

172 *Morozov,* Interview in der „Berliner Zeitung" v. 30. 6./ 1. 7. 2012; vgl. auch *Mühlberg,* Der gescorte Mensch - Wege aus der „Facebook"-Falle, in: Bsirske u. a. (Hg.), Grenzenlos vernetzt? 2012, S. 165 (168).

173 Vgl. *Simitis,* Bundesdatenschutzgesetz, 7. Aufl. 2011, Einl. Rdnr. 109 f.; *Diggelmann,* Diskussionsbeitrag, VVDStRL 70 (2011), 107; *Weichert,* Die Ökonomisierung des Rechts auf informationelle Selbstbestimmung, NJW 2001, 1463 (1466). *Buchner,* Facebook & Co, DuD 2012, 705 erinnert daran, dass der Verweis auf die „Eigenverantwortung der Verbraucher" schon der Tabakindustrie dazu diente, sich von der eigenen Verantwortung für die nachteiligen Folgen freizusprechen.

174 Vgl. *Gusy/Worms,* Grundgesetz und Internet, APuZ 18-19/2009, 26 (32); *Heckmann,* Persönlichkeitsschutz im Internet, NJW 2012, 2631; *Schlögel,* Das Bundesverfassungsgericht, die informationelle Selbstbestimmung und das Web 2.0, ZfP 2012, 85 (96).

sehenden und insoweit selbstbestimmten Entscheidung."[175] Bei Jugendlichen als eine der Hauptnutzergruppen kommt hinzu, dass sie über ein bestimmtes technisches Know how verfügen mögen, weniger aber über die Fähigkeit, die langfristigen Folgen ihres Handels richtig einzuschätzen.[176]

b. Die Schutzpflicht des Staates

Angesichts dieser unbefriedigenden Situation wird darüber diskutiert, das Recht auf informationelle Selbstbestimmung nicht auf seine Abwehrfunktion gegenüber staatlichen Eingriffen zu beschränken, sondern aus diesem Grundrecht auch eine Schutzpflicht des Staates gegenüber mächtigen Privaten abzuleiten.[177] Das Bundesverfassungsgericht hat eine solche Schutzpflicht in seiner Rechtsprechung zunächst für das Recht auf Leben nach Art. 2 Abs. 2 Satz 1 GG postuliert: Dieses Recht begründe nicht nur ein grundsätzliches Verbot staatlicher Eingriffe, sondern gebiete dem Staat auch, „sich schützend und fördernd vor dieses Leben zu stellen, das heißt vor allem, es auch vor rechtswidrigen Eingriffen von seiten anderer zu bewahren."[178] In seinen beiden Urteilen zum Schwangerschaftsabbruch von 1975 und von 1993 leitete das Gericht aus der Schutzpflicht noch eine dezidierte Festlegung des Gesetzgebers auf eine bestimmte Regelung der Problematik ab.[179] In anderen Fällen wie der *Schleyer*-Entführung, der Lagerung chemischer Waffen in der Bundesrepublik sowie der Frage genereller Geschwindigkeitsbegrenzungen auf Autobahnen billigte es hingegen den zuständigen staatlichen Organen einen weiten Spielraum für die Entscheidung ein, auf welche Weise diese Schutzpflicht erfüllt wird.[180] Nach dem Grundsatz der Gewaltenteilung und dem demokratischen Prinzip müsse der Gesetzgeber „die regelmäßig höchst komplizierte Frage entscheiden", wie die aus der Verfassung herzuleitende Schutzpflicht verwirklicht werden soll.[181]

175 *Hoffmann-Riem,* Grundrechts- und Funktionsschutz für elektronisch vernetzte Kommunikation, AöR 134 (2009), 513 (527) in Anknüpfung an eine Formulierung aus dem Volkszählungsurteil, BVerfGE 65, 1 (43).

176 Vgl. *Roßnagel,* Persönlichkeitsentfaltung zwischen Eigenverantwortung, gesellschaftlicher Selbstregulierung und staatlicher Regulierung, in: Bieber/Eifert/Groß/Lamla (Hg.), Soziale Netze in der digitalen Welt, 2009, S. 271 (278); *Eifert,* Freie Persönlichkeitsentfaltung in sozialen Netzen, in: Bieber u. a. (Hg.), a. a. O., S. 253 (259).

177 Ausführlich zur Schutzpflichtfunktion der Grundrechte *Szczekalla,* Die sogenannten grundrechtlichen Schutzpflichten im deutschen und europäischen Recht, 2002; *H.-P. Schneider,* Grundrechte und Verfassungsdirektiven, in: Merten/Papier (Hg.), Handbuch der Grundrechte, Bd. I, 2004 § 18 Rdnr. 44 ff.; *Stern,* Die Schutzpflichtenfunktion der Grundrechte: Eine juristische Entdeckung, DÖV 2010, 241.

178 BVerfGE 39, 1 (42).

179 BVerfGE 39, 1; BVerfGE 88, 203.

180 BVerfGE 46, 160 (164); BVerfGE 77, 170 (214 f.); BVerfG-K, NJW 1996, 651.

181 BVerfG-K, NJW 1996, 651 (652).

Auch für das allgemeine Persönlichkeitsrecht wurde eine solche Schutzpflicht gegenüber anderen Privaten grundsätzlich anerkannt,[182] schließlich ist dieses – im Grundgesetz nicht explizit normierte – Recht zuerst im Zivilrecht, nämlich als „sonstiges Recht“ im Sinne des § 823 I BGB entwickelt worden.[183] Dem gemäß ist dem Recht auf informationelle Selbstbestimmung als Ausprägung des allgemeinen Persönlichkeitsrechts ebenfalls die Dimension einer Schutzpflicht zuzusprechen.[184] Ebenso wie bei anderen Grundrechten ergibt sich damit auch im Hinblick auf die informationelle Selbstbestimmung die scheinbar paradoxe Situation, dass der Staat sowohl als Gefährder oder gar als Verletzer dieses Freiheitsrechts auftreten kann, aber auch als dessen Beschützer gegenüber anderen mächtigen Privaten.[185]

Diese Schutzpflicht darf freilich nicht als verfassungsrechtliche Einladung zur Bevormundung des Einzelnen durch den Staat missverstanden werden. Informationelle Selbstbestimmung kann eben auch darin bestehen, sein Privatleben wissentlich und freiwillig gegenüber einer weltweiten Öffentlichkeit zu offenbaren, um auf diese Weise aus der Anonymität der Masse herauszutreten und auf sich aufmerksam zu machen. Ziel einer überzeugenden Konkretisierung der staatlichen Schutzpflicht muss es vielmehr sein, die Bedingungen für Selbstbestimmung auch in einem von mächtigen Akteuren kommerzialisierten Netz durchzusetzen und nicht auf eine angebliche „Selbstregulierung des Marktes“[186] zu vertrauen. Diesen Zweck staatlichen Schutzes neben dem Selbstschutz hat eine Kammerentscheidung des Bundesverfassungsgerichts vom 23. Oktober 2006 zur Datenpreisgabe gegenüber einer Lebensversicherung deutlich herausgearbeitet: Das allgemeine Persönlichkeitsrecht gewährleiste, „dass in der Rechtsordnung gegebenenfalls die Bedingungen geschaffen und erhalten werden, unter denen der Einzelne selbstbestimmt

182 Vgl. z. B. BVerfGE 34, 269 (281); BVerfG-K, DVBl. 2007, 111 (112); *Kube,* Persönlichkeitsrecht, in: Isensee/Kirchhof (Hg.): HStR Bd. VII, 3. Aufl. 2009, § 148 Rdnr. 95.

183 BGHZ 13, 334; vgl. im Einzelnen *Stern,* Das Staatsrecht der Bundesrepublik Deutschland, Bd. IV/1, 2006, § 99 II 2.

184 Ebenso z. B. *Bäcker,* Grundrechtlicher Informationsschutz gegen Private, Staat 51 (2012), 91 (99); *Gurlit,* Verfassungsrechtliche Rahmenbedingungen des Datenschutzes, NJW 2010, 1035 (1040 f.); *Hoffmann-Riem* a. a. O., S. 533; *Masing,* Herausforderungen des Datenschutzes, NJW 2012, 2305 (2307); *Papier,* Entwicklung des Rechts auf informationelle Selbstbestimmung seit dem Volkszählungsurteil des Bundesverfassungsgerichts, in: Gesellschaft für Rechtspolitik (Hg.), Bitburger Gespräche in München, Bd. 1, 2012, S. 17 (29); anders z. B. *Ladeur,* Die Beobachtung der kollektiven Dimension der Grundrechte durch eine liberale Grundrechtstheorie, Staat 2011, 493 (510), der stattdessen auf die Selbstregulierung der Gesellschaft setzt.

185 Vgl. *Stern,* Die Schutzpflichtenfunktion der Grundrechte: Eine juristische Entdeckung, DÖV 2010, 241 (244); zum sozialen Hintergrund vgl. *E.-W. Böckenförde,* Freiheitssicherung gegenüber gesellschaftlicher Macht, in: Ders., Wissenschaft, Politik, Verfassungsgericht, 2011, S. 72.

186 Hierzu mit Recht kritisch *Simitis,* Bundesdatenschutzgesetz, 7. Aufl. 2011, Einl. Rdnr. 109 ff.; vgl. auch *Kube,* Neue Medien – Internet, in: HStR Bd. IV, 3. Aufl. 2006, § 91 Rdnr. 10.

an Kommunikationsprozessen teilnehmen und so seine Persönlichkeit entfalten kann. Dazu muss dem einzelnen ein informationeller Selbstschutz auch tatsächlich möglich und zumutbar sein. Ist das nicht der Fall, besteht eine staatliche Verantwortung, die Voraussetzungen selbstbestimmter Kommunikationsteilhabe zu gewährleisten. In einem solchen Fall kann dem Betroffenen staatlicher Schutz nicht unter Berufung auf eine nur scheinbare Freiwilligkeit der Preisgabe bestimmter Informationen versagt werden. Die aus dem allgemeinen Persönlichkeitsrecht folgende Schutzpflicht gebietet den zuständigen staatlichen Stellen vielmehr, die rechtlichen Voraussetzungen eines wirkungsvollen informationellen Selbstschutzes bereitzustellen."[187]

c. Gesetzgeberischer Handlungsbedarf – in welcher Richtung? – Bausteine eines Datenschutzrechts der Zukunft

Der Staat, vor allem der Gesetzgeber, steht demnach in der verfassungsrechtlich begründeten Pflicht zur Schaffung eines modernen, den ökonomischen und sozialen Bedingungen heutiger massenhafter Internetnutzung Rechnung tragenden Datenschutzrechts. Zwar wurde das für die Datenverarbeitung durch „nichtöffentliche Stellen" maßgebliche Bundesdatenschutzgesetz als Reaktion auf die zuvor bekannt gewordenen Datenschutzskandale allein 2009 dreimal ergänzt bzw. verändert,[188] die notwendige – und schon im Jahre 2001 angemahnte[189] - Neukonzeption wurde jedoch bisher nicht in Angriff genommen. Durch die massive Lobbyarbeit interessierter Wirtschaftskreise wurde die Schaffung eines deutlich höheren Datenschutzniveaus verhindert.[190] So beschränkt sich die lange versprochene umfassende Regelung des Beschäftigtendatenschutzes auf einen einzigen Paragraphen, näm-

187 BVerfG-K, DVBl. 2007, 111 (112); in diesem Sinne auch z. B. *Spindler,* Persönlichkeitsschutz im Internet – Anforderungen und Grenzen einer Regulierung, 2012, S. 100; siehe zur verfahrenstechnischen Ausgestaltung der Schutzpflicht im Sinne einer institutionalisierten Datenschutzkontrolle im Zweiten Teil dieses Buches unter II.

188 BGBl. I 2009, 2254, 2384 u. 2814; dazu im Einzelnen *Bohnen,* Die BDSG-Novellen 2009/2010, 2011; *Simitis* a. a. O., Einl. Rdnr. 100 ff.; BfDI, 23. Tätigkeitsbericht 2009-2010, S. 28 ff.; *Gola/Klug,* Die Entwicklung des Datenschutzrechts in den Jahren 2008/2009, NJW 2009, 2577 (2579 ff.); *Kühling/Bohnen,* Zur Zukunft des Datenschutzrechts – Nach der Reform ist vor der Reform, JZ 2010, 600 (601 ff.); *Roßnagel,* Die Novellen zum Datenschutzrecht – Scoring und Adresshandel, NJW 2009, 2716.

189 Grundlegend das im Auftrag des Bundesministeriums des Innern erstellte Gutachten von *Roßnagel/Pfitzmann/Garstka,* Modernisierung des Datenschutzrechts, 2001.

190 Vgl. BfDI, 23. Tätigkeitsbericht 2009-2010, S. 27; *Roßnagel,* Die Novellen zum Datenschutzrecht – Scoring und Adresshandel, NJW 2009, 2716 (2717).

lich den neuen § 32 BDSG.[191] Zwar wurden Neuregelungen zur Datenverarbeitung durch Auskunfteien sowie zu den insbesondere von Banken genutzten Scoringverfahren geschaffen; zu einer Streichung des sog. „Listenprivilegs" für den Adresshandel konnte sich der Gesetzgeber allerdings nicht durchringen. In § 28 BDSG, einer zentralen Norm für die Datenverarbeitung durch private Stellen, wurde zwar das Einwilligungserfordernis gestärkt (Opt-in-Grundsatz), jedoch durch etliche Ausnahmebestimmungen wieder verwässert. Die gesamte Vorschrift ist, so moniert ein BDSG-Kommentar zu Recht, „aufgrund ihres Umfangs und zahlreicher Verweise für normale Nutzer praktisch unlesbar und in ihren normativen Zusammenhängen nur schwer verständlich."[192] Vor allem aber sind die eher marginalen Neuregelungen im BDSG weit davon entfernt, eine grundrechtsgerechte Antwort auf die Realitäten des Internet und neuer technischer Entwicklungen wie z. B. des Cloud Computing zu finden.[193]

Dabei mangelt es keineswegs an Regelungsvorschlägen von qualifizierter Seite. Zu nennen ist hier vor allem das sog. Eckpunktepapier der Konferenz der Datenschutzbeauftragten am 18. März 2010 mit dem Titel „Ein modernes Datenschutzrecht für das 21. Jahrhundert",[194] das bedauerlicherweise kaum ein Echo in der Öffentlichkeit hervorgerufen hat. Oberstes Ziel einer Modernisierung des Datenschutzrechts muss es danach sein, „die Betroffenen als Grundrechtsträger wieder in den Mittelpunkt zu rücken und den wachsenden Gefährdungen ihrer Menschenwürde und Handlungs- und Verhaltensfreiheit durch die technische Entwicklung und die moderne Massendatenverarbeitung entgegenzutreten."[195] Zu diesem Zweck soll der Grundsatz der Datenvermeidung und Datensparsamkeit, bisher in § 3a BDSG nur als bloße Zielbestimmung formuliert,[196] deutlich gestärkt werden. Flankiert werden soll dieses Prinzip durch Regeln zum technischen und organisatorischen Datenschutz, womit an die auch auf internationaler Ebene seit längerem

191 Ausführlich dazu *Caspar,* Arbeitnehmerdatenschutz, DuD 2011, 687; *Däubler,* in: Däubler/Klebe/Wedde/Weichert, Bundesdatenschutzgesetz, 3. Aufl. § 32; *Perreng,* Datenschutz ist ein Grundrecht – auch im Arbeitsverhältnis, in: Schmidt/Weichert (Hg.), Datenschutz, 2012, S. 206 sowie die Beiträge in: Gesellschaft für Rechtspolitik (Hg.), Bitburger Gespräche in München, Bd. 1, Datenschutz im Arbeitsverhältnis, 2012.

192 *Wedde,* in: Däubler u. a., a. a. O., § 28 Rdnr.6.

193 Vgl. BfDI, a. a. O., S. 194; *Hansen,* Vertraulichkeit und Integrität von Daten und IT-Systemen im Cloud-Zeitalter, DuD 2012, 407; *Weichert,* Cloud Computing und Datenschutz, DuD 2010, 679; *Wolff,* Die beschränkte Internettauglichkeit des BDSG, in: Hill/Schliesky (Hg.), Die Vermessung des virtuellen Raums, 2012, S. 193.

194 Abgedruckt in BfDI, 23. Tätigkeitsbericht 2009-2010, S. 169 ff.; vgl. des Weiteren *Roßnagel,* Modernisierung des Datenschutzrechts, in: Schmidt/Weichert (Hg.), Datenschutz, 2012, S. 331.

195 A. a. O., S. 175.

196 Kritisch dazu *Scholz,* in: Simitis (Hg.), Datenschutzrecht, 7. Aufl. 2011, § 3a Rdnr. 6; *Hornung,* Datenschutz durch Technik in Europa, ZD 2011, 51 (53).

erhobenen Forderungen nach „Privacy Enhancing Technologies" angeknüpft wird.[197] Problematisch wäre allerdings die Anerkennung eines unbeschränkten „Grundrechts auf Anonymität im Internet". *Dirk Heckmann* hat das Dilemma treffend auf den Punkt gebracht: Gewährleistet der Gesetzgeber die Anonymität der Internetnutzung, verletzt er möglicherweise seine Pflicht, die Bürger vor kriminellen Übergriffen zu schützen. „Es kann keine Anonymität geben, die nur die Guten schützt."[198] Überzeugend ist deshalb eine Differenzierung, wie sie z. B. der Berliner Datenschutzbeauftragte *Alexander Dix* vornimmt: Ein Recht auf Anonymität ist danach nur solchen Nutzern zuzubilligen, die das Internet passiv als Informationsquelle nutzen. „Wer dagegen aktiv Informationen im Netz veröffentlicht, sollte dies in pseudonymer Form (oder unter Klarnamen) tun müssen."[199]

Des Weiteren wird im Eckpunktepapier der Datenschutzbeauftragten eine strikte Reglementierung der Profilbildung gefordert. „Die Zusammenführung und Verknüpfung personenbezogener Daten zu Profilen stellt eine besondere Gefahr für das Persönlichkeitsrecht dar. Auf diese Weise können die Persönlichkeit eines Menschen, sein Verhalten, seine Interessen und Gewohnheiten verfügbar und vorhersehbar gemacht werden, was u. a. eine gezielte Manipulation erlaubt, ohne dass sich die Betroffenen dessen überhaupt bewusst sind."[200]

Dagegen mag eingewandt werden, dass die „gezielte Manipulation" von Menschen gerade der Zweck mancher Werbekampagnen sei, indem z. B. ein hoher Anteil unverfälschter Naturprodukte in industriell hergestellten und mit Geschmacksverstärkern und künstlichen Aromen angereicherten Lebensmitteln vorgegaukelt wird (Beispiel Fruchtjoghurt). Auch gehört die systematische Auswertung des Verhaltens, der Bedürfnisse und Eigenschaften von potentiellen Kunden zum Geschäftsmodell insbesondere des Online-Handels und wird deshalb in Marketing-Lehrbüchern unter dem modisch klingenden Etikett „Singularity-Customization and Personalization" empfohlen.[201]

197 Vgl. dazu im Einzelnen *Bizer,* Datenschutz durch Technikgestaltung, in: Bäumler/V. Mutius (Hg.), Datenschutzgesetze der dritten Generation, 1999, S. 28; *Hornung* a. a. O., S. 51; *Schaar,* Systemdatenschutz, in: Schmidt/Weichert (Hg.), Datenschutz, 2012, S. 363; *Scholz* a. a. O., § 3a Rdnr. 15; *Weichert,* BDSG-Novelle zum Schutz von Internet-Inhaltsdaten, DuD 2009, 7 (10).

198 *Heckmann,* Persönlichkeitsschutz im Internet, NJW 2012, 2631 (2632); vgl. dazu auch *Pfitzmann,* Möglichkeiten und Grenzen von Anonymität, in: Sokol (Hg.): Datenschutz und Anonymität, 2000, S. 9; *Hoeren,* Anonymität im Web – Grundfragen und aktuelle Entwicklungen, ZRP 2010, 251.

199 Dix, Persönlichkeits- und Datenschutz im Internet – Anforderungen und Grenzen einer Regulierung, DuD 2013, 44.

200 „Eckpunktepapier" der Datenschutzbeauftragten, in: BfDI, 23. Tätigkeitsbericht 2009-2010, S. 181; etwas irreführend ist die Überschrift „Verbot der Profilbildung", weil darunter statt eines Verbots nur bestimmte Einschränkungen gefordert werden.

201 Vgl. z. B. *Heinemann,* Der neue Online-Handel, 3. Aufl. 2010, S. 131 f.

Vor diesem Hintergrund erstaunt es kaum, dass manche Autoren das Gebot der Datenvermeidung und Datensparsamkeit als Ausdruck „irrationaler Technologiefeindlichkeit“ werten[202] oder „Datenaskese“ für unangebracht halten, weil Datenverarbeitung „im Allgemeinen sozial nützlich“ sei.[203] Aus der Perspektive datenverarbeitender Wirtschaftsunternehmen ist dies zweifellos zutreffend, aus der Perspektive der Betroffenen allerdings fraglich, weil die Vermeidung einer umfassenden informationellen „Durchleuchtung“ ohne zureichende Kontrollmöglichkeiten dem Schutz selbstbestimmter Persönlichkeitsentfaltung dient.[204] Wird hingegen all unser Handeln prinzipiell festgehalten, so warnt der Verfassungsrichter *Johannes Masing*, „so verlieren sich Spontaneität und Unbefangenheit. Fehltritte werden gefährlich, das Begehen unausgetretener Wege zum Risiko, Freiheit wird mit Angst besetzt. Zur Wahrung der Freiheit muss der Datenschutz das Anwachsen von Datensammlungen verhindern, anhand derer jeder Schritt potentiell rekonstruierbar wird und so schon die Chance des Vergessens verloren geht.“[205]

d. Welcher Grundrechtsschutz für Internetanbieter?

Befürworter einer Lockerung des Datenschutzrechts verweisen darauf, dass sich Internetanbieter wie *Facebook, Google* und *Twitter* auf die Meinungsfreiheit berufen könnten und die freie Kommunikation zu den Grundbedingungen der Demokratie gehöre.[206] – Zwar ist es richtig, dass die Kundgabe einer Meinung auch dann vom Schutzbereich des Art. 5 Abs. 1 Satz 1 GG umfasst wird, wenn das Motiv der Meinungsäußerung in der Erlangung wirtschaftlicher Vorteile besteht.[207] Allerdings darf nicht übersehen werden, dass die genannten US-amerikanischen Unternehmen keineswegs eigene Meinungen äußern oder verbreiten, sondern lediglich eine Infrastruktur für Meinungsäußerungen anderer bereitstellen. Die Ermöglichung eines weltweiten Austausches persönlicher Meinungen, Fotos etc. ist dabei lediglich Mittel zum Zweck, Einnahmen durch die Nutzung entsprechend ausge-

202 So *Ladeur,* Das Recht auf informationelle Selbstbestimmung: Eine juristische Fehlkonstruktion? DÖV 2009, 45 (53, Anm. 100).

203 So *Bull,* Zweifelsfragen um die informationelle Selbstbestimmung – Datenschutz als Datenaskese? NJW 2006, 1617 (1618). Dieser Artikel baut auf einem Rechtsgutachten des Autors, einem ehemaligen Bundesdatenschutzbeauftragten, für die Firma Loyalty Partner GmbH, der Betreiberin des Payback-Systems, auf.

204 Vgl. z. B. *Scholz,* in: Simitis (Hg.), Bundesdatenschutzgesetz, 7. Aufl. 2011, § 3a Rdnr. 13; zum Schutz der Privatsphäre als Voraussetzung persönlicher Autonomie ausführlich *Rössler,* Privatheit und Autonomie: zum individuellen und gesellschaftlichen Wert des Privaten, in: Seubert/Niesen (Hg.), Die Grenzen des Privaten, 2010, S. 41 sowie die Darstellung hier unter II.

205 *Masing,* Herausforderungen des Datenschutzes, NJW 2012, 2305 (2308).

206 *Härting/Schneider,* Das Dilemma der Netzpolitik ZRP 2011, 233 (234).

207 Vgl. BVerfGE 30, 336 (352); BVerfG-K, NJW 1992, 1153.

werteter Personendaten für „passgenaue“ Werbung zu erzielen. Die Telemedienunternehmen erfüllen mithin nur die Funktion eines Vermittlers, der selbst kein Interesse am jeweiligen Inhalt der Meinungsäußerung hat. Deshalb ist für ihre Tätigkeit nicht das Grundrecht der Meinungsfreiheit anwendbar,[208] sondern möglicherweise das Grundrecht der Rundfunkfreiheit, Art. 5 Abs. 1 Satz 2 GG. Dieses beschränkt sich nicht auf die klassischen Formen des Rundfunks, sondern umfasst auch andere elektronisch verbreitete Darbietungen aller Art für einen unbestimmten Personenkreis.[209] Allerdings muss es sich bei diesen „Darbietungen“ um redaktionell verantwortete und aufbereitete Inhalte handeln,[210] was bei den genannten Internetdiensten nicht der Fall ist – ihr Angebot beschränkt sich auf eine elektronische Infrastruktur zur Äußerung und Verbreitung der Meinungen anderer. Deshalb ist hier auch nicht das Grundrecht der Rundfunkfreiheit einschlägig.[211] Da das Grundgesetz (bisher) kein Grundrecht einer umfassenden „Medienfreiheit“ kennt,[212] ist hier nur die Berufsfreiheit gemäß Art. 12 GG einschlägig.[213]

Die im Grundgesetz normierten Grundrechte gelten allerdings außer für natürliche Personen nur für „*inländische* juristische Personen“ (Art. 19 Abs. 3 GG) und auch nur, „soweit sie ihrem Wesen nach auf diese anwendbar sind.“ Nach der neueren Rechtsprechung des Bundesverfassungsgerichts soll sich der Schutz der Grundrechte über den Wortlaut des Art. 19 Abs. 3 GG hinaus wegen des Diskriminierungsverbots des Art. 18 AEUV auch auf juristische Personen in anderen EU-Staaten erstrecken.[214] Unternehmen, die ihren Sitz in den USA haben, werden mithin nicht durch die Grundrechte des Grundgesetzes geschützt.

Die Grundrechte der Europäischen Union hingegen sollen nach der Rechtsprechung des Europäischen Gerichtshofes im Grundsatz auch juristische Personen des Privatrechts berechtigen, sofern sie in gleicher Weise wie juristische Personen in

208 Vgl. BVerfG-K, NJW 1992, 1153; BVerfG-K, NJW 2005, 1341 (1342); anders BVerfG-K, DVBl. 2009, 1166 (1167); ausführlicher dazu unter VII.2.

209 Vgl. BVerfGE 74, 297 (350 ff.); *Schulze-Fielitz,* in: Dreier (Hg.), Grundgesetz, Bd. I, 2. Aufl. 2004, Art. 5 I, II, Rdnr. 100.

210 Vgl. nur *Jarass,* in: Jarass/Pieroth, Grundgesetz, 11. Aufl. 2011, Art. 5 Rdnr. 36; *Stern,* Das Staatsrecht der Bundesrepublik Deutschland, Bd. IV/1, § 110 II 3, der dann allerdings auch das World Wide Web dem Rundfunkbegriff zuordnet. Die Anerkennung eines Grundrechts der „Freiheit der Internetdienste“ fordert *Spindler,* Persönlichkeitsschutz im Internet – Anforderungen und Grenzen einer Regulierung, 2012, S. 28.

211 Ebenso z. B. *Haug,* Internetrecht, 2. Aufl. 2010, Rdnr. 83; *Kube,* Neue Medien – Internet, in: HStR Bd. IV, 3. Aufl. 2006, § 91 Rdnr. 14; *Schulze-Fielitz* a. a. O., Rdnr. 101.

212 So aber *Gersdorf,* Vom Medien zum (Massen-) Kommunikationsprivileg, in: Hill/Schliesky (Hg.), Die Vermessung des virtuellen Raums, 2012, S. 163 (167); *Fechner,* Medienrecht, 13. Aufl. 2012, Rdnr. 100; ihm folgend *Barton,* Multimediarecht, 2010, Rdnr. 17; mit Recht ablehnend *Kube* a. a. O., Rdnr. 23.

213 Ebenso z. B. *Kube* a. a. O., Rdnr. 38 ff.

214 BVerfG, NJW 2011, 3428.

einem Mitgliedsstaat der EU von Unionsrecht betroffen sind.[215] Einschlägig wären insoweit die Berufsfreiheit und die unternehmerische Freiheit nach den Art. 15 und 16 der Grundrechtecharta der Europäischen Union aus dem Jahre 2000.[216] Diese unionsrechtlichen Verbürgungen können allerdings - ebenso wie die in Art. 12 GG gewährleistete Berufsfreiheit - durch oder aufgrund von Gesetzen eingeschränkt werden.[217] Die Unionsorgane bzw. der nationalstaatliche Gesetzgeber dürfen deshalb durchaus Regelungen erlassen, welche die Berufsfreiheit von Internetanbietern durch verpflichtende Vorgaben zum Datenschutz beschränken. Richtung und Inhalt solcher Bestimmungen zur Stärkung des Rechts auf informationelle Selbstbestimmung wurden im vorhergehenden Abschnitt c. bereits skizziert. Gerade angesichts des ökonomischen Ungleichgewichts zwischen dem Oligopol bestimmter Internetanbieter auf der einen Seite und den - mangels einer Organisation wie z. B. den Gewerkschaften - individualisierten Internetnutzern auf der anderen Seite würde der Staat auf diese Weise erst die „Bedingungen freier Selbstbestimmung" der Nutzer schaffen. „Hat einer der Vertragsteile ein so starkes Übergewicht, daß er vertragliche Regelungen faktisch einseitig setzen kann, bewirkt dies für den anderen Vertragsteil Fremdbestimmung. Wo es an einem annähernden Kräftegleichgewicht der Beteiligten fehlt, ist mit den Mitteln des Vertragsrechts allein kein sachgerechter Ausgleich der Interessen zu gewährleisten. Wenn bei einer solchen Sachlage über grundrechtlich verbürgte Positionen verfügt wird, müssen staatliche Regelungen ausgleichend eingreifen, um den Grundrechtsschutz zu sichern."[218]

IV. Das Recht auf Gewährleistung der Vertraulichkeit und Integrität informationstechnischer Systeme („Computer-Grundrecht")

1. Der Anlass für die „Neuentdeckung"

Die Geburtsstunde des sog. „Computer-Grundrechts" schlug erst am 27. Februar 2008. An diesem Tage verkündete das Bundesverfassungsgericht sein Urteil zur sog. „Online-Durchsuchung".[219] Dieser Begriff ist freilich ungenau, weil es sich beim heimlichen Ausspähen der auf einem Computer gespeicherten Daten durch Sicherheitsbehörden keineswegs um eine Durchsuchung handelt, wie sie in den

215 Vgl. EuGH, Rs. C-49/88, Slg. 1991, I-3187 (Rdnr. 15 ff.); EuGH, Rs. C-84/95, Slg. 1996, I-3953 (Rdnr. 21 ff.); *Nowak,* in: Heselhaus/Nowak (Hg.), Handbuch der Europäischen Grundrechte, 2006, § 6 Rdnr. 22.
216 Die Europäische Menschenrechtskonvention enthält keine vergleichbaren Grundrechte.
217 Vgl. EuGH, Rs. 85/87, Slg. 1989, 3137 (Rdnr. 30); *Nowak* a. a. O., § 30 Rdnr. 54.
218 BVerfGE 81, 242 (255).
219 BVerfGE 120, 274.

§§ 102 ff. StPO geregelt ist. Wie der Bundesgerichtshof richtig feststellte, sind Durchsuchungen danach durch das offene Vorgehen und die körperliche Anwesenheit der Ermittlungsbeamten am Ort der Maßnahme gekennzeichnet.[220] Die Ausspähung von Daten auf dem elektronischen Übertragungsweg durch hierfür entwickelte Spionageprogramme („Trojaner")[221] geschieht hingegen heimlich und ist deshalb als Eingriff sui generis zu betrachten, der nicht auf die herkömmlichen gesetzlichen Grundlagen gestützt werden kann.[222]

Gegenstand des in liberalen Medien[223] nachdrücklich begrüßten Urteils des Bundesverfassungsgerichts war die Schaffung bestimmter neuer Befugnisregelungen für den Verfassungsschutz des Landes Nordrhein-Westfalen durch ein Landesgesetz vom 20. Dezember 2006, das dieser Behörde u. a. den „heimlichen Zugriff auf informationstechnische Systeme" unter weit gefassten Voraussetzungen gestattete.[224] Das Gericht erklärte diese Befugnisregelung für verfassungswidrig und nichtig, während die Verfassungskonformität einiger anderer Neuregelungen bestätigt wurde.[225] Im Mittelpunkt der Urteilsbegründung stand die Erörterung der Frage, in welches Grundrecht diese „Online-Durchsuchung" eingreift und unter welchen verfassungsrechtlichen Voraussetzungen diese Maßnahme zulässig ist. Verschiedene Grundrechte wurden dabei in Betracht gezogen, ihre Anwendbarkeit jedoch verneint: So erstrecke sich das in Art. 10 GG gewährleistete Telekommunikationsgeheimnis nicht auf die nach Abschluss des Kommunikationsvorganges im Herrschaftsbereich eines Kommunikationsteilnehmers gespeicherten Inhalte und Umstände der Kommunikation.[226] Auch die durch Art. 13 Abs. 1 garantierte Unverletzlichkeit der Wohnung sei nicht betroffen. Schutzgut dieses Grundrechts sei nämlich die räumliche Sphäre. Der Eingriff durch das heimliche Ausspähen von Computerdaten könne aber unabhängig vom Standort erfolgen, „so dass ein raum-

220 BGH, NJW 2007, 930.
221 Im Hinblick auf die Darstellung des Trojanischen Krieges in der Ilias des *Homer* sollte besser von „Trojanischen Pferden" gesprochen werden.
222 Vgl. BGH, NJW 2007, 930; *Beukelmann,* Die Online-Durchsuchung, StraFo 2008, 1 (2 f.); *Gercke,* Telekommunikationsüberwachung, in: Roggan/Kutscha (Hg.), Handbuch zum Recht der Inneren Sicherheit, 2. Aufl. 2006, S. 145 (169); *Hornung,* Ermächtigungsgrundlage für die „Online-Durchsuchung"? DuD 2007, 575 (576); *Kutscha,* Verdeckte „Online-Durchsuchung" und Unverletzlichkeit der Wohnung, NJW 2007, 1169; *Rux,* Ausforschung privater Rechner durch die Polizei- und Sicherheitsbehörden, JZ 2007, 285 (287 ff.); *Warntjen,* Die verfassungsrechtlichen Anforderungen an eine gesetzliche Regelung der Online-Durchsuchung, Jura 2007, 581.
223 Vgl. nur „Der Spiegel" v. 3. 3. 2008; Sueddeutsche.de v. 27. 2. 2008.
224 § 5 II Nr. 11 S. 1 Alt. 2 NWVerfSchG, NWGVl. 2006, 620.
225 BVerfGE 120, 274.
226 BVerfGE 120, 274 (307/308.).

bezogener Schutz nicht in der Lage ist, die spezifische Gefährdung des informationstechnischen Systems abzuwehren.“[227]

Das Gericht verneint auch die Anwendbarkeit des Rechts auf informationelle Selbstbestimmung. Es trage den Persönlichkeitsgefährdungen nicht vollständig Rechnung, die sich daraus ergäben, „dass der Einzelne zu seiner Persönlichkeitsentfaltung auf die Nutzung informationstechnischer Systeme angewiesen ist und dabei dem System persönliche Daten anvertraut oder schon allein durch dessen Nutzung zwangsläufig liefert. Ein Dritter, der auf ein solches System zugreift, kann sich einen potentiell äußerst großen und aussagekräftigen Datenbestand verschaffen, ohne noch auf weitere Datenerhebungs- und Datenverarbeitungsmaßnahmen angewiesen zu sein. Ein solcher Zugriff geht in seinem Gewicht für die Persönlichkeit des Betroffenen über einzelne Datenerhebungen, vor denen das Recht auf informationelle Selbstbestimmung schützt, weit hinaus.“[228] Diese Schutzlücke soll nach der Vorstellung des Gerichts durch das „Grundrecht auf Gewährleistung der Vertraulichkeit und Integrität informationstechnischer Systeme“ geschlossen werden.

2. Die Kontroverse um die Notwendigkeit des neuen Grundrechts

Dabei soll es sich nicht etwa um ein eigenständiges neues Grundrecht handeln, sondern um eine (weitere) Ausprägung des aus Art. 2 Abs. 1 in Verbindung mit Art. 1 Abs. 1 GG abgeleiteten allgemeinen Persönlichkeitsrechts.[229] Das Grundrecht auf Gewährleistung der Vertraulichkeit und Integrität informationstechnischer Systeme sei anzuwenden, „wenn die Eingriffsermächtigung Systeme erfasst, die allein oder in ihren technischen Vernetzungen personenbezogene Daten des Betroffenen in einem Umfang und in einer Vielfalt enthalten können, dass ein Zugriff auf das System es ermöglicht, einen Einblick in wesentliche Teile der Lebensgestaltung einer Person zu gewinnen oder gar ein aussagekräftiges Bild der Persönlichkeit zu erhalten.“.[230]

Die Möglichkeit zur Gewinnung solcher umfassenden Persönlichkeitsprofile bietet nicht nur die Ausforschung der auf einem Personalcomputer gespeicherten Daten, wie das Gericht richtig erkennt. Dieses Ziel kann in Anbetracht der heutigen

227 BVerfGE 120, 274 (310); im Ergebnis ebenso z. B. *Heckmann,* Der virtuelle Raum als Wohnung? In: Festschrift für Stober, 2008, 615; anders z. B. *Rux,* a. a. O., S. 294 (analoge Anwendung des Art. 13 GG); dazu Erwiderung von *Hornung,* Die Festplatte als „Wohnung“? JZ 2007, 828 und Schlusswort von *Rux,* Analogie oder besondere Ausprägung des Verhältnismäßigkeitsprinzips? JZ 2007, 831; ferner *Kutscha,* Verdeckte „Online-Durchsuchung“ und Unverletzlichkeit der Wohnung, NJW 2007, 1169 (1170 f.).

228 BVerfGE 120, 274 (312/313.).

229 BVerfGE 120, 274 (Leits. 1).

230 BVerfGE 120, 274 (314).

Speicherkapazitäten auch durch die Auswertung der in einem Smartphone, einem elektronischen Terminkalender oder sogar in einem USB-Stick enthaltenen Daten erreicht werden.[231] Die „informationstechnischen Systeme“, deren Auswertung umfassenden Aufschluss über die gesamte Persönlichkeit ihres Nutzers geben können, sind heute allgegenwärtig und passen in jede Jackentasche. „Einblick in wesentliche Teile der Lebensgestaltung einer Person“ erlauben aber auch solche Datenbestände, die Internethändler oder soziale Netzwerke auf ihren Servern oder möglicherweise sogar in der Cloud gespeichert haben, ohne dass die betreffenden Personen eine Kontrolle darüber haben. Auch im Hinblick auf solche – teilweise „hinter dem Rücken“ der Nutzer entstandenen Datenkonglomerate wäre das „Computergrundrecht“ anwendbar.

Es stellt sich allerdings die Frage, warum insoweit nicht das Recht auf informationelle Selbstbestimmung Anwendung finden soll. Weder dem Urteil zur Volkszählung[232] noch späteren Bundesverfassungsgerichtsentscheidungen zu dieser Thematik lässt sich entnehmen, dass dieses Grundrecht nur vor einzelnen Datenerhebungen schützen soll, nicht aber vor umfassender Ausforschung der Lebensgestaltung anhand der Auswertung eines Datenkonglomerats, wie das Gericht im Urteil zur „Online-Durchsuchung“ meint.[233] Eine solche Ausforschung ist schließlich ein viel schwerwiegenderer Eingriff in das Selbstbestimmungsrecht des Betroffenen als die Erhebung oder Weitergabe eines Einzeldatums. Deshalb ist die Kritik in der Fachliteratur, das neue „Computergrundrecht“ sei eigentlich überflüssig, durchaus berechtigt.[234] Für das Recht auf informationelle Selbstbestimmung bedeute die neue Entscheidung des Bundesverfassungsgerichts „nichts Gutes“, monierte z. B. *Oliver Lepsius*. „Tendenziell wird der Schutzbereich des herkömmlichen Datenschutzgrundrechts verengt, um Raum für ein neues Grundrecht zu schaffen – als ob das Gericht dem Recht auf informationelle Selbstbestimmung

231 Vgl. *Hoffmann-Riem,* Der grundrechtliche Schutz der Vertraulichkeit und Integrität eigengenutzter informationstechnischer Systeme, JZ 2008, 1009 (1012).

232 BVerfGE 65, 1; dazu im Einzelnen unter III.1.

233 BVerfGE 120, 274 (312/313).

234 In diesem Sinne z. B. *Brenneisen/Rogosch/Martins,* Reaktion auf neuartige Informationseingriffe: Die Entscheidungen des BVerfG zur Online-Durchsuchung und zum automatisierten Kennzeichenabgleich, Die Polizei 2008, 245 (248); *Eifert,* Informationelle Selbstbestimmung im Internet, NVwZ 2008, 521 (522); *Gurlit,* Verfassungsrechtliche Rahmenbedingungen des Datenschutzes, NJW 2010, 1035 (1037); *Heise,* Grundrecht auf Gewährleistung der Vertraulichkeit und Integrität informationstechnischer Systeme? RuP 2009, 94 (98); *Hornung,* Ein neues Grundrecht, CR 2008, 299 (301 f.); *Manssen,* Das „Grundrecht auf Vertraulichkeit und Integrität informationstechnischer Systeme“ – Ein gelungener Beitrag zur Findung unbenannter Freiheitsrechte? In: Uerpmann-Wittzack (Hg.), Das neue Computergrundrecht, 2009, S. 61 (64 f.); *Petri,* Das Urteil des Bundesverfassungsgerichts zur „Online-Durchsuchung“, DuD 2008, 443 (445), anders ders. in: Lisken/Denninger (Hg.), Handbuch des Polizeirechts, 5. Aufl. 2012, Rdnr. G 9; *Sachs/Krings,* Das neue „Grundrecht auf Gewährleistung der Vertraulichkeit und Integrität informationstechnischer Systeme, JuS 2008, 481 (483 f.); ausführlich zur Debatte *Gudermann,* Online-Durchsuchung im Lichte des Verfassungsrechts, 2010, S. 160 ff.

nicht mehr zugetraut hätte, mit den technischen Möglichkeiten des Internet und dortigen Freiheitseingriffen fertig zu werden.“[235] Die jetzige Bundesverfassungsrichterin *Gabriele Britz* bedauerte, dass das Gericht die Chance habe verstreichen lassen, die grundlegenden Ziele des – weit über die IT-Nutzung hinaus wichtigen – Schutzes gegen den (staatlichen) Umgang mit Daten und Informationen zu konkretisieren. „Nachgerade schädlich ist, dass das Bundesverfassungsgericht das Recht auf informationelle Selbstbestimmung zum ‚unbedeutenden kleinen Schwesterchen' des neuen Grundrechts klein geredet hat.“[236]

Wolfgang Hoffmann-Riem, als damaliger Verfassungsrichter an dem umstrittenen Urteil maßgeblich beteiligt, sah sich durch Kritik dieser Art an der Neuschöpfung des „Computer-Grundrechts“ veranlasst, in Gestalt eines umfangreichen Aufsatzes die Entscheidung ausführlich zu erklären. Mit Recht verwies er auf die enorm gewachsenen Möglichkeiten heutiger Informationstechnologie zur Schaffung von Persönlichkeitsbildern neuartiger Breite und Dichte sowie auf den Kontrollverlust der Nutzer.[237] In der Tat werden bei der heutigen Nutzung der Angebote des Internet zahlreiche aussagekräftige Daten quasi hinter dem Rücken der Nutzer generiert und z. B. an Vertriebsunternehmen wie *Amazon* oder Telemedien wie *Google* oder *Facebook* übermittelt.[238] Daraus folgerte *Hoffmann-Riem,* dass effektiver Schutz von Daten nicht nur den Schutz des Zugriffs auf sie umfassen müsse, „sondern auch den des Vertrauens, dass die eingesetzte Hard- und Software und insgesamt die eigengenutzten informationstechnischen Kommunikationsinfrastrukturen nicht nur technisch, sondern auch in den Anwendungskontexten so funktionieren, wie der Nutzer es erwarten darf, so dass er auf dieser Grundlage auf den Schutz informationstechnisch gespeicherter oder kommunizierter Daten vertrauen darf (systembezogenes Vertrauen).“[239]

Aber auf welche Weise soll das Vertrauen der Nutzer darauf geschützt werden, dass ihre elektronischen Geräte genau so funktionieren, wie es von ihnen gewünscht wird? Gedacht ist hier sicher nicht an die Mängelgewährleistung für IT-

235 *Lepsius,* Das Computer-Grundrecht: Herleitung – Funktion – Überzeugungskraft, in: Roggan (Hg.); Online-Durchsuchungen 2008, S. 21 (31).

236 *Britz,* Vertraulichkeit und Integrität informationstechnischer Systeme, DÖV 2008, 411 (413).

237 *Hoffmann-Riem,* Der grundrechtliche Schutz der Vertraulichkeit und Integrität eigengenutzter informationstechnischer Systeme, JZ 2008, 1009 (1011); dem Urteil ebenfalls beipflichtend *Bäcker,* Die Vertraulichkeit der Internetkommunikation, in: Rensen/Brink (Hg.), Linien der Rechtsprechung des Bundesverfassungsgerichts, 2009, S. 99; *T. Böckenförde,* Auf dem Weg zur elektronischen Privatsphäre, JZ 2008, 925 (928); *Gusy,* Gewährleistung der Vertraulichkeit und Integrität informationstechnischer Systeme, DuD 2009, 33; *Hermann,* Das Grundrecht auf Gewährleistung der Vertraulichkeit und Integrität informationstechnischer Systeme, 2010, S. 58 ff.; *Hömig,* „Neues“ Grundrecht, neue Fragen? Jura 2009, 207.

238 Vgl. dazu die Darstellung unter III.5.a.

239 *Hoffmann-Riem* a. a. O., S. 1012.

Geräte, sondern zunächst an den Schutz vor heimlicher Infiltration und Ausforschung durch staatliche Stellen, vor allem in Gestalt der „Online-Durchsuchung" – diese war schließlich Hauptgegenstand der Entscheidung des Bundesverfassungsgerichts. Es ist jedoch nicht nur der Staat, der unbemerkt vom Nutzer auf „dessen" Daten zugreift, sondern ebenso eine Anzahl global agierender, privatrechtlich organisierter Big Brothers. Das von *Hoffmann-Riem* und vom Bundesverfassungsgericht für notwendig gehaltene „Computer-Grundrecht" muss sich deshalb ebenso wie das Recht auf informationelle Selbstbestimmung in einer doppelten Frontstellung bewähren: Es muss seine Schutzwirkung sowohl gegenüber einem allzu neugierigen Staat als auch gegenüber den Interessen einer vom Data Mining lebenden Privatwirtschaft behaupten.

3. Begrenzung von Eingriffen

In seinem Urteil vom 27. Februar 2008 hat das Bundesverfassungsgericht das Ermittlungsinstrument der „Online-Durchsuchung" nicht generell für verfassungswidrig erklärt. Statt dessen formulierte es bestimmte Anforderungen für die Zulässigkeit dieses Grundrechtseingriffs: „Die heimliche Infiltration eines informationstechnischen Systems, mittels derer die Nutzung des Systems überwacht und seine Speichermedien ausgelesen werden können, ist verfassungsrechtlich nur zulässig, wenn tatsächliche Anhaltspunkte einer konkreten Gefahr für ein überragend wichtiges Rechtsgut bestehen. Überragend wichtig sind Leib, Leben und Freiheit der Person oder solche Güter der Allgemeinheit, deren Bedrohung die Grundlagen oder den Bestand des Staates oder die Grundlagen der Existenz der Menschen berührt."[240] Des weiteren postulierte das Gericht, dass diese Maßnahme grundsätzlich unter einen Richtervorbehalt zu stellen sei, auch müsse das hierzu ermächtigende Gesetz Vorkehrungen zum Schutz des Kernbereichs privater Lebensgestaltung enthalten.[241]

Zum Zeitpunkt der Urteilsverkündung stand der Bundesgesetzgeber quasi bereits „in den Startlöchern" für die Verabschiedung einer umfassenden Novelle zum BKA-Gesetz. Er verstand die Vorgaben des Bundesverfassungsgerichts nicht etwa als den äußersten verfassungsrechtlichen Rahmen für eine gesetzliche Ermächtigung zur „Online-Durchsuchung", sondern als eine möglichst „eins zu eins" umzusetzende Gesetzesvorlage. Nach dem neuen § 20k BKAG darf das Bundeskriminalamt „ohne Wissen des Betroffenen mit technischen Mittel in vom Betroffenen genutzte informationstechnische Systeme eingreifen und aus ihnen Daten erheben,

240 BVerfGE 120, 274 (Leits. 2).
241 BVerfGE 120, 274 (Leits. 3); ausführlich zur Thematik des Kernbereichsschutzes unter VI. 2.

wenn bestimmte Tatsachen die Annahme rechtfertigen, dass eine Gefahr vorliegt für 1. Leib, Leben oder Freiheit einer Person oder 2. solche Güter der Allgemeinheit, deren Bedrohung die Grundlagen oder den Bestand des Staates oder die Grundlagen der Existenz der Menschen berührt."[242] – Welche „Güter der Allgemeinheit" damit genau gemeint sind, überlässt das Gesetz der Definition durch die Exekutive.[243] Für diese Missachtung des Gebots der Tatbestandsbestimmtheit meint der Gesetzgeber offenbar, sich auf das Urteil des Bundesverfassungsgerichts berufen zu können, das doch lediglich einen äußersten Rahmen vorgeben, den Gesetzgeber aber nicht aus seiner Verantwortung für die genaue Bestimmung der Eingriffsvoraussetzungen entlassen wollte. Kritik regte sich auch gegenüber anderen neuen Befugnisregelungen für das BKA sowie im Hinblick auf die mangelhafte Ausgestaltung des Schutzes für den Kernbereich privater Lebensgestaltung.[244]

Schon in der mündlichen Verhandlung vor dem Bundesverfassungsgericht ist das technische Problem mangelnder Zielgenauigkeit und Steuerbarkeit von „Online-Durchsuchungen" durch Sachverständige beschrieben worden.[245] Durch die Enttarnung eines „Bundestrojaners" im Oktober 2011 ist denn auch deutlich geworden, in welchem Maße die Grenzen zwischen der Durchführung einer „Online-Durchsuchung" und der sog. „Quellen-Telekommunikationsüberwachung" (Quellen-TKÜ)[246] in der Praxis von Sicherheitsbehörden verschwimmen.[247] Offenbar mangelt es bereits an einer Software, die Missbräuche und Überschreitungen der gesetzlich vorgegebenen Tatbestandsvoraussetzungen sicher ausschließt. Sofern

242 BGBl. I 2008, 3083 (3087); entsprechende Ermächtigungen finden sich inzwischen auch in einigen Landesgesetzen, so für die Polizei in Bayern und Rheinland-Pfalz (Art. 34d BayPAG, § 31c POG RhPf) und für den Verfassungsschutz in Bayern (Art. 6e BayVerfSchG); kritisch dazu *Gudermann,* Online-Durchsuchung im Lichte des Verfassungsrechts, 2010, S. 239 ff.; *Hermann,* Das Grundrecht auf Gewährleistung der Vertraulichkeit und Integrität informationstechnischer Systeme, 2010, S. 166 ff.

243 Vgl. *Denninger,* Neues Computergrundrecht? In: Müller-Heidelberg u. a. (Hg.), Grundrechte-Report 2009, 2009, S. 20 (25); *Hilbrans,* Wir sehen uns sowieso in Karlsruhe? DANA 2008, 60 (62).

244 Vgl. z. B. *Bäcker,* Terrorismusabwehr durch das Bundeskriminalamt, 2009, S. 89; *Baum/Schanz,* Die Novelle des BKA-Gesetzes, ZRP 2008, 137 (138); *Braun/Fuchs,* Der Schutz des Kernbereichs privater Lebensgestaltung, Die Polizei 2010, 185 (190); *Poscher,* Menschenwürde und Kernbereichsschutz, JZ 2009, 269 (276); *Roggan,* Das neue BKA-Gesetz, NJW 2009, 257 (261); *Zabel,* Terrorgefahr und Gesetzgebung, JR 2009, 453 (457).

245 Vgl. BVerfGE 124, 274 (309); vgl. auch *Hansen/Pfitzmann,* Techniken der Online-Durchsuchung: Gebrauch, Missbrauch, Empfehlungen, in: Roggan (Hg.), Online-Durchsuchungen, 2008, S. 131.

246 Dazu näher unter V.3.a.

247 Vgl. dazu *Fraenkel/Hammer,* Vom Staats- zum Verfassungstrojaner, DuD 2011, 887; *Hermonies,* Online-Durchsuchung mittels Staatstrojanern, RuP 2011, 193; *Hilbrans,* Der Staatstrojaner außer Kontrolle, in: Müller-Heidelberg u. a. (Hg.), Grundrechte-Report 2012, 2012, S. 32; *Petri,* Prüfbericht zum „Staatstrojaner", DuD 2012, 710; *Popp,* Die „Staatstrojaner"-Affäre: (Auch) ein Thema für den Datenschutz, ZD 2012, 51; *Skistims/Roßnagel,* Rechtlicher Schutz vor Staatstrojanern? ZD 2012, 3.

man den Einsatz so grundrechtsinvasiver Ermittlungsmethoden für unverzichtbar hält, müssen die gesetzlichen Standards genau eingehalten werden. Anderenfalls, so wird zu Recht gewarnt, könnte der „Bundestrojaner" zum Verfassungstrojaner werden.[248]

4. Schutzwirkung gegenüber Privaten?

Ebenso wie beim Recht auf informationelle Selbstbestimmung stellt sich auch beim neuen „Computergrundrecht" die Frage nach der Schutzwirkung gegenüber Privaten. Wie oben bereits ausführlich dargelegt, bedarf es angesichts der oligopolistischen Strukturen auf dem Gebiet der Telemedienanbieter sowie der mangelnden Überschaubarkeit und Kontrollierbarkeit der Datennutzung durch solche weltweit agierenden Unternehmen wie *Google* und *Facebook* angemessener Schutzmaßnahmen des Staates zur Ermöglichung selbstbestimmten Handelns der Internetnutzer.[249] Zwar gibt es bei der Nutzung der zahlreichen Angebote im Internet technische Möglichkeiten des Selbstschutzes. Der Einsatz solcher Instrumente setzt jedoch sowohl ein gewisses Gefahrenbewusstsein als auch einen bestimmten technischen Sachverstand voraus. Davon kann allerdings nur bei einem Teil der inzwischen nach Millionen zählenden Computer- bzw. Internetnutzer, in Deutschland immerhin mehr als die Hälfte der Bevölkerung, ausgegangen werden.[250] Es ist deshalb überzeugend, das Recht auf Gewährleistung und Integrität informationstechnischer Systeme nicht nur als Abwehrrecht gegenüber dem Staat zu verstehen, sondern daraus auch eine Schutzpflicht des Staates gegenüber ökonomisch mächtigen Privaten abzuleiten.[251] Wenn die Informationstechnik das Leben und Wirtschaften inzwischen so entscheidend bestimmt, so die Feststellung von *Roßnagel/Schnabel,* „dann muss die Vertraulichkeit und Integrität der dafür notwendigen eigenen Systeme umfassend als notwendige Voraussetzung der persönlichen

248 *Fraenkel/Hammer* a. a. O., S. 889.

249 Unter III.5.

250 Vgl. *Fuchs,* Facebook, Web 2.0 und ökonomische Überwachung, DuD 2010, 453 (455); *Gusy/Worms,* Grundgesetz und Internet, APuZ 18-19/2009, 26 (32); *Hoffmann-Riem,* Der grundrechtliche Schutz der Vertraulichkeit und Integrität eigengenutzter informationstechnischer Systeme, JZ 2008, 1009 (1016).

251 So z. B. *Dix,* Neue Perspektiven für den Schutz personenbezogener Daten? In: Roggan (Hg.), Online-Durchsuchungen, 2008, S. 71 (73); *Hermann,* Das Grundrecht auf Gewährleistung der Vertraulichkeit und Integrität informationstechnischer Systeme, 2010, S. 182; *Petri,* Das Urteil des Bundesverfassungsgerichts zur „Online-Durchsuchung", DuD 2008, 443 (446); *Roßnagel/Schnabel,* Das Grundrecht auf Gewährleistung der Vertraulichkeit und Integrität informationstechnischer Systeme und sein Einfluss auf das Privatrecht, NJW 2008, 3534 (3535); *Schulz,* Das neue IT-Grundrecht – staatliche Schutzpflicht und Infrastrukturverantwortung, DuD 2012, 395 (396).

und wirtschaftlichen Entfaltung geschützt werden. Dies gilt auch für den Schutz gegen Infiltrationen und Manipulationen privater Dritter."[252]

Die Erfüllung dieser Schutzpflicht darf sich keineswegs auf die wirksame Sanktionierung bereits jetzt illegaler Praktiken wie das „Hacken" oder das Einschleusen von Computerviren beschränken. Darüber hinaus sind neue Regelungen zu schaffen, die zur Herstellung von Transparenz der Datenverarbeitung verpflichten. Auch ist die Erstellung von Persönlichkeitsprofilen anhand zahlreicher, überwiegend ohne Wissen der Nutzer generierten Daten weitgehend einzudämmen. Entsprechende Vorschläge finden sich z. B. im sog. „Eckpunktepapier" der Konferenz der Datenschutzbeauftragten am 18. März 2010 „Ein modernes Datenschutzrecht für das 21. Jahrhundert".[253] An die Stelle der totalen Kommerzialisierung der Persönlichkeit und der Schaffung „gläserner Bürger" muss die Transparenz der Datenverarbeitung treten – nur so lässt sich die Selbstbestimmung der Menschen auch bei der Nutzung des Internet und seiner vielfältigen Möglichkeiten verwirklichen.

V. Das Fernmelde- bzw. Telekommunikationsgeheimnis

Im Gegensatz zum Recht auf informationelle Selbstbestimmung und zum „Computergrundrecht" kann das in Art. 10 GG gewährleistete Fernmeldegeheimnis bereits auf eine über hundertjährige Tradition zurückblicken. Das „Telegraphengeheimnis" wurde schon im Jahre 1892 gesetzlich verankert.[254] Während Art. 10 GG immer noch von „Fernmeldegeheimnis" spricht, findet sich in neueren Verfassungsbestimmungen (Art. 73 Abs. 1 Nr. 7, Art. 87f GG) sowie ein einschlägigen Gesetzen wie insbesondere dem Telekommunikationsgesetz (TKG) der Begriff der „Telekommunikation".[255] In neueren Entscheidungen benutzt auch das Bundesverfassungsgericht den Begriff „Telekommunikationsgeheimnis" anstelle von „Fernmeldegeheimnis" als Gewährleistungsinhalt des Art. 10 GG neben dem Brief- und dem Postgeheimnis.[256]

1. Der Schutzzweck des Grundrechts

Nach der Verfassungsrechtsprechung soll das Telekommunikationsgeheimnis „die unkörperliche Übermittlung von Informationen an individuelle Empfänger mit

252 *Roßnagel/Schnabel* a. a. O., S. 3538.
253 Abgedruckt in BfDI, 23. Tätigkeitsbericht 2009-2010, S. 169 ff; dazu auch unter III.5.c.
254 Vgl. *Fisahn/Kutscha,* Verfassungsrecht konkret, 2. Aufl. 2011, S. 126.
255 § 88 TKG spricht dann allerdings wieder von „Fernmeldegeheimnis", zu dessen Wahrung jeder „Diensteanbieter" verpflichtet sei.
256 So in BVerfGE 125, 260 (309); BVerfG, NJW 2012, 1419 (1421).

Hilfe des Telekommunikationsverkehrs“ vor einer Kenntnisnahme durch die öffentliche Gewalt schützen.[257] Damit soll diese Grundrechtsgewährleistung einen Ausgleich für die technisch bedingte Einbuße an Privatheit schaffen und „den Gefahren begegnen, die sich aus dem Übermittlungsvorgang einschließlich der Einschaltung eines Dritten ergeben.“.[258]

Dem entsprechend erfasst der Schutzbereich des Telekommunikationsgeheimnisses nicht nur das klassische Telefongespräch, sondern auch die Kommunikation über das Internet.[259]

Richtig verweist das Bundesverfassungsgericht darauf, dass als Folge der Digitalisierung jede Nutzung der Telekommunikation personenbezogene Spuren hinterlässt, die gespeichert und ausgewertet werden können.[260] Deshalb soll nicht nur der Inhalt der Telekommunikation dem Schutz des Grundrechts unterliegen, sondern auch die Umstände des Kommunikationsvorgangs. „Dazu gehört insbesondere, ob, wann und wie oft zwischen welchen Personen oder Endeinrichtungen Telekommunikationsverkehr stattgefunden hat oder versucht worden ist. Andernfalls wäre der grundrechtliche Schutz unvollständig; denn die Verbindungsdaten haben einen eigenen Aussagegehalt. Sie können im Einzelfall erhebliche Rückschlüsse auf das Kommunikations- und Bewegungsverhalten zulassen. Häufigkeit, Dauer und Zeitpunkt von Kommunikationsverbindungen geben Hinweise auf Art und Intensität von Beziehungen und ermöglichen auf den Inhalt bezogene Schlussfolgerungen (...).“[261]

Damit scheint der Schutzbereich des Telekommunikationsgeheimnisses eindeutig umrissen zu sein. In der neueren Rechtsprechung des Bundesverfassungsgerichts wird jedoch eine Aufspaltung der durch die Telekommunikation anfallenden Daten vorgenommen, durch welche deren Schutz verschiedenen Grundrechten zugeordnet wird.

2. Fragwürdige Abgrenzung des Schutzbereichs – Differenzierung nach der Art der IP-Adresse?

In seinem Urteil vom 2. März 2006 zum Fall der Heidelberger Richterin *Bargatzky* befand das Gericht nämlich, dass der Schutz des Fernmeldegeheimnisses in dem Moment ende, in dem die Nachricht bei dem Empfänger angekommen und der Übertragungsvorgang beendet ist. Die nach Abschluss des Übertragungsvorgangs

257 BVerfGE 106, 28 (35 f.); BVerfGE 125, 260 (309).
258 BVerfGE 106, 28 (36).
259 Vgl. BVerfGE 120, 274 (307); *Schwabenbauer,* Kommunikationsschutz durch Art. 10 GG im digitalen Zeitalter, AöR 137 (2012), 1 (9).
260 BVerfGE 115, 166 (183).
261 BVerfG a. a. O.

im Herrschaftsbereich des Kommunikationsteilnehmers gespeicherten Kommunikationsverbindungsdaten würden dem gemäß nicht mehr durch Art. 10 Abs. 1 GG geschützt, sondern durch das Recht auf informationelle Selbstbestimmung.[262] – Dies überrascht schon deshalb, weil das Gericht im selben Urteil zuvor auf die besondere Aussagekraft der aufgrund der Digitalisierung – im Gegensatz zur früheren Analogübertragung - auch weiterhin gespeicherten Verbindungsdaten der Telekommunikation[263] verwiesen hat. Es ist durchaus fragwürdig, ob die „Herrschaft" des betreffenden Telekommunikationsteilnehmers wirklich so weit reicht, diese Verbindungsdaten unwiederbringlich löschen und damit einem späteren Zugriff insbesondere durch Sicherheitsbehörden entziehen zu können.[264] Anderenfalls bleibt die für die Telekommunikation spezifische Gefährdungslage, der Art. 10 Abs. 1 GG gerade Rechnung tragen soll, für den Grundrechtsträger weiterhin bestehen.[265]

In späteren Entscheidungen hat das Bundesverfassungsgericht das Telekommunikationsgeheimnis dann immerhin als Prüfungsmaßstab für bestimmte staatliche Zugriffe auf Telekommunikationsdaten herangezogen, die außerhalb des Kommunikationsvorgangs erfolgen. So wurde im Urteil vom 16. Juni 2009 entschieden, dass die Beschlagnahme von E-Mails, die auf dem Mailserver des Providers gespeichert sind und von dort über das Internet abgerufen werden können, in den Schutzbereich des Fernmeldegeheimnisses falle.[266] Tatsächlich befinden sich diese Daten noch nicht im „Herrschaftsbereich" des Kommunikationsteilnehmers, insofern ist die grundrechtliche Zuordnung des Eingriffs hier konsequent. Gleiches gilt für die Verkehrsdaten der Telekommunikation,[267] zu deren Speicherung „auf Vorrat" für spätere Abrufe durch Sicherheitsbehörden die Telekommunikationsunternehmen durch den 2007 verabschiedeten § 113a TKG verpflichtet wurden.[268] Durch das Hauptsacheurteil des Bundesverfassungsgerichts vom 2. März 2010 zu dieser Vorratsdatenspeicherung wurde u. a. diese Bestimmung für verfassungswidrig erklärt.[269] Prüfungsmaßstab war dabei ebenfalls Art. 10 Abs. 1 GG. Ein Eingriff in dieses Grundrecht sei „jede Kenntnisnahme, Aufzeichnung und Verwertung von Kommunikationsdaten sowie jede Auswertung ihres Inhalts oder

262 BVerfGE 115, 166 (183 f.); bestätigt z. B. durch BVerfGE 120, 274 (307 f.); ebenso z. B. *Meininghaus,* Der Zugriff auf E-Mails im strafrechtlichen Ermittlungsverfahren, 2007, S. 141.

263 Die spätere Rechtsprechung spricht insoweit im Einklang mit § 3 Nr. 30 und § 96 TKG von „Verkehrsdaten", vgl. z. B. BVerfGE 125, 260.

264 Dies bezweifelt auch *Meininghaus* a. a. O., S. 140, allerdings, ohne daraus die Konsequenz der Anwendbarkeit des Art. 10 GG zu ziehen.

265 Vgl. *Schwabenbauer,* Kommunikationsschutz durch Art. 10 GG im digitalen Zeitalter, AöR 137 (2012), 1 (15).

266 BVerfGE 124, 43.

267 Definitionen in § 3 Nr. 30 u. § 96 TKG.

268 BGBl. I 2007, 3198.

269 BVerfGE 125, 260; dazu ausführlich unter 3.b.

sonstige Verwendung durch die öffentliche Gewalt."[270] In der Tat geben die Verkehrsdaten Auskunft über die an einer Telekommunikationsverbindung beteiligten Anschlüsse, den Zeitpunkt und die Orte der Telekommunikation und lassen damit weit gehende Rückschlüsse auf die sozialen Beziehungen des Anschlussinhabers zu.[271]

Die Zuordnung von Telekommunikationsnummern zu einem bestimmten Anschlussinhaber und die Preisgabe von dessen persönlichen Daten wie Anschrift und Geburtsdatum durch Telekommunikationsunternehmen aufgrund der §§ 111 bis 113 TKG soll nach einer späteren Entscheidung des Bundesverfassungsgerichts, nämlich dem Urteil vom 24. Januar 2012, wiederum kein Eingriff in das Telekommunikationsgeheimnis nach Art. 10 Abs. 1 GG sein, sondern (lediglich) in das Recht auf informationelle Selbstbestimmung eingreifen.[272] Zur Begründung verweist das Gericht darauf, dass die Zuordnung einer Telekommunikationsnummer zu einem bestimmten Anschlussinhaber die Vertraulichkeit des konkreten Telekommunikationsvorgangs als solchen unberührt lasse.[273] Der Schutz des Art. 10 Abs. 1 GG erstrecke sich nicht allgemein auf „alle Informationen, die das Telekommunikationsverhalten oder insgesamt die Beziehungen zwischen den Telekommunikationsdiensteanbietern und ihren Kunden betreffen."[274] Auch die Zuordnung einer statischen IP-Adresse zu einem bestimmten Anschlussinhaber sei nicht am Maßstab des Telekommunikationsgeheimnisses zu messen. Anders sei es hingegen bei der identifizierenden Zuordnung dynamischer IP-Adressen: Hier begründe sich die Anwendbarkeit des Art. 10 Abs. 1 GG daraus, „dass die Telekommunikationsunternehmen für die Identifizierung einer dynamischen IP-Adresse in einem Zwischenschritt die entsprechenden Verbindungsdaten ihrer Kunden sichten müssen, also auf konkrete Telekommunikationsvorgänge zugreifen."[275]

Spätestens hier wird die Fragwürdigkeit der vom Bundesverfassungsgericht vorgenommenen Differenzierungen offensichtlich. Aus einer rein technischen Sicht ist sie durchaus nachvollziehbar, aus der Sicht des vom Datenzugriff betroffenen Grundrechtsträgers aber keineswegs: Welcher Internetnutzer weiß schon, ob sein Computer mit einer statischen oder einer dynamischen IP-Adresse an der Kommunikation teilnimmt? Die richtige Beurteilung der Frage, durch welches Grundrecht eine bestimmte Tätigkeit geschützt wird, setzt damit einen technischen Sachverstand voraus, über den nur eine Minderheit der Bevölkerung (und vermutlich auch der juristisch Gebildeten) verfügen dürfte. Der Wertschätzung für unser grundrechtliches Schutzsystem ist dies keineswegs förderlich. Auch die von der

270 BVerfGE 125, 260 (310).
271 Vgl. BVerfGE 125, 260 (319); vgl. das ausführliche Zitat unter 3.b.
272 BVerfG, NJW 2012, 1419 (Leits. 1 u. 1421 f.).
273 BVerfG, NJW 2012, 1419 (1422).
274 BVerfG, NJW 2012, 1419 (1421).
275 BVerfG, NJW 2012, 1419 (1422).

jüngeren Rechtsprechung des Bundesverfassungsgerichts vorgenommene Differenzierung danach, in welcher „Herrschaftssphäre" sich die jeweiligen Telekommunikationsdaten gerade befinden, überzeugt nicht.[276] Vorzuziehen wäre dem gegenüber ein die gesamte Telekommunikation und ihre Umstände einbeziehendes Verständnis des Grundrechts auf Schutz des Telekommunikationsgeheimnisses – so könnte Art. 10 Abs. 1 GG als „verfassungsrechtliches Gravitationszentrum für Kommunikationsschutz" fungieren.[277] Noch besser wäre freilich die entsprechende gesetzgeberische Modernisierung des Art. 10 GG zu einem umfassenden „Mediennutzungsgeheimnis".[278]

3. Das Arsenal der Eingriffsvarianten – technischer Fortschritt als Motor für neue Überwachungsmethoden?

a. Kenntnisnahme vom Inhalt der Telekommunikation; Problematik der „Quellen-TKÜ"

Das Abhören und/oder Aufzeichnen des Inhalts von Telefongesprächen gehört schon lange zum Arsenal heimlicher Überwachungsmaßnahmen von Polizei, Staatsanwaltschaft und Nachrichtendiensten. Was zunächst bestimmte Dienststellen der alliierten Besatzungsmächte in Westdeutschland praktizierten, wurde im Jahre 1968 durch das „Gesetz zur Beschränkung des Brief-, Post- und Fernmeldegeheimnisses" (G 10)[279] u. a. den deutschen Nachrichtendiensten gestattet. Kurz zuvor war die Schrankenbestimmung in Art. 10 GG insoweit geändert worden, als das einschränkende Gesetz bestimmen kann, „ daß an die Stelle des Rechtsweges die Nachprüfung durch von der Volksvertretung bestellte Organe und Hilfsorgane

276 Ebenso *Gurlit,* Verfassungsrechtliche Rahmenbedingungen des Datenschutzes, NJW 2010, 1035 (1037); *Frenz,* Menschenwürde und Persönlichkeitsrecht versus Opferschutz und Fahndungserfolg, NVwZ 2007, 631 (632); *Kleih,* Die strafprozessuale Überwachung der Telekommunikation, 2010, S. 92 f.; *Schwabenbauer,* Kommunikationsschutz durch Art. 10 GG im digitalen Zeitalter, AöR 137 (2012), 1 (15).

277 So *Schwabenbauer* a. a. O., S. 24.

278 So schon BfDI, 21. Tätigkeitsbericht 2005-2006, S. 58 sowie das „Eckpunktepapier" der Konferenz der Datenschutzbeauftragten, in: BfDI, 23. Tätigkeitsbericht 2009-2010, S. 169 (194); ebenso z. B. *Orantek,* Datenschutz im Informationszeitalter, 2008, S. 221; ähnlich *Groß,* in: Friauf/Höfling (Hg.), Berliner Kommentar zum Grundgesetz, 2000, Art. 10 Rdnr. 58.

279 BGBl. I 1968, 949; dazu im Einzelnen *Sterzel,* Beschränkung des Brief-, Post- und Fernmeldegeheimnisses; Ausschluß des Rechtsweges, in: Ders. (Hg.), Kritik der Notstandsgesetze, 1968, S. 24 (37 ff.); *Zöller,* Informationssysteme und Vorfeldmaßnahmen von Polizei, Staatsanwaltschaft und Nachrichtendiensten, 2002, S. 344 ff.; zur aktuellen Fassung als Rechtsgrundlage für die Überwachung durch die Geheimdienste im Einzelnen *Roggan,* Kommentar zum Gesetz zur Beschränkung die Brief-, Post- und Fernmeldegeheimnisses, in: Das deutsche Bundesrecht, I A 35, 2012.

tritt."[280] Diese Durchlöcherung der Rechtsweggarantie in Art. 19 Abs. 4 GG, immerhin eine der wichtigsten Konkretisierungen des Rechtsstaatsprinzips im Grundgesetz, wurde dann im umstrittenen „Abhörurteil" des Bundesverfassungsverfassungsgerichts vom 15. Dezember 1970 für vereinbar mit der „Ewigkeitsklausel" des Art. 79 Abs. 3 GG erklärt.[281] Mit einigen Abstrichen gebilligt wurde dann im Jahre 1999 auch die Überwachung der Telekommunikation durch den Bundesnachrichtendienst vermittels der „Staubsaugermethode".[282]

Ursprünglich ebenfalls im „G 10" geregelt, finden sich die Ermächtigungsgrundlagen für die Überwachung der Telekommunikation (TKÜ) durch die Strafverfolgungsbehörden inzwischen in den §§ 100a ff. StPO.[283] Schon vor Jahren hat sie sich „zu einem der zentralen Instrumente der Informationsbeschaffung der Sicherheitsbehörden" entwickelt und gilt als ein „effektives und gleichzeitig kostengünstiges Instrument" für die Strafverfolgung.[284] Auf technische Schwierigkeiten stößt die Durchführung dieser Überwachungsmaßnahme allerdings dann, wenn Telefongespräche über das Internet geführt werden („Voice over IP") und während des Übertragungsvorgangs verschlüsselt sind (so z. B. beim Anbieter *Skype*). In dieser Situation soll die sog. „Quellen-TKÜ" Abhilfe schaffen: Mithilfe eines besonderen, heimlich zugespielten Spionageprogramms soll der Inhalt der Telefongespräche schon „an der Quelle", also am Endgerät des betreffenden Telekommunikationsgeräts erfasst und heimlich an die Strafverfolgungsbehörden übermittelt werden.[285] Beim Einsatz solcher Softwareprogramme besteht indessen die Gefahr, dass über die Inhalte der Telekommunikation hinaus weitere persönlichkeitsrelevante Informationen aus dem Computer des Betroffenen erhoben werden – darauf

280 BGBl. I 1968, 709.

281 BVerfGE 30, 1 mit abweichender Meinung der Richter *Geller, v. Schlabrendorff* und *Rupp*; kritisch dazu auch z. B. *Häberle,* Die Abhörentscheidung des Bundesverfassungsgerichts vom 15. 12. 1970, JZ 1971, 145; *Rupp,* Urteilsanmerkung, NJW 1971, 275.

282 BVerfGE 100, 313; dazu *Hermes,* in: Dreier (Hg.), Grundgesetz I, 2. Aufl. 2004, Art. 10 Rdnr. 79; *Zöller* a. a. O., S. 357 ff.

283 Einzelheiten hierzu z. B. bei *Bär,* TK-Überwachung, 2010, Vorbem. §§ 100a –100i; *Kleih,* Die strafprozessuale Überwachung der Telekommunikation, 2010, S. 131 ff.; *Puschke/Singelnstein,* Telekommunikationsüberwachung, Vorratsdatenspeicherung und (sonstige) heimliche Ermittlungsmaßnahmen der StPO nach der Neuregelung zum 1. 1. 2008, NJW 2008, 113; *Roxin/Schünemann,* Strafverfahrensrecht, 27. Aufl. 2012, § 36.

284 *Bizer,* Evaluierung der Telekommunikationsüberwachung, in: Bäumler (Hg.), Polizei und Datenschutz, 1999, S. 130 (131); ähnlich *Weßlau,* Gefährdungen des Datenschutzes durch den Einsatz neuer Medien im Strafprozess, ZStW 113 (2011), 681; zur „präventiven" TKÜ im Einzelnen *Petri,* in: Lisken/Denninger (Hg.), Handbuch des Polizeirechts, 5. Aufl. 2012, Rdnr. G 315 ff.

285 Vgl. dazu z. B. *Becker/Meinicke,* Die sog. Quellen-TKÜ und die StPO – Von einer „herrschenden Meinung" und ihrer fragwürdigen Entstehung, StV 2001, 50; *Popp,* Die „Staatstrojaner"-Affäre: (Auch) ein Thema für den Datenschutz, ZD 2012, 51 (52); *Roggenkamp,* Verfassungs- und datenschutzrechtliche Anforderungen an die technische Gestaltung von sogenannten Staatstrojanern, in: Peters u. a. (Hg.): Innovativer Datenschutz, 2012, S. 267 (268 ff.).

hat das Bundesverfassungsgericht schon in seinem Urteil von 27. Februar 2008 zur „Online-Durchsuchung" hingewiesen und entsprechende technische Vorkehrungen zur Vermeidung solcher weitergehenden Datenerhebungen verlangt.[286] Durch die Enttarnung des sog. „Staatstrojaners" im Oktober 2011 wurde freilich offenbar, dass die von Sicherheitsbehörden zwecks „Quellen-TKÜ" eingesetzte Überwachungssoftware diese Vorgaben nicht erfüllt, sondern eine über die Erfassung der Telekommunikationsinhalte deutlich hinausgehende Ausforschung der Betroffenen ermöglicht.[287]

In Anbetracht ihrer besonderen Gefährdungspotentiale für weitere Grundrechte neben dem Telekommunikationsgeheimnis erscheint es als wenig überzeugend, den Einsatz der „Quellen-TKÜ" auf die §§ 100a ff. StPO zu stützen.[288] Die strafprozessuale Ermächtigung für das herkömmliche Verfahren der Telekommunikationsüberwachung darf nicht so ausgelegt werden, dass dadurch das scharfe Instrument der „Online-Durchsuchung" quasi „durch die Hintertür" einer angeblich unverzichtbaren Praxis in das deutsche Strafprozessrecht eingeführt wird.

Anders als bei den Nachrichtendiensten unterliegt die Überwachung der Telekommunikation durch die Strafverfolgungsbehörden gemäß § 100b StPO einem Richtervorbehalt. Wie wenig dieses Institut die mit ihm verbundenen Erwartungen hinsichtlich eines effektiven Grundrechtsschutzes zu erfüllen vermochte, zeigte vor allem die an der Universität Bielefeld durchgeführte und 2003 veröffentlichte empirische Untersuchung zur richterlichen Anordnungspraxis: Nur in einem einzigen Fall von 307 untersuchten Vorgängen wurde der Antrag der Staatsanwaltschaft auf Durchführung einer TKÜ abgelehnt.[289] In weit über 90 % der Fälle wurden aus-

286 BVerfGE 120, 274 (309).

287 Vgl. *Fraenkel/Hammer,* Vom Staats- zum Verfassungstrojaner, DuD 2011, 887; *Hermonies,* Online-Durchsuchung mittels Staatstrojanern, RuP 2011, 193; *Hilbrans,* Der Staatstrojaner außer Kontrolle, in: Müller-Heidelberg u. a. (Hg.), Grundrechte-Report 2012, 2012, S. 32; *Petri,* Prüfbericht zum „Staatstrojaner", DuD 2012, 710; *Popp,* a. a. O.; *Skistims/Roßnagel,* Rechtlicher Schutz vor Staatstrojanern? ZD 2012, 3.

288 So aber z. B. LG Landshut, MMR 2011, 690; LG Hamburg, MMR 2011, 693; *Bär,* Urteilsanmerkung, MMR 2011, 691; *Meyer-Goßner,* Strafprozessordnung, 54. Aufl. 2011, § 100a, Rdnr. 7; dagegen mit Recht *Becker/Meinicke,* a. a. O. (51 f.); *Buermeyer/Bäcker,* Zur Rechtswidrigkeit der Quellen-Telekommunikationsüberwachung auf Grundlage des § 100a StPO, HRRS 2009, 433; *Petri,* in: Lisken/Denninger (Hg.), Handbuch des Polizeirechts. 5. Aufl. 2012 Rdnr. G 333; *Popp,* a. a. O. (53 f.); *Roggenkamp* a. a. O., S. 278; *Vogel/Brodowski,* Urteilsanmerkung, StV 2009, 632 (634). Auch *Hoffmann-Riem,* Der grundrechtliche Schutz der Vertraulichkeit und Integrität eigengenutzter informationstechnischer Systeme, JZ 2008, 1009 (1022) lehnt die Anwendbarkeit des § 100a StPO auf die „Quellen-TKÜ" ab.

289 *Backes/Gusy,* Wer kontrolliert die Telefonüberwachung? 2003, S. 123; die breiter angelegte Untersuchung des Max-Planck-Instituts Freiburg im Regierungsauftrag kommt nur zu einer geringfügig höheren Ablehnungsquote, nämlich 0,4 % statt der in Bielefeld ermittelten 0,3 % (*Albrecht/Dorsch/Krüpe,* Rechtswirklichkeit und Effizienz der Überwachung der Telekommunikation nach den §§ 100a, 100b StPO und anderer verdeckter Ermittlungsmaßnahmen, 2003, S. 23).

formulierte Beschlussentwürfe der Staatsanwaltschaften, wiewohl im Hinblick auf die tatbestandlichen Anforderungen unvollständig bzw. fehlerhaft, vom Richter wortwörtlich übernommen.[290]

b. „Die Jagd nach den Verbindungsdaten“[291]

Die Praxis der Telekommunikationsüberwachung beschränkt sich indessen längst nicht mehr allein auf das Aufzeichnen und die anschließende Auswertung des Inhalts von Telefongesprächen, sondern nutzt die infolge der Digitalisierung entstandenen neuen Auswertungsmöglichkeiten in umfassender Weise.[292] Zu nennen sind hier die Zielwahlsuche, bei der alle in einem bestimmten Zeitraum getätigten Telefonverbindungen nach Anrufen bei einer bestimmten Zielnummer elektronisch gerastert werden,[293] sowie die Erstellung von Bewegungsprofilen anhand der Standortmeldungen von Mobiltelefonen.[294] In der Tat ist die Aussagekraft systematisch zusammengetragener und ausgewerteter Verkehrsdaten[295] sowohl der klassischen Telekommunikation per (Mobil-)Telefon als auch der Kommunikation über das Internet beträchtlich. Anschaulich dargestellt hat dies das Bundesverfassungsgericht in seinem (oben bereits erwähnten) Urteil vom 2. März 2010 im Hauptsacheverfahren zur Vorratsdatenspeicherung: „Die Aussagekraft dieser Daten ist weitreichend. Je nach Nutzung von Telekommunikationsdiensten seitens der Betroffenen lassen sich schon aus den Daten selbst – und erst recht, wenn diese als Anknüpfungspunkte für weitere Ermittlungen dienen – tiefe Einblicke in das soziale Umfeld und die individuellen Aktivitäten eines jeden Bürgers gewinnen. Zwar werden mit einer Telekommunikationsverkehrsdatenspeicherung, wie in § 113a TKG vorgesehen, nur die Verbindungsdaten (Zeitpunkt, Dauer, beteiligte Anschlüsse sowie – bei der Mobiltelefonie – der Standort) festgehalten, nicht aber auch der Inhalt der Kommunikation. Auch aus diesen Daten lassen sich jedoch bei umfassender und automatisierter Auswertung bis in die Intimsphäre hineinreichende inhaltliche Rückschlüsse ziehen. Adressaten (deren Zugehörigkeit zu be-

290 *Backes/Gusy* a. a. O., S. 124; vgl. auch *Gercke,* Telekommunikationsüberwachung, in: Roggan/Kutscha (Hg.), Handbuch zum Recht der Inneren Sicherheit, 2. Aufl. 2006, S. 145 (150 f.); *Kutscha,* Rechtsschutzdefizite bei Grundrechtseingriffen von Sicherheitsbehörden, NVwZ 2003, 1296.

291 So der Titel eines Beitrags von *Zöller,* in: Festgabe für Hilger, 2003, S. 291.

292 Dazu *Dix,* Neue Zugriffsmöglichkeiten der Sicherheitsbehörden auf Telekommunikationsdaten, in: Bäumler (Hg.), Polizei und Datenschutz, 1999, S. 250 (251 ff.); *Weßlau,* Gefährdungen des Datenschutzes durch den Einsatz neuer Medien im Strafprozess, ZStW 113 (2001), 681 (687 ff.).

293 Zu einem solchen Fall BVerfGE 107, 299 (327).

294 Vgl. dazu im Einzelnen *Gercke* a. a. O., S. 155 ff.; *Zöller,*a. a. O., S. 291.

295 Früher wurde hierfür der Begriff „Verbindungsdaten“ benutzt; vgl. jetzt die Definition in § 3 Nr. 30 und § 96 TKG.

stimmten Berufsgruppen, Institutionen oder Interessenverbänden oder die von ihnen angebotenen Leistungen), Daten, Uhrzeit und Ort von Telefongesprächen erlauben, wenn sie über einen längeren Zeitraum beobachtet werden, in ihrer Kombination detaillierte Aussagen zu gesellschaftlichen oder politischen Zugehörigkeiten sowie persönliche Vorlieben, Neigungen und Schwächen derjenigen, deren Verbindungsdaten ausgewertet werden. Einen Vertraulichkeitsschutz gibt es insoweit nicht. Je nach Nutzung der Telekommunikation und künftig in zunehmender Dichte kann eine solche Speicherung die Erstellung aussagekräftiger Persönlichkeits- und Bewegungsprofile praktisch jeden Bürgers ermöglichen. Bezogen auf Gruppen und Verbände erlauben die Daten überdies unter Umständen die Aufdeckung von internen Einflussstrukturen und Entscheidungsabläufen."[296]

Dass es sich bei dieser Beschreibung der Auswertungsmöglichkeiten von Telekommunikationsverkehrsdaten keineswegs um höchstrichterliche Schwarzmalerei handelt, zeigen bereits die wenigen in der Öffentlichkeit bekannt gewordenen Fälle einer massenhaften Auswertung der Verkehrsdaten von Mobiltelefonaten durch die Polizei: Anlässlich einer Demonstration gegen Neonazis in Dresden am 19. Februar 2011 wurden über eine Million, während eines längeren Zeitraums auf der Suche nach Autobrandstiftern in Berlin sogar 4,2 Millionen solcher Daten erfasst und ausgewertet.[297] Nennenswerte Ermittlungserfolge wurden in beiden Fällen nicht erzielt, wohl aber eine große Anzahl unbescholtener Telekommunikationsteilnehmer auf diese Weise elektronisch „durchleuchtet". In beiden Fällen drängt sich der Verdacht auf, dass es nicht nur um die Ermittlung von Tätern einer „Straftat

296 BVerfGE 125, 260 (319); zur Entscheidung ausführlich *Gercke,* Urteilsanmerkung, StV 2010, 281; *Heckmann,* BVerfG v. 2. 3. 2010 – Vorratsdatenspeicherung, in: Menzel/Müller-Terpitz (Hg.), Verfassungsrechtsprechung, 2011, S. 893; *Hornung/Schnabel,* Verfassungsrechtlich nicht schlechthin verboten, DVBl. 2010, 824; *Klesczewski,* Urteilsanmerkung, JZ 2010, 629; *Ohler,* Urteilsanmerkung, JZ 2010, 626; *Orantek,* Die Vorratsdatenspeicherung in Deutschland, NJ 2010, 193 (199 f.); *Roßnagel,* Die „Überwachungs-Gesamtrechnung" – Das BVerfG und die Vorratsdatenspeicherung, NJW 2010, 1238; *Schlögel,* Die Karlsruher Entscheidung zur Vorratsdatenspeicherung: Lässt das Bundesverfassungsgericht die Bürger im Regen stehen? Gesellschaft – Wirtschaft – Politik 2010, 167; *Szuba,* Vorratsdatenspeicherung, 2011, S. 239 ff.; *Westphal,* Leitplanken für die Vorratsdatenspeicherung – Abrücken von „Solange", EuZW 2010, 494; sehr kritisch *Bull,* Vorratsdatenspeicherung – Recht gegen Dämonen? NJW-Editorial 12/2010: „Die Abwägung der betroffenen Interessen ist ganz einseitig ausgefallen: Dass die Daten zur Strafverfolgung nötig sind, wird nicht mit dem gebotenen Gewicht berücksichtigt." Das BVerfG lasse „Zweifel an der Rechtstreue aller anderen Staatsorgane erkennen und gefährdet letztlich das Vertrauen in das geltende Recht." – Dieser Vorwurf verwundert: Jede verwaltungsgerichtliche und erst recht jede verfassungsgerichtliche Entscheidung sät schließlich „Zweifel an der Rechtstreue" zwar nicht aller, aber der jeweils verantwortlichen Staatsorgane. Sollten diese Kontrollinstanzen deshalb abgeschafft werden?

297 Vgl. im Einzelnen *Roggan,* Demonstranten unter Generalverdacht? In: Müller-Heidelberg u. a. (Hg.), Grundrechte-Report 2012, 2012, S. 100 und „Berliner Zeitung" v. 24. 1. 2012 u. v. 11. 10. 2012.

von erheblicher Bedeutung“ gemäß § 100g Abs. 2 StPO ging, sondern auch um die Ausforschung bestimmter „Szenen“ anhand ihrer internen Kommunikation.

Obwohl das Bundesverfassungsgericht die Eignung einer systematischen Verkehrsdatenauswertung zur Erstellung umfassender Persönlichkeits- und Bewegungsprofile und damit das Bedrohungspotential dieses Überwachungsinstruments recht realistisch dargestellt hat, konnte es sich nicht dazu verstehen, die Vorratsdatenspeicherung von Telekommunikationsverkehrsdaten für schlechthin unvereinbar mit Art. 10 GG zu erklären.[298] Zur Begründung verwies es darauf, dass diese Speicherung nicht direkt durch den Staat, sondern durch eine Verpflichtung der privaten Diensteanbieter verwirklicht werde. Der Abruf der Daten erfolge erst in einem zweiten Schritt. Dabei könne und müsse gewährleistet werden, „dass eine tatsächliche Kenntnisnahme und Verwendung der Daten in normenklarer Form in einer Weise begrenzt bleibt, die dem Gewicht der weitreichenden Datenerfassung Rechnung trägt und den Abruf und die tatsächliche Verwendung der Daten auf den unbedingt erforderlichen Teil der Datensammlung beschränkt.“[299] Diese Begrenzung soll nach der Vorstellung des Gerichts auf zweierlei Weise erreicht werden: Durch entsprechende Regelungen müsse ein besonders hoher Sicherheitsstandard bei den Diensteanbietern vorgegeben werden. Auch sei der Abruf und die unmittelbare Nutzung der Daten durch staatliche Stellen nur verhältnismäßig, wenn sie überragend wichtigen Aufgaben des Rechtsgüterschutzes dienten.[300] – Schon angesichts der Schwierigkeiten, die Einhaltung des verlangten „besonders hohen Sicherheitsstandards“ bei der Vielzahl privater Anbieter zu kontrollieren, ist der Verweis der Bundesjustizministerin *Leutheusser-Schnarrenberger* auf die Möglichkeit von Alternativen wie insbesondere das Quick-Freeze-Verfahren berechtigt. Bei Anwendung dieser Methode würden die Telekommunikationsanbieter nur auf Anfrage gesetzlich bestimmter Behörden in besonders begründeten Verdachtsfällen, mithin nur im Einzelfall und anlassbezogen, die Verkehrsdaten speichern und an die betreffenden Behörden übermitteln.[301] Eine gegenüber der Vorratsdatenspeicherung „grundrechtsfreundlichere“ Lösung wäre dies allemal.

298 Vgl. BVerfGE 125, 260 (Leits. 1). Bei einem anderslautenden Ergebnis hätte das Gericht sich immerhin in einen Widerspruch zur EG-Richtlinie 2006/24/EG v. 15. 3. 2006 gesetzt und deshalb ein Vorabentscheidungsverfahren vor dem EuGH einleiten müssen – diese Konsequenz wollte es offenbar vermeiden; kritisch dazu *Szuba* a. a. O., S. 240 ff.; *Wolff,* Vorratsdatenspeicherung – Der Gesetzgeber gefangen zwischen Europarecht und Verfassung? NVwZ 2010, 751.

299 BVerfGE 125, 260 (321).

300 BVerfGE 125, 260 (Leits. 4 und 5).

301 Vgl. *Orantek,* Die Vorratsdatenspeicherung in Deutschland, NJ 2010, 193 (200); *Szuba,* a. a. O., S. 243; ablehnend *Möstl,* Vorratsdatenspeicherung – wie geht es weiter? ZRP 2011, 225.

c. „Beschlagnahme“ von E-Mails beim Provider

Neben dem Abhören oder Aufzeichnen des Gesprächsinhalts bei der Telekommunikation gemäß den §§ 100a und b StPO gehört die Beschlagnahme von Computern oder Mobiltelefonen und deren anschließende Auswertung inzwischen zum „Alltagsgeschäft“ der Strafverfolgungsbehörden.[302] Sofern dabei E-Mails ausgelesen werden, die sich bereits im „Herrschaftsbereich“ des Empfängers befanden, soll nach der Rechtsprechung des Bundesverfassungsgerichts das Recht auf informationelle Selbstbestimmung betroffen sein.[303] Werden die E-Mails dagegen aus dem Mailserver des Providers abgerufen, soll darin ein Eingriff in das Fernmelde- bzw. Telekommunikationsgeheimnis liegen.[304] Dieser soll indessen gerechtfertigt sein durch die §§ 94 ff. StPO, welche die Sicherstellung und Beschlagnahme von „Gegenständen“ regeln. Es ist aber durchaus fraglich, ob der Abruf elektronisch gespeicherter Daten in überzeugender Weise als Beschlagnahme von „Gegenständen“ qualifiziert werden kann.[305] Das Bundesverfassungsgericht bejaht dies und hat insoweit keinerlei Probleme mit dem Gebot der Tatbestandsbestimmtheit und der Normenklarheit: „Für die betroffenen Nutzer ist hinreichend erkennbar, dass die §§ 94 ff. StPO die Sicherstellung und Beschlagnahme von auf dem Mailserver des Providers gespeicherten E-Mails ermöglichen.“[306] Der Wunsch als Vater des Gedankens ist allerdings ein schlechter Ratgeber angesichts der Situation, dass der Bundesgesetzgeber es bisher verabsäumt hat, hinreichend präzise Regelungen für elektronische Zugriffe auf Daten zur Erlangung von Beweismitteln zu schaffen.[307] Zweifellos ist richtig, dass die höchstrichterliche Auffassung „den Bedürfnissen der Ermittlungsbehörden nach niederschwelligen Eingriffsgrundlagen“[308]

302 Vgl. *Gercke*, Telekommunikationsüberwachung, in: Roggan/Kutscha (Hg.), Handbuch zum Recht der Inneren Sicherheit, 2. Aufl. 2006, S. 145 (166); *Petri*, in: Lisken/Denninger (Hg.), Handbuch des Polizeirechts, 5. Aufl. 2012, Rdnr. G 334.

303 Vgl. nur BVerfGE 115, 166; dazu im Einzelnen die Darstellung unter III.4.c.

304 Vgl. BVerfGE 124, 43.

305 Ablehnend z. B. *Eckhardt*, Wie weit reicht der Schutz des Fernmeldegeheimnisses (Art. 10 GG)? DuD 2006, 365 (368); *Roxin/Schünemann*, Strafverfahrensrecht, 27. Aufl. 2012, § 34 Rdnr. 4; *Wohlers*, in: SK-StPO II, 4. Aufl. 2010, § 94 Rdnr. 26.

306 BVerfGE 124, 43 (60); zustimmend *O. Klein*, Offen und (deshalb) einfach – Zur Sicherstellung und Beschlagnahme von E-Mails beim Provider, NJW 2009, 2996; im Ergebnis ebenso *Meininghaus*, Der Zugriff auf E-Mails im strafrechtlichen Ermittlungsverfahren, 2007, S. 294 f.; kritisch *Brunst*, Urteilsanmerkung, CR 2009, 591; *Gercke*, Urteilsanmerkung, StV 2009, 624 (625); *Schwabenbauer*, Kommunikationsschutz durch Art. 10 GG im digitalen Zeitalter, AöR 137 (2012), 1 (30).

307 Vgl. nur *Gaede*, Der grundrechtliche Schutz gespeicherter E-Mails beim Provider und ihre weltweite strafprozessuale Überwachung, StV 2009, 96 (99); *Weßlau*, Gefährdungen des Datenschutzes durch den Einsatz neuer Medien im Strafprozess, ZStW 113 (2001), 681 (708); *Wolter*, in: SK-StPO, II, 4. Aufl. 2010, § 1001 Rdnr. 35.

308 So ein Vertreter der Staatsanwaltschaft, *O. Klein*, a. a. O., S. 2997.

nachkommt. Dem rechtsstaatlichen Gebot der Tatbestandsbestimmtheit und Normenklarheit von Eingriffsnormen wird damit jedenfalls nicht entsprochen.[309]

Die Kenntnisnahme des Inhalts von E-Mails oder anderer auf elektronischen Datenträgern gespeicherten personenbezogenen Informationen ist allerdings nicht nur am Maßstab des Telekommunikationsgeheimnisses oder des Rechts auf informationelle Selbstbestimmung zu messen, sondern kann auch eine Verletzung des Kernbereichs privater Lebensgestaltung darstellen. Während aber Art. 10 GG sowie das informationelle Selbstbestimmungsrecht als Ausprägung des allgemeinen Persönlichkeitsrechts einem Gesetzesvorbehalt unterworfen sind, gilt der Schutz des Kernbereichs privater Lebensgestaltung absolut: Als Anwendungsfall der Menschenwürdegarantie des Art. 1 Abs. 1 GG hat er in einem wörtlichen Sinne „unantastbar" zu sein, wie im folgenden näher dargestellt wird.

VI. Menschenwürde, Kernbereichsschutz und Herstellung von Persönlichkeitsprofilen

„Die Würde des Menschen ist unantastbar". Dass dieser erste Satz des Grundgesetzes mit seinem feierlichen Pathos unter bestimmten Voraussetzungen auch bei der Nutzung des Internet Bedeutung erlangt, erschließt sich nicht gleich auf den ersten Blick. Was bedeutet diese Sollensaussage konkret? Konsens besteht weder über ihren Rechtscharakter noch über den Inhalt des Begriffs der Menschenwürde. Während sie vom Bundesverfassungsgericht als „höchster Rechtswert innerhalb der verfassungsmäßigen Ordnung"[310] bezeichnet wird, betrachtet ein der jüngeren Generation angehörender Staatsrechtler wie *Christoph Enders* die Unantastbarkeit der menschlichen Würde als bloß heuristisches Prinzip, als „ein unmittelbar rechtlich nicht einzulösendes und nie eingelöstes Versprechen."[311] – Nicht (mehr) in den Blick gerät dabei, dass die - keineswegs als Zustandsbeschreibung, sondern als normatives Gebot zu verstehende - Aussage in Art. 1 Abs. 1 GG zunächst eine unmittelbare Reaktion auf eine bestimmte historische Erfahrung darstellt. Sie gewinnt ihren Sinn erst vor dem Hintergrund von Staatsterror, von tödlichen Menschenversuchen, Folterpraktiken sowie der industriell betriebenen Vernichtung Angehöriger „minderwertiger Rassen" in den Konzentrationslagern, kurz: der ge-

309 Näher zu diesem Gebot unter III.4.a.

310 Z. B. in BVerfGE 45, 187 (227) in Anknüpfung an BVerfGE 6, 32 (41).

311 *Enders,* Die Menschenwürde in der Verfassungsordnung, 1997, S. 448; zur „Ratlosigkeit" der Staatsrechtslehrerzunft vgl. *Tiedemann,* Menschenwürde als Rechtsbegriff, 2. Aufl. 2010, S. 83.

samten menschenverachtenden Realität des NS-Staates.[312] Vor diesem Hintergrund ist es durchaus berechtigt, den Begriff der Menschenwürde „vom Verletzungsvorgang her" zu bestimmen.[313]

1. Ursprung und Reichweite der Objektformel

Diesen Weg beschreitet auch die bekannte „Objektformel" des Bundesverfassungsgerichts. Danach widerspricht es der menschlichen Würde, „den Menschen zum bloßen Objekt im Staat zu machen."[314] Schlechthin verboten sei damit jede Behandlung des Menschen durch die öffentliche Gewalt, die dessen Subjektqualität grundsätzlich in Frage stelle, indem sie die Achtung des Wertes vermissen lasse, die jedem Menschen um seiner selbst willen zukomme.[315] Wann dies der Fall ist, ließe sich allerdings nicht generell sagen, sondern nur in Ansehung des konkreten Falles. Die Objektformel kann danach „lediglich die Richtung angeben, in der Fälle der Verletzung der Menschenwürde gefunden werden können."[316]

Als Urheber der Objektformel gilt gemeinhin der Tübinger Staatsrechtler *Günter Dürig,* der bereits im Jahre 1956 eine entsprechende Position formulierte.[317] Allerdings sind entsprechende Gedanken bereits vor der Schaffung des Grundgesetzes publiziert worden, und zwar u. a. von *Carlo Schmid,* der als sozialdemokratischer Abgeordneter eine wichtige Rolle im Parlamentarischen Rat spielte.[318] In einem Aufsatz aus dem Jahre 1946 forderte *Schmid,* eine neue Rechtsordnung zu schaffen, die das Individuum als eine Person anerkenne, die ihren Sinn in sich selbst trage und darum niemals zu einem Mittel zu Zwecken irgendeiner Art herabgewürdigt werden dürfe.[319] Damit knüpft *Schmid* unübersehbar an Vorstellungen des

312 Vgl. im Einzelnen *Kutscha,* Verfassung und „streitbare Demokratie", 1979, S. 56 f.; im Ergebnis ebenso BVerfGE 124, 300 (328) – Wunsiedel; *E.-W. Böckenförde,* Menschenwürde als normatives Prinzip, JZ 2003, 809.

313 Vgl. *Kunig,* in: v. Münch/Kunig (Hg.), Grundgesetz , Bd. I, 6. Aufl., 2012, Art. 1 Rdnr. 22; *Tiedemann* a. a. O., S. 81 ff.

314 Zuerst BVerfGE 27, 1 (6) – Mikrozensus; kritisch dazu *Isensee,* Würde des Menschen, in: Merten/Papier (Hg.), Handbuch der Grundrechte, Bd. IV, 2011, § 87 Rdnr. 176; *Mahlmann,* Elemente einer ethischen Grundrechtstheorie, 2006, S. 240; *Nettesheim,* Die Garantie der Menschenwürde zwischen metaphysischer Überhöhung und bloßem Abwägungstopos, AöR 130 (2005), 71 (79 ff.).

315 BVerfGE 30, 1 (26); BVerfGE 115, 118 (153).

316 BVerfGE 30, 1 (25).

317 *Dürig,* Der Grundrechtssatz von der Menschenwürde, AöR 81 (1956), 117 (128).

318 Weitere Nachweise bei *Tiedemann,* a. a. O., S. 93.

319 *Schmid,* Die Legitimität der Verfassung, DRZ 1946, 2.

Philosophen *Immanuel Kant* an.[320] Im Jahre 1786 schrieb *Kant:* „Nun sage ich: der Mensch, und überhaupt jedes vernünftige Wesen, *existiert* als Zweck an sich selbst, *nicht bloß als Mittel* zum beliebigen Gebrauche für diesen oder jenen Willen, sondern muss in allen seinen, sowohl auf sich selbst, als auch auf andere vernünftige Wesen gerichteten Handlungen jederzeit *zugleich als Zweck* betrachtet werden."[321] Nach einem entsprechend „radikalen", an *Kants* Vorstellungen anknüpfenden Verständnis vom Menschen dürfte dieser nie als „Mittel zum Zweck" von anderen benutzt werden.[322]

Die Weiterungen eines solchen Postulats nicht nur im Hinblick auf staatliche Überwachungsmaßnahmen, sondern gerade auch hinsichtlich der Kommerzialisierung fast aller menschlichen Bedürfnisse durch Wirtschaftsunternehmen sind kaum absehbar.[323] In der Vorstellung neoliberaler Marktmodelle erscheint der Mensch fast ausschließlich als „Arbeitskraftressource" oder als Kunde; der Umgang mit ihm bestimmt sich dem gemäß am Zweck der Gewinnerzielung, und Konkurrenz tritt an die Stelle von Solidarität. „Der Wert und die Verwendbarkeit der Menschen", schreibt *Ernst-Wolfgang Böckenförde,* „ist an ihre Nützlichkeit, ihren Beitrag zu Produktivität, Profitabilität und Wettbewerbsfähigkeit gebunden; als Humankapital müssen sie billig, flexibel, ständig auf der Höhe der Zeit und rezyklierbar sein, als Person kommen sie nicht ins Blickfeld."[324]

In seinem „Abhörurteil" vom 15. Dezember 1970 schreckte das Bundesverfassungsgericht denn auch vor möglichen Konsequenzen der Objektformel zurück und verwies auf die Zwänge der „rauen Wirklichkeit": „Der Mensch ist nicht selten bloßes Objekt nicht nur der Verhältnisse und der gesellschaftlichen Entwicklung, sondern auch des Rechts, insofern er ohne Rücksicht auf seine Interessen sich fügen

320 Zu diesem Hintergrund der Objektformel auch *Mahlmann* a. a. O., S. 355 ff.; *Perels,* Die Würde des Menschen ist unantastbar, in: Festschrift f. Derleder, 2005, S. 635 (636 f.); *Will,* Christus oder Kant. Blätter f. dt. u. intern. Politik 2004, 1228. Freilich lässt sich der Gedanke der Menschenwürde historisch noch weiter zurückverfolgen, so u. a. zu den Schriften von *Pico della Mirandola,* einem Humanisten der italienischen Renaissance, vgl. hierzu im Einzelnen *Tiedemann* a. a. O., S. 154 ff.

321 *Kant,* Grundlegung zur Metaphysik der Sitten (1786), in: Ders., Werke in 10 Bänden, Bd. 6 (Hg. Weischedel), 1983, B 64; Hervorhebung im Original.

322 *Perels* a. a. O., S. 637 verweist auf eine Frühschrift von *Karl Marx*, in welcher dieser *Kants* Ansatz weiterdenkt: „Die Kritik der Religion endet mit der Lehre, daß der *Mensch das höchste Wesen für den Menschen* sei, also mit dem *kategorischen Imperativ, alle Verhältnisse umzuwerfen,* in denen der Mensch ein erniedrigtes, ein geknechtetes, ein verlassenes, ein verächtliches Wesen ist, Verhältnisse, die man nicht besser schildern kann als durch den Aufruf eines Franzosen bei einer projektierten Hundesteuer: Arme Hunde! Man will euch wie Menschen behandeln!" (Zur Kritik der Hegelschen Rechtsphilosophie. Einleitung [1843], MEW 1, 378 [385]; Hervorhebung im Orig.).

323 Vgl. dazu *Bautze,* Die Menschenwürde als Ware, JURA 2011, 647; *Dieth,* Recht – als Prostituierte des Marktes oder als Schutz vor Vermarktung? In: 49. Assistententagung Öffentliches Recht, 2009, 137 (155.).

324 *E.-W. Böckenförde,* Vom Wandel des Menschenbildes im Recht, in: Ders., Wissenschaft, Politik, Verfassungsgericht, 2011, S. 13 (43).

muß. Eine Verletzung der Menschenwürde kann darin allein nicht gefunden werden."[325] Diese Legitimierung bestehender Zustände provoziert die Frage, welcher Sinn der Objektformel dann noch zukommt. Immerhin hat das Gericht für einige wenige Fallgestaltungen eine Verletzung der Menschenwürde bejaht, so im Urteil vom 3. März 2004 zum „Lauschangriff",[326] im Beschluss vom 14. Dezember 2004 zur Folterandrohung im „Fall Daschner"[327] sowie im Urteil vom 15. Februar 2006 zum Luftsicherheitsgesetz.[328] Die darin enthaltene Ermächtigung zum Abschuss vermutlich von Terroristen entführter Flugzeuge, so das Gericht in der letztgenannten Entscheidung, missachte die Menschenwürde der unschuldigen Flugzeugpassagiere. Der Staat behandele diese als bloße Objekte seiner Rettungsaktion zum Schutze anderer. „Sie werden dadurch, dass ihre Tötung als Mittel zur Rettung anderer benutzt wird, verdinglicht und zugleich entrechtlicht; indem über ihr Leben von Staats wegen einseitig verfügt wird, wird den als Opfern selbst schutzbedürftigen Flugzeuginsassen der Wert abgesprochen, der dem Menschen um seiner selbst willen zukommt."[329]

Für unseren Untersuchungszusammenhang von besonderer Bedeutung sind indessen diejenigen Entscheidungen des Bundesverfassungsgerichts, in denen die Verletzung eines absolut geschützten Kernbereichs privater Lebensgestaltung oder die Herstellung eines nahezu lückenlosen Persönlichkeitsprofils als unvereinbar mit der Menschenwürdegarantie des Art. 1 Abs. 1 GG bezeichnet werden. Diese beiden Konstellationen sollen im folgenden behandelt werden.

2. Der Kernbereich privater Lebensgestaltung – Inkonsequenzen eines Schutzkonzepts

Schon in seinem Elfes-Urteil vom 16. Januar 1957 erkannte das Bundesverfassungsgericht eine „Sphäre privater Lebensgestaltung" an; ein solcher „letzter unantastbarer Bereich menschlicher Freiheit" sei der Einwirkung der gesamten öffentlichen Gewalt entzogen.[330] Auch in späteren Entscheidungen wie z. B. zur Beschlagnahme einer Patientendatei, zur Verwendung heimlicher Tonbandaufnah-

325 BVerfGE 30, 1 (25/26).
326 BVerfGE 109, 279; dazu näher im folgenden unter 2.
327 BVerfG-K, NJW 2005, 656.
328 BVerfGE 115, 118.
329 BVerfGE 115, 118 (153 f.).
330 BVerfGE 6, 32 (41); zur Thematik auch *Braun/Fuchs,* Der Schutz des Kernbereichs privater Lebensgestaltung, Die Polizei 2010, 185; *Dammann,* Der Kernbereich der privaten Lebensgestaltung, 2011; *Desoi/Knierim,* Intimsphäre und Kernbereichsschutz, DÖV 2011, 398; *Kurz,* Kernbereichsschutz im digitalen Zeitalter, Betrifft Justiz 100 (2009), 164; *Poscher,* Menschenwürde und Kernbereichsschutz, JZ 2009, 269; *Son,* Heimliche polizeiliche Eingriffe in das informationelle Selbstbestimmungsrecht, 2006, S. 161 ff.; *Warntjen,* Heimliche Zwangsmaßnahmen und der Kernbereich privater Lebensgestaltung, 2007.

men oder von Tagebucheinträgen im Strafverfahren verwies das Gericht auf einen solchen, für die öffentliche Gewalt unantastbaren Kernbereich privater Lebensgestaltung, ohne allerdings im jeweils zu beurteilenden Fall eine Verletzung dieses Kernbereichs anzunehmen.[331] Erst im Urteil zum „Lauschangriff“ vom 3. März 2004 wertete das Gericht gesetzliche Regelungen, in diesem Fall die damaligen §§ 100b ff. StPO als u. a. unvereinbar mit dem absoluten Schutz des Kernbereichs.[332] Indem die genannten Normen die akustische Überwachung von Wohnräumen zu Zwecken der Strafverfolgung zuließen, ohne einen angemessenen Schutz des Kernbereichs privater Lebensgestaltung zu gewährleisten, werde der Menschenwürdegehalt des Art. 13 Abs. 1 GG verletzt. Wegen der absoluten Garantie des Art. 1 Abs. 1 GG ist danach dem Staat auch eine Abwägung des Kernbereichsschutzes mit anderen Rechtsgütern bzw. Strafverfolgungsinteressen verwehrt.[333]

a. Variierende Bestimmungen des Kernbereichs

Zwar enthält die Entscheidung keine genaue Definition dieses Kernbereichs, jedoch einige Hinweise zu dessen Eingrenzung: Zur Entfaltung der Persönlichkeit in diesem Kernbereich gehöre die Möglichkeit, „innere Vorgänge wie Empfindungen und Gefühle sowie Überlegungen, Ansichten und Erlebnisse höchstpersönlicher Art zum Ausdruck zu bringen, und zwar ohne Angst, dass staatliche Stellen dies überwachen. Vom Schutz umfasst sind auch Gefühlsäußerungen, Äußerungen des unbewussten Erlebens sowie Ausdrucksformen der Sexualität.“[334]

Demgegenüber soll die Bestrafung einer sexuellen Beziehung zwischen Geschwistern nach § 173 Abs. 2 Satz 2 StGB keinen Eingriff in diesen Kernbereich darstellen, wie das Gericht in seinem Beschluss vom 26. Februar 2008 ausführte.[335] Zur Begründung wurde auf den Sozialbezug solcher sexuellen Handlungen verwiesen: „Der Beischlaf zwischen Geschwistern betrifft nicht ausschließlich diese selbst, sondern kann in die Familie und in die Gesellschaft hineinwirken und außerdem Folgen für aus der Verbindung hervorgehende Kinder haben.“[336] Diese Begründung für den fehlenden Kernbereichsbezug ist wenig überzeugend: Sexuelle Beziehungen können häufig in Familie und Gesellschaft „hineinwirken“, auch wenn sie nicht zwischen Geschwistern stattfinden: Wer wollte bestreiten, dass die

331 BVerfGE 32, 373 (379); BVerfGE 34, 238 (245); BVerfGE 80, 367 (379) mit abweichendem Votum von vier Richtern.
332 BVerfGE 109, 279; vgl. dazu die Beiträge in *Roggan* (Hg.), Lauschen im Rechtsstaat, 2004.
333 BVerfGE 109, 279 (Leits. 2).
334 BVerfGE 109, 279 (313).
335 BVerfGE 120, 224 (242 f.).
336 BVerfG a. a. O.

Entstehung eines neuen Menschen ein Ereignis ist, das über die Intimsphäre der beiden Sexualpartner hinausreicht? Gleichwohl hat das Bundesverfassungsgericht in seinem Urteil zum „Lauschangriff" die „Ausdrucksformen von Sexualität" ausdrücklich dem Kernbereich zugerechnet und richtig darauf verwiesen, dass der Mensch sich auch im Kernbereich seiner Persönlichkeit notwendig in sozialen Bezügen verwirkliche.[337] Der Kernbereich deckt sich mithin keineswegs mit der Intimsphäre im Sinne der überkommenen Sphärentheorie.[338] Vollauf berechtigt ist deshalb die dezidierte Kritik z. B. des Strafrechtlers *Claus Roxin* am Beschluss zum Geschwisterinzest: „Die Bestrafung des einverständlichen Geschlechtsverkehrs erwachsener und für ihr Handeln verantwortlicher Personen greift in diesen Kernbereich sogar noch tiefer ein als die Belauschung intimer Privatgespräche."[339]

Ihrem Inhalt nach nicht zum unantastbaren Kernbereich privater Lebensgestaltung sollen auch Gespräche gehören, „die Angaben über begangene Straftaten enthalten."[340] Wie aber soll ein Außenstehender dies beurteilen können, ohne das Gespräch zu belauschen und damit in den Kernbereich einzudringen?

Nach der neueren Rechtsprechung des Bundesgerichtshofes zählen dagegen Selbstgespräche in einem Krankenzimmer oder in einem Kraftfahrzeug selbst dann zum absolut geschützten Kernbereich, wenn dabei Straftaten offenbart werden.[341] Das Gericht sah darin keinen Widerspruch zur Rechtsprechung des Bundesverfassungsgerichts, weil das Selbstgespräch nicht mit einem Zwiegespräch gleichgesetzt werden könne. „Es unterscheidet sich von einem solchen Gespräch schon dadurch, dass die Äußerungen nicht auf Verständlichkeit angelegt und jedenfalls auch durch unwillkürlich auftretende Bewusstseinsinhalte gekennzeichnet sind."[342]

Im Mittelpunkt des absoluten Schutzes für den Kernbereich steht danach das „Alleinsein mit sich selbst" unabhängig vom Orte dieses Alleinseins.[343] Dieser Verzicht auf ein „räumliches Substrat" als Voraussetzung für den Kernbereichsschutz ist zwar zu begrüßen, die Frage nach der Bedeutung des Sozialbezugs bei der Abgrenzung bleibt jedoch weitgehend ungeklärt.

337 BVerfGE 109, 279 (319).
338 Vgl. *Desoi/Knierim,* Intimsphäre und Kernbereichsschutz, DÖV 2011, 398 (403).
339 *Roxin,* Zur Strafbarkeit des Geschwisterinzests, StV 2009, 544 (548). Zu Recht ist dieser Beschluss in der strafrechtlichen Literatur „fast ausnahmslos auf Ablehnung gestoßen", so *Stuckenberg,* BVerfGE 120, 244 – Inzestverbot, in: Menzel/Müller-Terpitz (Hg.), Verfassungsrechtsprechung, 2011, 846 (849); vgl. auch die gut begründete abweichende Meinung des Richters *Hassemer,* BVerfGE 120, 255.
340 BVerfGE 109, 279 (319).
341 BGHSt 50, 206 (210 ff.); BGH, JZ 2012, 582 mit Besprechung von *Jahn/Geck,* Tagebuchfall revisited – Der Bundesgerichtshof, die Gedankenfreiheit und ein Selbstgespräch im Auto, JZ 2012, 561.
342 BGH, JZ 2012, 582 (584) unter Verweis auf BGHSt 50, 206 (213).
343 Vgl. *Jahn/Geck* a. a. O., S. 565.

Dieser Sozialbezug kann häufig auch bei „Höchstpersönlichem" gegeben sein, so z. B. bei Tagebüchern, die Aufschluss über soziale Beziehungen geben, bei Fotos, auf denen die Partner der betreffenden Person abgebildet sind usw. Was früher allerdings im Schrank der eigenen Wohnung verwahrt und damit den neugierigen Blicken Außenstehender entzogen wurde, vertrauen immer mehr Menschen den von ihnen genutzten elektronischen Datenträgern an.[344] Damit stellt sich die Frage, ob der – offene oder heimliche - Zugriff auf die darin gespeicherten Daten mit entsprechendem „höchstpersönlichen" Inhalt ebenfalls eine Verletzung des durch Art. 1 Abs. 1 GG absolut geschützten Kernbereichs privater Lebensgestaltung darstellen kann. Das Bundesverfassungsgericht hat dies in seinem Urteil vom 27. Februar 2008 zur „Online-Durchsuchung" mit Recht bejaht.[345]

b. Ein hinreichendes Schutzkonzept für „Online-Durchsuchungen" und Telekommunikationsüberwachungen?

Die „heimliche Infiltration eines informationstechnischen Systems" zum Zwecke des Auslesens der darauf gespeicherten Daten – so die richterliche Umschreibung der „Online-Durchsuchung"[346] – ist nach diesem Urteil nicht generell verfassungswidrig, sondern unter bestimmten Voraussetzungen zulässig.[347] Dabei verschloss sich das Gericht keineswegs der Erkenntnis, dass bei Durchführung einer solchen Überwachungsmaßnahme in der Praxis zwangläufig in den Kernbereich privater Lebensgestaltung eingegriffen wird: Beim heimlichen Zugriff auf ein informationstechnisches System sei es „praktisch unvermeidbar, Informationen zur Kenntnis zu nehmen, bevor ihr Kernbereichsbezug bewertet werden kann."[348] Schließlich ist kaum anzunehmen, dass z. B. Pläne für ein Bombenattentat, aber auch intime Aufzeichnungen oder Kommunikationsinhalte unter entsprechend eindeutigen Dateinamen abgespeichert sind.

Um dem Dilemma mangelnder Erkennbarkeit der Kernbereichsrelevanz zu begegnen, verlangte das Gericht die Einhaltung eines zweistufigen Schutzkonzepts: Gesetzliche Regelungen dieser Überwachungsmaßnahme hätten darauf hinzuwirken, dass die Erhebung von Daten aus dem Kernbereich soweit wie informationstechnisch und ermittlungstechnisch möglich unterbleibe. Des Weiteren müsse

344 Vgl. dazu *Kurz,* Kernbereichsschutz im digitalen Zeitalter, Betrifft Justiz 100 (2009), 164.
345 BVerfGE 120, 274 (335/336); zu dem in dieser Entscheidung kreierten Recht auf Gewährleistung der Vertraulichkeit und Integrität informationstechnischer Systeme („Computergrundrecht") ausführlich unter IV.
346 Zum Begriff im Einzelnen unter IV.1.
347 BVerfGE 120, 274 (Leits. 2).
348 BVerfGE 120, 274 (337).

durch geeignete Verfahren in der Auswertungsphase dafür gesorgt werden, dass kernbereichsrelevante Inhalte unverzüglich gelöscht würden.[349]

Für bestimmte Überwachungsmethoden von Sicherheitsbehörden haben Bundes- und Landesgesetzgeber in den letzten Jahren sog. „kernbereichsschützende“ Bestimmungen erlassen, so 2007 in Gestalt des § 100a Abs. 4 StPO für die Telekommunikationsüberwachung durch Strafverfolgungsbehörden und 2008 für „verdeckte Eingriffe in informationstechnische Systeme“ (§ 20k Abs. 7 BKAG) sowie die Telekommunikationsüberwachung (§ 201 Abs. 6) durch das Bundeskriminalamt. Nach diesen Regelungen ist die jeweilige Maßnahme unzulässig, wenn „tatsächliche Anhaltspunkte für die Annahme“ vorliegen, dass durch die Maßnahme „*allein* Erkenntnisse aus dem Kernbereich privater Lebensgestaltung erlangt würden.“[350] – Mit Recht wird in Stellungnahmen aus der Wissenschaft darauf hingewiesen, dass diese Schutz versprechenden Bestimmungen in der Praxis kaum je zur Anwendung kommen dürften.[351] Wann wird die jeweilige Sicherheitsbehörde jemals annehmen, dass ihre Überwachungsmaßnahme *ausschließlich* Daten aus dem Kernbereich zu Tage fördern würde? Schließlich kann selbst bei einem Telefongespräch mit Sexualpartnern oder Familienangehörigen nicht ausgeschlossen werden, dass möglicherweise Straftaten verabredet werden – damit aber fällt nach der Rechtsprechung des Bundesverfassungsgerichts der Kernbereichsschutz weg.[352]

Ein ausschließlicher Kernbereichsbezug könne bei der Telekommunikationsüberwachung vor allem dann angenommen werden, so das Gericht in seinem Beschluss vom 12. Oktober 2011, „wenn der Betroffene mit Personen kommuniziert, zu denen er in einem besonderen, den Kernbereich betreffenden Vertrauensverhältnis – wie zum Beispiel engsten Familienangehörigen, Geistlichen, Telefonseelsorgern, Strafverteidigern oder im Einzelfall auch Ärzten – steht.“[353] In derselben, die „kernbereichsschützende“ Bestimmung des § 100a Abs. 4 StPO billigenden Entscheidung muss das Bundesverfassungsgericht dann aber selbst ein-

349 BVerfGE 120, 274 (337 f.).

350 Hervorhebung nicht im Original.

351 Vgl. *Bäcker,* Terrorismusabwehr durch das Bundeskriminalamt, 2009, S. 89; *Baum/Schanz,* Die Novelle des BKA-Gesetzes, ZRP 2008, 137 (138); *Braun/Fuchs,* Der Schutz des Kernbereichs privater Lebensgestaltung, Die Polizei 2010, 185 (190); *Kugelmann,* Polizei- und Ordnungsrecht, 2. Aufl. 2012, 7. Kap., Rdnr. 95; *Poscher,* Menschenwürde und Kernbereichsschutz, JZ 2009, 269 (276); *Puschke/Singelnstein,* Telekommunikationsüberwachung, Vorratsdatenspeicherung und (sonstige) heimliche Ermittlungsmaßnahmen der StPO nach der Neuregelung zum 1. 1. 2008, NJW 2008, 113 (114); *Roggan,* Das neue BKA-Gesetz, NJW 2009, 257 (261); *Roxin/Schünemann,* Strafverfahrensrecht, 27. Aufl. 2012, § 36 Rdnr. 17; *Zabel,* Terrorgefahr und Gesetzgebung, JR 2009, 453 (457); *Zöller,* Heimlichkeit als System, StraFo 2008, 15 (22); anders z. B. *Bär,* TK-Überwachung, 2010, § 100a StPO: „allein praxisgerecht“.

352 BVerfGE 109, 279 (319.).

353 BVerfG, StV 2012, 259; dazu *Gercke,* Urteilsanmerkung, StV 2012, 266; *Sachs,* Grundrechte: Fernmeldegeheimnis und Unverletzlichkeit der Wohnung, JuS 2012, 374.

räumen, dass ein umfassender Kernbereichsschutz in der Erhebungsphase „auf erhebliche praktische Schwierigkeiten“ stößt, weil die Telekommunikationsüberwachung im Regelfall mittels „automatisierter Aufzeichnung der Kommunikationsinhalte“ durchgeführt wird. „Im Voraus lässt sich häufig kaum bestimmen, wann, wo und mit wem Telekommunikation stattfinden wird. Dementsprechend fehlt es in aller Regel an operationalisierbaren Kriterien, um eine Erhebung von Kommunikationsinhalten mit Kernbereichsbezug vorausschauend zu vermeiden (...).“[354] Der – vom Gericht nicht beanstandete – Verzicht der Strafverfolgungsbehörden auf eine Echtzeitüberwachung bedeutet, wie *Björn Gercke* resignierend anmerkt, letztlich den Verzicht darauf, „überhaupt nur den Versuch zu unternehmen, das – gesetzlich immerhin vorgesehene – Erhebungsverbot auch umzusetzen.“[355] Der Schutz des Kernbereichs privater Lebensgestaltung während der Informationserhebung bleibt damit angesichts der gängigen Überwachungspraxis nichts weiter als an frommer Wunsch.

Selbst aber dann, wenn bei der Auswertung der erlangten Daten diejenigen mit Kernbereichsbezug - den Vorgaben des Bundesverfassungsgerichts entsprechend[356] – unverzüglich gelöscht werden bzw. einem Verwertungsverbot unterliegen, kann die Verletzung dieses Kernbereichs und damit der Menschenwürde der Betroffenen nicht im Nachhinein ungeschehen gemacht werden. Für die Durchführung einer Überwachungsmaßnahme wie der „Online-Durchsuchung“ oder der Telekommunikationsüberwachung ergibt sich damit das gleiche Dilemma, wie es bereits für den „Lauschangriff“ im Minderheitsvotum der Richterinnen *Jaeger* und *Hohmann-Dennhardt* beschrieben wurde.[357] Wirksam verhindern lässt sich die Verletzung der Menschenwürde, die ja nach Art. 1 Abs. 1 GG „unantastbar“ und deshalb auch nicht abwägbar sein soll, durch das Schutzkonzept des Bundesverfassungsgerichts jedenfalls nicht.

c. Abschied von der Abwägungsfestigkeit der Menschenwürde?

Die soeben dargestellte Inkonsequenz des verfassungsgerichtlichen Schutzkonzepts wird von einigen Stimmen in der Literatur gleichsam als Einladung verstan-

354 BVerfG, StV 2012, 257 (259).
355 *Gercke* a. a. O., S. 267; kritisch auch *Sachs* a. a. O., S. 375.
356 BVerfGE 120, 274 (337 f.); BVerfG, StV 2012, 257 (260).
357 BVerfGE 109, 279 (382 f.); vgl. auch *Kohlmann,* Online-Durchsuchungen und andere Maßnahmen mit Technikeinsatz, 2012, S. 121 f.; *Schwabenbauer,* Kommunikationsschutz durch Art. 10 GG im digitalen Zeitalter, AöR 137 (2012), 1 (32); *Sauer,* Grundrechte. Verfassungsmäßigkeit des Großen Lauschangriffs, JA 2005, 16 (17 f.); *Thiel,* Die „Entgrenzung“ der Gefahrenabwehr, 2011, S. 198 ff.; *Volkmann,* Schutz der Privatsphäre im freiheitlich-demokratischen Rechtsstaat, AnwBl. 2009, 118 (123); *Welsing,* Das Recht auf informationelle Selbstbestimmung im Rahmen der Terrorabwehr, 2009, S. 55.

den, die Abwägungsfestigkeit der Menschenwürde zu bestreiten. So meint z. B. *Manfred Baldus,* der Schutz des Höchstpersönlichen müsse dann zurücktreten, „wenn die staatliche Wahrnehmung solcher Äußerungen zum Schutz höherrangiger Individual- oder Kollektivgüter unverzichtbar ist."[358] Eine solche Argumentation unterstellt freilich, dass die Menschenwürde eben doch nicht den „höchsten Rechtswert innerhalb der verfassungsmäßigen Ordnung"[359] darstellt, anderenfalls wäre es widersinnig, gegen den absoluten Schutz für den Kernbereich noch „höherrangige Individual- oder Kollektivgüter" ins Feld zu führen.

Ilmer Dammann hält die rechtlich relevante Anerkennung eines unantastbaren Kernbereichs schlicht für grundgesetzwidrig.[360] Ähnlich wie *Baldus* beruft er sich zur Begründung auf widerstreitende Rechtspositionen: „Bei einem unantastbaren Kernbereich drohen elementare Verstöße gegen das Gleichbehandlungsgebot des Art. 3 GG und Gefahren für die soziale Ordnung. Allgemeininteressen würden außer Betracht bleiben, selbst wenn im Einzelfall die besseren Gründe für sie sprechen würden. Die Interessen der Grundrechtsträger, die in Konflikt mit dem Kernbereichsschutz geraten, würden nicht in die Entscheidung einbezogen."[361] Er verweist stattdessen auf die Notwendigkeit der Abwägung; ein verstärkter Schutz vor heimlicher Informationserhebung soll nach seiner Auffassung durch die Anwendung des Grundsatzes der Verhältnismäßigkeit und durch entsprechende Verfahrensregelungen erreicht werden.[362]

Die Menschenwürdegarantie des Art. 1 Abs. 1 GG, in der neueren Rechtsprechung des Bundesverfassungsgerichts überzeugend als Grundlage für die Anerkennung eines absolut geschützten Kernbereichs privater Lebensgestaltung herangezogen,[363] würde bei einer solchen Abwägung nach Maßgabe des Verhältnismäßigkeit zu einem Rechtsgut neben anderen herabgestuft und damit seines absoluten Geltungsanspruchs verlustig gehen. Damit könnte sich ein juristischer Totalitarismus etablieren, der keine absoluten Grenzen für staatliches Handeln mehr kennt, sondern praktisch je nach Belieben der zuständigen staatlichen Stellen z. B. unter

358 *Baldus,* Der Kernbereich privater Lebensgestaltung – absolut geschützt, aber abwägungsoffen, JZ 2008, 218 (226); ihm folgend *Gudermann,* Online-Durchsuchung im Lichte des Verfassungsrechts, 2010, S. 203.; gegen das „Unabwägbarkeitsdogma" auch *Elsner/Schobert,* Gedanken zur Abwägungsresistenz der Menschenwürde – angestoßen durch das Urteil des Bundesverfassungsgerichts zur Verfassungsmäßigkeit der Sicherungsverwahrung, DVBl. 2007, 278 (286) und die insoweit „bahnbrechende" Neukommentierung des Art. 1 GG durch *Herdegen,* in: Maunz/Dürig (Hg.), Grundgesetz, 2003; kritisch dazu *E.-W. Böckenförde,* Bleibt die Menschenwürde unantastbar? Blätter f. dt. u. intern. Politik 2004, 1216 (1218 f.); *M. H. W. Möllers,* Polizei und Grundrechte, 2006, S. 75 ff.

359 So z. B. BVerfGE 45, 187 (227).

360 *Dammann,* Der Kernbereich der privaten Lebensgestaltung, 2011, S. 185 ff.

361 *Dammann,* a. a. O., S. 188.

362 *Dammann,* a. a. O., S. 235 ff.

363 Vgl. nur BVerfGE 120, 274 (335). Es ist auffallend, wie wenig *Dammann* in seiner Abhandlung auf Herkunft, Inhalt und Bedeutung der Menschenwürdegarantie eingeht.

Berufung auf ein ominöses „Grundrecht auf Sicherheit“[364] selbst schwerste Eingriffe in die Physis und in das Selbstbestimmungsrecht des Menschen rechtfertigt – Hauptsache, die Begründung hierfür erscheint als plausibel und entspricht dem „gesunden“ Gerechtigkeitsgefühl. In der Debatte um die sog. „Rettungsfolter“[365] ist deutlich geworden, welche Weiterungen die Relativierung der Menschenwürdegarantie und die damit ermöglichte Entgrenzung staatlichen Handelns zeitigen kann. Mit der ehern klingenden Aussage „Die Würde des Menschen ist unantastbar“ sollte einer solchen Entwicklung angesichts der kurz zuvor erlebten menschenverachtenden Verheerungen des NS-Regimes gerade ein unverrückbarer Riegel vorgeschoben werden.[366] Diese Unantastbarkeit gilt es zu verteidigen; die Menschenwürde muss nicht abwägbar und „vor allen Dingen auch nicht wegwägbar“[367] bleiben.

Die Antwort auf die Inkonsequenzen der Rechtsprechung zum Schutz des Kernbereichs darf mithin nicht in der Preisgabe des absoluten Geltungsanspruchs der Menschenwürdegarantie bestehen. Stattdessen sollte das rechtliche Instrumentarium zur Verhinderung von Kernbereichsverletzungen soweit geschärft werden, dass solche Verletzungen nicht länger als unvermeidbare „Kollateralschäden“ erscheinen.[368] Noch konsequenter wäre es freilich, bestimmte Überwachungsmethoden wie z. B. die „Online-Durchsuchung“, bei denen die Gefahr der Verletzung der Menschenwürdegarantie oder anderer elementarer Grundrechtsgewährleistungen besonders hoch ist, aus dem Arsenal staatlicher Handlungsbefugnisse zu streichen.[369]

364 Vgl. *Isensee,* Das Grundrecht auf Sicherheit, 1983; kritisch hierzu z. B. *Gusy,* Gewährleistung von Freiheit und Sicherheit im Lichte unterschiedlicher Staats- und Verfassungsverständnisse, VVDStRL 63 (2004), 151 (168 ff.).

365 Vgl. dazu die Beiträge in *Beestermöller/Brunkhorst* (Hg.), Rückkehr der Folter, 2006; *Hecker,* Relativierung des Folterverbots in der BRD? KJ 2003, 210; *Kutscha,* Innere Sicherheit und Verfassung, in: Roggan/Kutscha (Hg.), Handbuch zum Recht der Inneren Sicherheit, 2. Aufl. 2006, S. 23 (34 ff.); *Merten,* Folterverbot und Grundrechtsdogmatik, JR 2003, 404; *M. H. W. Möllers,* a. a. O., S. 78 ff.

366 Vgl. oben unter VI. am Anfang.

367 So *Papier,* Interview in „Der Spiegel“ 3/2008, S. 25; vgl. auch *E.-W. Böckenförde* a. a. O., S. 1225; *Classen,* Die Menschenwürde ist – und bleibt – unantastbar, DÖV 2009, 689 (698); *Denninger,* in: Lisken/Denninger (Hg.), Handbuch des Polizeirechts, 5. Aufl. 2012, Rdnr. B 23; *Kunig, in:* v. Münch/Kunig (Hg.), Grundgesetz, Bd. I, 6. Aufl. 2012, Art. 1 Rdnr. 4.

368 Vgl. die entsprechenden Hinweise z. B. bei *Roggan,* Der Schutz des Kernbereichs privater Lebensgestaltung bei strafprozessualer Telekommunikationsüberwachung, StV 2012, 762 (764 ff.).

369 Vgl. das Minderheitsvotum der Richterinnen *Jaeger* und *Hohmann-Dennhardt* zum „Lauschangriffs“-Urteil, BVerfGE 109, 279 (382 ff.); sowie *Sachs/Krings,* Das neue „Grundrecht auf Gewährleistung der Vertraulichkeit und Integrität informationstechnischer Systeme“, JuS 2008, 481 (485/486); generell zu „staatskritischen Absolutheitsgrenzen“ *P.-A. Albrecht,* Der Weg in die Sicherheitsgesellschaft, 2010, S. 235 ff.

3. Das Verbot umfassender Persönlichkeitsprofile

Bereits in seinem Beschluss vom 16. Juli 1969 zum Mikrozensus erklärte das Bundesverfassungsgericht: „Mit der Menschenwürde wäre es nicht zu vereinbaren, wenn der Staat das Recht für sich in Anspruch nehmen könnte, den Menschen zwangsweise in seiner ganzen Persönlichkeit zu registrieren und zu katalogisieren, sei es auch in der Anonymität einer statistischen Erhebung, und ihn damit wie eine Sache zu behandeln, die einer Bestandsaufnahme in jeder Beziehung zugänglich ist.“[370] Auf dieses Verbot einer Totalerfassung wurde dann auch in späteren Entscheidungen des Gerichts rekurriert, so im Urteil zum „Lauschangriff“ vom 3. März 2004: Danach wird die Menschenwürde u. a. dann verletzt, „wenn eine Überwachung sich über einen längeren Zeitraum erstreckt und derart umfassend ist, dass nahezu lückenlos alle Bewegungen und Lebensäußerungen des Betroffenen registriert werden und zur Grundlage für ein Persönlichkeitsprofil werden können (...)“[371] Den hohen Stellenwert dieses Verdikts betonte das Gericht dann in seinem Urteil zur Vorratsdatenspeicherung: „Dass die Freiheitswahrnehmung der Bürger nicht total erfasst und registriert werden darf“, gehört danach „zur verfassungsrechtlichen Identität der Bundesrepublik Deutschland.“[372]

Angesichts der heutigen Möglichkeiten zur gezielten Auswertung und Verknüpfung personenbezogener Daten aus verschiedenen Lebensbereichen ist die Herstellung umfassender Persönlichkeitsprofile aber längst keine Utopie mehr.[373] So stellt sich denn die Frage, wann genau die Schwelle zur verfassungswidrigen Totalüberwachung überschritten ist, etwa bei der Kumulation verschiedener Überwachungsmethoden wie dem Abhören von Telefongesprächen, der Auswertung der Telekommunikationsverkehrsdaten, der „Online-Durchsuchung“, der Kontrolle der Kontobewegungen und der Überwachung der Kfz-Routen mithilfe des Global Positioning Systems.[374] Wie oben beschrieben, wird die Nutzung dieser Methoden unter bestimmten Voraussetzungen von der Verfassungsrechtsprechung für

370 BVerfGE 27, 1 (6).
371 BVerfGE 109, 279 (323).
372 BVerfGE 125, 260 (324).
373 Vgl. nur *Albers,* Informationelle Selbstbestimmung, 2005, S. 125 ff. sowie das „Eckpunktepapier“ der Konferenz der Datenschutzbeauftragten: Ein modernes Datenschutzrecht für das 21. Jahrhundert, in: BfDI, 23. Tätigkeitsbericht 2009-2010, 169 (181): Erschreckende Beispiele, welcher Datenfundus einer Behörde wie der „Staatssicherheit“ der DDR heute zur Verfügung stünde, nennt *Masing,* Herausforderungen des Datenschutzes, NJW 2012, 2305.
374 Vgl. *Gercke,* Die Kumulation strafprozessualer Beweisgewinnungsmaßnahmen, in: Festschrift für Mehle, 2009, S. 219; *Hornung,* Die kumulative Wirkung von Überwachungsmaßnahmen: Eine Herausforderung an die Evaluierung von Sicherheitsgesetzen, in: Albers/ Weinzierl (Hg.), Menschenrechtliche Standards in der Sicherheitspolitik, 2010, S. 65; *Knierim,* Kumulation von Datensammlungen auf Vorrat, ZD 2011, 17; *Puschke,* Die kumulative Anordnung von Informationsbeschaffungsmaßnahmen im Rahmen der Strafverfolgung, 2006.

zulässig erachtet. Die Herstellung umfassender Persönlichkeitsprofile entspricht überdies der Ratio nachrichtendienstlicher Arbeit, möglichst viel über den Lebenswandel von Zielpersonen in Erfahrung zu bringen.

Zwar kann davon ausgegangen werden, dass staatliche Stellen in Deutschland gegenwärtig keine gezielte Auswertung aller zur Verfügung stehenden personenbezogenen Daten praktizieren. Aber schon die technischen Potentiale der Herstellung umfassender Persönlichkeitsprofile anhand der verfügbaren Daten birgt eine erhebliche Gefahr für die Freiheitsrechte. Die Möglichkeit, diese Freiheitsrechte unbeobachtet ausüben zu können, ist schließlich von ihrer Schutzgewährleistung umfasst. „Soweit das Verhalten umfassend registriert wird, wird Freiheitswahrnehmung der Bürger für den Staat zu Nullen und Einsen und steht so als Datenfundus zur Verfügung, der kategorisiert und analysiert werden kann. Selbst wenn keine unmittelbare Auswertung der Daten erfolgt, ist davon auszugehen, dass von einer solchen umfassenden Datensammlung ein Überwachungsdruck ausgeht."[375]

Das Bundesverfassungsgericht hat bisher jedenfalls in keinem einzigen Fall eine Überschreitung der Schwelle zur unzulässigen Totalüberwachung eines Menschen festgestellt.

Mit ihrer „Neugier" stehen die staatlichen Stellen freilich nicht allein: Zahlreiche Internetfirmen betreiben Data-Mining, um möglichst viel über die Interessen und Konsumgewohnheiten ihrer Kunden in Erfahrung zu bringen. Auch in diesem Bereich müsste deshalb das Verbot der Herstellung umfassender Persönlichkeitsprofile zur Anwendung kommen. Schließlich verpflichtet Art. 1 Abs. 1 Satz 2 GG die staatliche Gewalt nicht nur zur *Achtung* der Menschenwürde, sondern auch zu deren *Schutz.* Die Schutzpflicht des Staates auch gegenüber Privaten folgt mithin unmittelbar aus dem Verfassungstext. Vor diesem Hintergrund ist zu begrüßen, dass die Datenschutzbeauftragten in ihrem „Eckpunktepapier" vom 18. März 2010 eine strikte Reglementierung der Profilbildung fordern.[376] Die dortige Warnung vor den Gefahren für das Persönlichkeitsrecht und den Möglichkeiten der gezielten Manipulation der Menschen auf der Grundlage umfassender Kenntnisse ihrer Interessen und Gewohnheiten ist nur allzu berechtigt. Von ihrer Durchsetzung ist die Forderung der Datenschutzbeauftragten allerdings noch weit entfernt.

375 *Knierim,* a. a. O., S. 20/21.

376 Konferenz der Datenschutzbeauftragten, Ein modernes Datenschutzrecht für das 21. Jahrhundert, in: BfDI, 23. Tätigkeitsbericht 2009-2010, S. 169 (181); ausführliche Zitate daraus unter III.5.c.

VII. Personenbewertungsportale im Internet als Grundrechtsproblem

Das Internet ist Medium für millionenfache Meinungsäußerungen in ihren verschiedensten Formen. Das Spektrum reicht dabei über Mitteilungen per E-Mail oder im Rahmen eines „sozialen Netzwerks“, die sich nur an einen bestimmten Personenkreis richten sollen, bis hin zu Kommentaren in Blogs, die nicht selten einen höheren Verbreitungsgrad erreichen als z. B. die klassischen Printmedien. Zunehmender Beliebtheit erfreuen sich auch Bewertungsportale, die z. B. Aufschluss über die Qualität eines Restaurants oder eines Hotels geben sollen, wenngleich die Objektivität solcher Urteile durchaus zweifelhaft ist und Manipulationen der Ergebnisse etwa durch die Inhaber dieser Betriebe nicht auszuschließen sind. Gegenstand juristischer Auseinandersetzungen waren aber vor allem Personenbewertungsportale wie z. B. www.meinprof.de für Hochschullehrer[377] oder www.spickmich.de für Lehrer an Schulen.[378] Beim Betrieb solcher Portale stehen sich verschiedene grundrechtlich geschützte Positionen der Beteiligten gegenüber, nämlich vor allem die Meinungsfreiheit der Bewertenden und das allgemeine Persönlichkeitsrecht der bewerteten Personen – zumal, wenn die Bewertung ein deutlich negatives Urteil über deren Fähigkeit oder andere persönliche Eigenschaften enthält. Diese grundrechtliche Spannungslage soll im Folgenden näher betrachtet werden.[379]

1. Die Reichweite der Meinungsfreiheit

Der Schutzbereich des Grundrechts der Meinungsfreiheit, Art. 5 Abs. 1 S. 1 GG, wird in der Rechtsprechung des Bundesverfassungsgericht mit guten Gründen weit verstanden: Entgegen dem Wortlaut der Norm sollen nicht nur „Meinungen“ im eigentlichen Sinne, nämlich Werturteile geschützt sein, sondern auch Tatsachen-

377 Für deren Zulässigkeit LG Berlin, DuD 2007, 784; kritisch *Dix,* Testberichte über Hochschullehrer, DuD 2006, 330. Zu unterscheiden von diesen privat betriebenen Bewertungsportalen sind von den Hochschulen selbst veranstaltete personenbezogene Lehrveranstaltungsbewertungen durch die Studierenden, deren Objektivität als Teil eines „Qualitätsmanagements“ der sich zunehmend als konkurrierende Unternehmen verstehenden Hochschulen allerdings fraglich ist; vgl. *Buchholz/Litzcke,* Thesen zur Leistungsmessung an Hochschulen am Beispiel der Lehrevaluation, Die neue Hochschule 3-4/2008, 38; *Kutscha,* Hochschullehre unter Fachaufsicht? NVwZ 2011, 1178 (1180).

378 Dazu BGH, NJW 2009, 2888; näher zu dieser Entscheidung im Folgenden unter 2 und 3.

379 Vgl. dazu auch *Görisch,* To be or note2be? Lehrerbewertungsportale im deutsch-französischen Rechtsprechungsvergleich, DVBl. 2010, 155; *Gounalakis/Klein,* Zulässigkeit von personenbezogenen Bewertungsplattformen, NJW 2010, 566; *Kaiser,* Bewertungsportale im Internet – Die spickmich-Entscheidung des BGH, NVwZ 2009, 1474; *Kamp,* Personenbewertungsportale, 2011; *M. Schröder,* Persönlichkeitsrechtsschutz bei Bewertungsportalen im Internet, VerwArch 2010, 205; *Wiese,* Bewertungsportale und allgemeines Persönlichkeitsrecht, JZ 2011, 608.

mitteilungen, „weil und soweit sie Voraussetzung für die Bildung von Meinungen" sind.[380] Das ist schon deshalb überzeugend, weil z. B. bei einem Redebeitrag oder einer schriftlichen Stellungnahme Werturteile und Tatsachenmitteilungen häufig miteinander verwoben sind und sich kaum trennscharf voneinander abgrenzen lassen[381] – das Grundrecht soll aber die Meinungsfreiheit nicht nur als Abwehrrecht des Einzelnen, sondern auch als Voraussetzung für einen freien und offenen demokratischen Prozess möglichst umfassend schützen.[382] Deshalb bedürfen gerade auch Meinungsäußerungen des Schutzes, die von vielen als „extrem" oder als „anstößig" empfunden werden. „Kein Grundrecht ist so sehr Minderheitsrecht wie die Meinungsfreiheit", schreibt der Verfassungsrichter *Johannes Masing,* „wichtig ist sie gerade dann, wenn sich Meinungen gegen den common sense stellen und anstößig sind."[383]

In Ansehung ihrer Funktion für einen freien demokratischen Prozess muss sich der Schutz des Grundrechts gerade auch auf die von politischen Minderheiten geäußerte „Machtkritik" erstrecken.[384] Mit Recht verlangt das Bundesverfassungsgericht deshalb u. a. eine enge Auslegung der „Staatsschutznorm" des § 90a StGB (Verunglimpfung des Staates und seiner Symbole): Anders als dem einzelnen Staatsbürger „kommt dem Staat kein grundrechtlich geschützter Ehrenschutz zu. Der Staat hat grundsätzlich auch scharfe und polemische Kritik auszuhalten (...). Die Zulässigkeit von Kritik am System ist Teil des Grundrechtestaats."[385]

Nicht mehr von der Meinungsfreiheit geschützt ist hingegen die Behauptung erwiesen oder bewusst unwahrer Tatsachen (wie z. B. falscher Zitate aus Reden des Schriftstellers *Heinrich Böll*).[386] Gleiches gilt unter den Voraussetzungen des § 130 Abs. 4 StGB auch für die Billigung oder Verherrlichung der NS-Gewalt- und Willkürherrschaft. In seinem „Wunsiedel-Beschluss" vom 4. November 2009 hat das Bundesverfassungsgericht diese Einschränkung des Meinungsspektrums nicht mit den Schrankenbestimmungen des Art. 5 Abs. 2 GG gerechtfertigt, sondern mit dem besonderen Charakter des Grundgesetzes als „Gegenentwurf zu dem Totalitarismus des nationalsozialistischen Regimes".[387]

380 BVerfGE 61, 1 (8).
381 Vgl. *Grimm,* Die Meinungsfreiheit in der Rechtsprechung des Bundesverfassungsgerichts, NJW 1995, 1697 (1699).
382 In diesem Sinne schon das berühmte Lüth-Urteil BVerfGE 7, 198 (208); zum Stellenwert der Meinungsfreiheit auch *Fisahn/Kutscha,* Verfassungsrecht konkret, 2. Aufl. 2011, S. 67 ff.
383 *Masing,* Meinungsfreiheit und Schutz der verfassungsrechtlichen Ordnung, JZ 2012, 585 (586).
384 Vgl. BVerfGE 93, 266 (293).
385 BVerfG-K, NJW 2012, 1273 (1274).
386 BVerfGE 54, 208.
387 BVerfGE 124, 300 (328); die an dieser Entscheidung in der Fachliteratur geäußerte Kritik sucht *Masing* a. a. O. zurückzuweisen.

Auf Grundlage der Schrankentrias in Art. 5 Abs. 2 GG, nämlich den Vorschriften der allgemeinen Gesetze,[388] den gesetzlichen Bestimmungen zum Schutze der Jugend und dem Recht der persönlichen Ehre sind weitere Beschränkungen der Meinungsfreiheit zulässig. Diese grundrechtsbeschränkenden Normen müssen aber ihrerseits wieder „im Lichte der Bedeutung dieses Grundrechts" gesehen und so interpretiert werden, dass der besondere Wertgehalt der Meinungsfreiheit für die Demokratie auf jeden Fall gewahrt bleibt – in diesem Postulat besteht die zentrale und die gesamte spätere Grundrechtsjudikatur prägende Aussage des bahnbrechenden Lüth-Urteils des Bundesverfassungsgerichts vom 15. Januar 1958.[389] Sofern eine herabsetzende Äußerung über eine bestimmte Person in deren allgemeines Persönlichkeitsrecht eingreift, gibt es mithin keinen gleichsam „automatischen" Vorrang für letzteres, vielmehr muss jeweils eine einzelfallbezogene Abwägung stattfinden.[390] Vorrang genießt der Persönlichkeitsschutz jedenfalls dann, wenn sich die Meinungsäußerung als Formalbeleidigung oder Schmähung darstellt. Dafür genügt aber selbst eine überzogene oder ausfällige Kritik noch nicht, wie *Dieter Grimm* herausstellt.[391] „Eine Schmähung liegt vielmehr erst dann vor, wenn bei einer Äußerung nicht mehr die Auseinandersetzung in der Sache, sondern die Diffamierung der Person im Vordergrund steht." Dies hat das Bundesverfassungsgericht nur in wenigen der von ihm verhandelten Verfahren zur Meinungsfreiheit angenommen.[392]

Sehr viel schlichter sind die Voraussetzungen, unter denen die Meinungsfreiheit eingeschränkt werden darf, in der „Erklärung der Rechte und Pflichten" von *Facebook* formuliert: „Du wirst keine Inhalte posten, die: Hassreden enthalten, bedrohlich oder pornografisch sind, zur Gewalt auffordern oder Nacktheit sowie Gewalt enthalten."[393] Dem entsprechend wurde im Juli 2012 die Abbildung des Covers des „Zeit-Magazins" entfernt, das vor dem Hintergrund der Debatte um ein Beschneidungsverbot einen unbekleideten männlichen Unterkörper zeigte. Allerdings ist das Privatunternehmen *Facebook* weder durch die Grundrechte des deutschen Grundgesetzes noch durch die Garantie der „Freedom of Expression" im First Amendment von 1791 zur US-Verfassung gebunden. Adressat der Grundrechte ist – von Ausnahmen wie der Koalitionsfreiheit des Art. 9 Abs. 3 GG abgesehen –

388 Zur Bedeutung dieses umstrittenen Begriffs vgl. nur BVerfGE 124, 300 (323); *Fisahn/Kutscha*, Verfassungsrecht konkret, 2. Aufl. 2011, S. 72 f.

389 BVerfGE 7, 198 (208); zur Bedeutung des Urteils vgl. nur *Schulze-Fielitz*, Das Lüth-Urteil – nach 50 Jahren, Jura 2008, 52; *Wahl,* Lüth und die Folgen, in: Henne/Riedlinger (Hg.), Das Lüth-Urteil aus (rechts-)historischer Sicht, 2005, S. 371.

390 Vgl. im einzelnen *Fisahn/Kutscha* a. a. O., S. 74 ff.

391 *Grimm,* Die Meinungsfreiheit in der Rechtsprechung des Bundesverfassungsgerichts, NJW 1995, 1697 (1703) unter Berufung auf BVerfGE 61, 1 (12); BVerfGE 82, 272 (283 f.).

392 So im Fall einer Rezension, in welcher der Autor *Henscheid* den Schriftsteller *Böll* als einen „der verlogensten, ja korruptesten" Autor bezeichnete und seine Schriften „widerwärtigen Dreck" nannte, BVerfG-K, NJW 1993, 1462.

393 Zit. n. „Berliner Zeitung" v. 27. 7. 2012.

vielmehr der Staat.[394] Gleichwohl können die Grundrechte auch bei gerichtlichen Auseinandersetzungen zwischen verschiedenen Privaten „Ausstrahlungswirkung“ entfalten,[395] und zwar durch eine entsprechende Auslegung insbesondere der Generalklauseln des Zivilrechts.[396] Bei der Beurteilung der Zulässigkeit von Bewertungsportalen im Internet geht es indessen um die Interpretation des hier einschlägigen § 29 BDSG: Richtig wertet der Bundesgerichtshof in seinem Urteil vom 23. Juni 2009 zum Lehrerbewertungsportal www.spickmich.de, der bisher wichtigsten Gerichtsentscheidung zu dieser Thematik, das Betreiben eines solchen Portals als „geschäftsmäßige Datenerhebung und -speicherung zum Zwecke der Übermittlung“ im Sinne dieser Norm.[397] Zulässig ist ein solcher Geschäftsbetrieb danach, wenn „kein Grund zu der Annahme besteht, dass der Betroffene ein schutzwürdiges Interesse an dem Ausschluss der Erhebung, Speicherung oder Veränderung hat.“(§ 29 Abs. 1 Nr. 1 BDSG). Bei der Auslegung des unbestimmten Rechtsbegriffs des „schutzwürdigen Interesses“ kommen nun die divergierenden Grundrechte der Beteiligten ins Spiel und es muss eine fallbezogenen Abwägung zwischen den widerstreitenden Grundrechtspositionen stattfinden.

2. Die widerstreitenden Grundrechte

Nach Auffassung des Bundesgerichtshofes stehen sich in diesem Streitfall das Recht auf informationelle Selbstbestimmung der bewerteten Lehrer auf der einen Seite und das „Recht auf Kommunikationsfreiheit nach Art. 5 I GG“ auf der anderen Seite gegenüber.[398] Der Verweis auf die „Kommunikationsfreiheit“ ist allerdings zu pauschal[399] – Art. 5 Abs. 1 GG unterscheidet deutlich zwischen den Grundrechten der Meinungsfreiheit, der Informationsfreiheit sowie der Presse-,

394 Vgl. nur BVerfGE 21, 362 (369); *Fisahn/Kutscha* a. a. O., S. 5 f.

395 So schon das Lüth-Urteil, BVerfGE 7, 198 (207).

396 Im Fall Lüth war dies das Verbot der sittenwidrigen vorsätzlichen Schädigung in § 826 BGB.

397 BGH, NJW 2009, 2888 (2891); zu dieser Entscheidung *Gounalakis/Klein,* Zulässigkeit von personenbezogenen Bewertungsplattformen, NJW 2010, 566; *Kaiser,* Bewertungsportale im Internet – Die spickmich-Entscheidung des BGH, NVwZ 2009, 1474; *Kamp,* Personenbewertungsportale, 2011, S. 216 ff.; *Ladeur,* Urteilsanmerkung, JZ 2009, 966; *Wolff,* Die beschränkte Internettauglichkeit des BDSG, in: Hill/Schliesky (Hg.), Die Vermessung des virtuellen Raums, 2012, S. 193 (208 f.). Anders als der BGH sehen *Iraschko-Luscher/Kiekenbeck,* Internetbewertungen von Dienstleistern – praktisch oder kritisch? ZD 2012, 261 (262 f.) den § 30a BDSG, der die geschäftsmäßige Datenverwendung zum Zwecke der Markt- und Meinungsforschung regelt, als einschlägig an, weil es hierbei um die Ermittlung der „Volks“-Meinung ginge (263). Dies überzeugt schon deshalb nicht, weil die Bewertungsportale jeweils nur von wenigen „Betroffenen“ (wie z. B. den Schülern oder Studierenden, die den Unterricht bzw. die Lehrveranstaltung der jeweils Bewerteten besucht haben) „gefüttert“ werden (sollen), aber keineswegs vom „Volk“.

398 BGH, NJW 2009, 2888 (2891); vgl. zum Folgenden auch die Darstellung in Kap. III.5.d.

399 So auch die Kritik von *Kaiser* a. a. O., S. 1475.

Rundfunk- und Filmfreiheit.[400] – Zweifellos kommt denjenigen Personen, die ihre Bewertungen der Lehrkräfte auf die Plattform stellen, das Grundrecht der Meinungsfreiheit zu.[401] Fraglich ist allerdings, ob sich auch der Betreiber der Plattform selbst auf dieses Grundrecht berufen kann. Die Rechtsprechung des Bundesverfassungsgerichts zur Frage, ob auch der bloße Übermittler von Meinungsäußerungen durch die Meinungsfreiheit geschützt wird, ist uneinheitlich: Während frühere Entscheidungen ein solches weites Verständnis des grundrechtlichen Schutzbereichs ablehnten,[402] soll nach einer Kammerentscheidung vom 25. Juli 2009 auch derjenige durch die Meinungsfreiheit geschützt sein, der lediglich eine fremde Meinungsäußerung verbreitet. Dieser sei „Teil des meinungsbildenden Diskussionsprozesses", dessen Schutz Art. 5 Abs. 1 Satz 1 GG im Sinne habe.[403] Gegen diese Auffassung spricht, dass die Verbreitung von Meinungen von dritter Seite gerade Gegenstand des Schutzes durch die speziellen Medienfreiheiten in Art. 5 Abs. 1 Satz 2 GG sind. Rein begrifflich umfassen allerdings weder die Presse- noch die Rundfunk- oder die Filmfreiheit die Verbreitung von Meinungen Dritter durch ein darauf spezialisiertes Internetunternehmen.[404] Sofern man die Anwendbarkeit der in Art. 5 Abs. 1 GG gewährleisteten Grundrechte hier ablehnt, bleibt für solche Unternehmen immer noch der Schutz durch das Grundrecht der Berufsfreiheit, Art. 12 GG.

Den genannten Grundrechten der bewertenden Personen sowie des Portalbetreibers steht indessen nicht nur das Recht auf informationelle Selbstbestimmung gegenüber, sondern auch das allgemeine Persönlichkeitsrecht in seiner Ausprägung als Schutzgewährleistung für den sozialen Geltungsanspruch des Einzelnen.[405] Schließlich lässt sich kaum in Abrede stellen, dass gerade die schlechte Bewertung eines Lehrers eine erhebliche Prangerwirkung für den Betroffenen zeitigt.[406] Diesen Gesichtspunkt hat der Bundesgerichtshof in seiner „spickmich-Entscheidung" nicht hinreichend gewürdigt.[407]

400 Vgl. im Einzelnen *Fisahn/Kutscha,* Verfassungsrecht konkret, 2. Aufl. 2011, S. 67 ff.; *Jarass,* in: Jarass/Pieroth, Grundgesetz, 11. Aufl. 2011, Art. 5 Rdnr. 1.

401 Vgl. *Gounalakis/Klein* a. a. O., S. 566.

402 BVerfG-K, NJW 1992, 1153; BVerfG-K, NJW 2005, 1341 (1342).

403 BVerfG-K, DVBl. 2009, 1166 (1167); zustimmend *M. Schröder,* Persönlichkeitsrechtsschutz bei Bewertungsportalen im Internet, VerwArch 2010, 205 (214).

404 Insoweit anders z. B. *Kaiser* a. a. O., S. 1475: Pressefreiheit; *Gounalakis/Klein* a. a. O., S. 568: Rundfunkfreiheit; gegen die Anwendbarkeit der Rundfunkfreiheit wiederum *Haug,* Internetrecht, 2. Aufl. 2010, Rdnr. 83; *Schulze-Fielitz,* in: Dreier (Hg.), Grundgesetz, Bd. I, 2. Aufl. 2004, Art. 5 I, II, Rdnr. 101.

405 Vgl. BVerfGE 63, 131 (142); *Jarass,* in: Jarass/Pieroth, Grundgesetz., 11. Aufl. 2011, Art. 2 Rdnr. 40 f.

406 Vgl. *Gounalakis/Klein* a. a. O., S. 567; *Wiese,* Bewertungsportale und allgemeines Persönlichkeitsrecht, JZ 2011 (613 ff.).

407 Ebenso *Kaiser* a. a. O., S. 1476 f.; *Ladeur,* Urteilsanmerkung; JZ 2009, 966 (968).

3. Fragwürdige Abwägungskriterien

Das Gericht verweist auf die „geringe Aussagekraft und Eingriffsqualität“ der Daten. Den Nutzern eines Schülerforums würde im Allgemeinen nach ihrem Erwartungshorizont bewusst sein, dass die Bewertung nicht die gleiche Bedeutung haben können wie beispielsweise ein Warentest für ein bestimmtes Produkt, der von neutralen, objektiven und sachkundigen Testern durchgeführt wird.[408] – Dabei unterschätzt der Bundesgerichtshof das Phänomen des „trust in numbers“:[409] Die Kategorisierung der Qualität des Unterrichts, des Auftritts der betreffenden Personen („Performance“) etc. anhand von Zahlen suggeriert eine Objektivität der Bewertung, die in Wahrheit fragwürdig ist. Gerade die Anonymität einer Stellungnahme im Internet verführt dazu, seinen Gefühlen freien Lauf zu lassen, Frust abzureagieren und Aggressivität walten zu lassen, wie man es sich bei einem offenen Auftreten in persona kaum trauen würde.[410] Mit guten Gründen werden anonyme Leserbriefe denn auch nicht von Zeitungen abgedruckt. Die Möglichkeit der Anonymität gegenüber anderen Nutzern des Internet[411] wird von nicht wenigen hingegen als Einladung verstanden, sich bei verbalen Angriffen auf andere Menschen wie ein getarnter Heckenschütze zu gerieren („Cyber-Mobbing“).

Die wohlwollende Betrachtungsweise des Bundesgerichtshofes überrascht dem gegenüber: „Es kann nicht bezweifelt werden, dass über das Internet ein umfassenderer Meinungsaustausch möglich ist als dieser an Elternsprechtagen oder in Pausenhof- oder Schulweggesprächen erfolgen kann.“ Das Gericht übersieht, dass bei einer Bewertungsplattform gerade kein Meinungsaustausch zwischen der benoteten Person und den ihn Benotenden stattfindet[412] – der elektronische Pranger dürfte kaum je eine Verbesserung der Lehrmethode o. ä. bewirken, kann aber erhebliche psychische Belastungen bei den Betroffenen verursachen. Diese mögliche Folgewirkung hätte bei der Abwägung zwischen der Meinungsfreiheit sowie dem allgemeinen Persönlichkeitsrecht berücksichtigt werden müssen.

408 BGH, NJW 2009, 2888 (2893).

409 Vgl. *Kaiser* a. a. O., S. 1476.

410 Vgl. *Glaser,* Grundrechtlicher Schutz der Ehre im Internetzeitalter, NVwZ 2012, 1432; *Roßnagel,* Persönlichkeitsentfaltung zwischen Eigenverantwortung, gesellschaftlicher Selbstregulierung und staatlicher Regulierung, in: Bieber/Eifert/Groß/Lamla (Hg.), Soziale Netze in der digitalen Welt, 2009, S. 271 (272 f.); *M. Schröder,* Persönlichkeitsrechtsschutz bei Bewertungsportalen im Internet, VerwArch 2010, 205 (221); zur fehlenden Objektivität auch *Dix,* Testberichte über Hochschullehrer, DuD 2006, 330 (331).

411 Staatliche Stellen und Provider können diese Anonymität anhand der IP-Adresse schnell zunichte machen; vgl. nur BGH, NJW 2012, 2958; *Spindler,* Persönlichkeitsschutz im Internet – Anforderungen und Grenzen einer Regulierung, 2012, S. 12.

412 Ebenso die Kritik von *Wiese,* Bewertungsportale und allgemeines Persönlichkeitsrecht, JZ 2011, 608 (614 f.); *Wolff,* Die beschränkte Internettauglichkeit des BDSG, in: Hill/Schliesky (Hg.), Die Vermessung des virtuellen Raums, 2012, S. 193 (209); vgl. ferner *Görisch,* To be or note2be? Lehrerbewertungsportale im deutsch-französischen Rechtsprechungsvergleich, DVBl. 2010, 155 (161).

Zugunsten der grundrechtlichen Zulässigkeit der Bewertungsplattform spricht auf der anderen Seite deren technische Ausgestaltung in diesem Fall: So sind die Bewertungen nicht in Suchmaschinen auffindbar, und die Nutzung der Plattform ist nur nach vorheriger Registrierung mithilfe einer E-Mail-Adresse möglich.[413] Allerdings sind damit nicht alle Manipulationsmöglichkeiten ausgeschlossen. Schließlich kann sich eine Person ohne Schwierigkeiten mehrere E-Mail-Adressen zulegen, damit gezielt mehrfache Einträge vornehmen und auf diese Weise die Gesamtnote beeinflussen.[414]

VIII. Die Debatte um eine Reform des Urheberrechts

Das geltende Urheberrecht beansprucht, die „Urheber von Werken der Literatur, Wissenschaft und Kunst" umfassend zu schützen und ihnen eine angemessene Vergütung für die Nutzung ihrer Werke zu sichern (§§ 1 und 11 UrhG). Dieser hohe normative Anspruch steht im schroffen Gegensatz zur heutigen Realität, jedenfalls in bestimmten Bereichen der Schaffung und Verbreitung urheberrechtlich geschützter Werke: In digitalisierter Form können diese nicht nur praktisch kostenlos kopiert, sondern über das Internet auch mit einer nahezu unbegrenzten Zahl von Personen ohne relevante Übertragungskosten ausgetauscht werden.[415] Während urheberrechtlich unerlaubte Nutzungen und Verwertungen fremder kreativer Arbeitsergebnisse mit immer geringerem Aufwand möglich sind, können die hinter dem Rechtsregime stehenden Motive für die Internetnutzer immer weniger nachvollzogen werden. „Die urheberrechtlichen Regeln werden stattdessen immer mehr als Verbote wahrgenommen, die das Leben im weltweiten Netz unnötig behinderten und erschwerten."[416]

Insbesondere die Musikindustrie klagt über die massenhaften kostenlosen Downloads urheberrechtlich geschützter Musiktitel. Nachdem sich die im Rahmen des „Digital Rights Management" eingesetzten Verschlüsselungsmethoden als wenig wirksam erwiesen haben, setzt sie vor allem auf die zivilrechtliche Verfolgung von Rechtsverletzungen durch die Geltendmachung von Unterlassungs- und Scha-

413 Zu entsprechenden Einschränkungen des Zugriffs auch *Spindler,* a. a. O., S. 43.

414 Vgl. *Kaiser* a. a. O., S. 1477.

415 Dazu *Groß,* Soziale Netzwerke und die Transformation des Urheberrechts, in: Bieber/Eifert/Groß/Lamla (Hg.), Soziale Netze in der digitalen Welt, 2009, S. 203; *Gruneberg,* Informationsquelle Internet versus Urheberrecht? In: Goerlich (Hg.), Rechtsfragen der Nutzung und Regulierung des Internet, 2010, S. 111 (113 ff.).

416 *F. Richter,* Urheberrechtsreformen und freies Internet, RuP 2012, 148 (153); vgl. nur die entsprechende Position der Piratenpartei unter http://www.piratenpartei.de/wissensgesellschaft/urheberrecht/ (Abruf am 2. 8. 2012.).

densersatzansprüchen.[417] Auftrieb bekommen hat diese Strategie nunmehr durch den Beschluss des Bundesgerichtshofes vom 19. April 2012, wonach dem Inhaber des Urheberrechts ein Auskunftsrecht gegenüber dem Provider nach § 101 Abs. 2 S. 1 UrhG nicht nur hinsichtlich solchen Personen zusteht, die das Urheberrecht „in gewerblichem Ausmaß" verletzt haben, sondern im Hinblick auf *jeden* Verletzer des Urheberrechts.[418]

Auf der anderen Seite versucht inzwischen eine Open-Access-Bewegung an politischem Einfluss zu gewinnen, die eine grundlegende Reform des Urheberrechts mit dem Ziel einer Umgestaltung des Verwertungsrechts anstrebt. In diesem Umfeld wird u. a. der Vorschlag gemacht, an die Stelle der Bezahlung der Verwertungsberechtigten für die Nutzung einzelner Werke eine pauschale „Kulturflatrate" zu setzen, die den nahezu unbeschränkten Zugang zu Werken über das Internet ermöglichen soll.[419] – Hier ist nicht der Ort, die Debatte um eine Reform des derzeitigen Urheberrechts umfassend aufzuarbeiten. Die folgenden Ausführungen sollen sich vielmehr auf die zentralen Aspekte der betroffenen Grundrechtspositionen beschränken.

1. Der Urheber als grundrechtlich geschützter Eigentümer – ein Mythos?

Das Recht des Urhebers an seinem Werk wird nach der Rechtsprechung des Bundesverfassungsgerichts durch die Eigentumsgarantie des Art. 14 GG geschützt.[420] „Zu den konstituierenden Merkmalen des Urheberrechts als Eigentum im Sinne der Verfassung gehören die grundsätzliche Zuordnung des vermögenswerten Ergebnisses der schöpferischen Leistung an den Urheber im Wege privatrechtlicher Normierung sowie seine Freiheit, in eigener Verantwortung darüber verfügen zu können."[421] – Aber wie ist es um diese Freiheit des Urhebers, in eigener Verantwortung über die Verwertung seiner Schöpfung zu verfügen, unter den heutigen Bedingungen eines gnadenlosen Konkurrenzkampfes auf dem Markt der medialen Aufmerksamkeit in Wahrheit bestellt? Schon der Blick auf das Durchschnittseinkommen freier Autoren in Deutschland zeigt beispielhaft, dass schöpferische Freiheit nicht selten mit materieller Armut einhergeht: Nach Angaben der

417 Vgl. *Groß* a. a. O., S. 206 ff.; *Leisegang,* Kulturflatrate: Der neue Sozialvertrag, Blätter f. dt. u. intern. Politik 1/2011, 106 (107 f.).

418 BGH, NJW 2012, 2958 – „Alles kann besser werden"; dazu *Hennemann,* Urteilsanmerkung, JZ 2012, 1025.

419 Vgl. dazu *Leisegang* a. a. O., S. 106 ff.; *Paal/Hennemann,* Schutz von Urheberrechten im Internet, MMR 2012, 288 (289); *F. Richter* a. a. O., S. 149.

420 BVerfG, NJW 2011, 3428 (3432) in Anknüpfung an BVerfGE 31, 229 (239).

421 BVerfG, NJW 2011, 3428 (3432); zu den ökonomischen Hintergründen *Nuss,* Umkämpftes Copyright, Blätter f. dt. u. intern. Politik 12/2012, 85 (90 ff.).

Künstlersozialkasse betrug das durchschnittliche Jahreseinkommen dieser Berufssparte 2009 gerade einmal 16.500 Euro.[422]

Nur einige wenige Starautoren erzielen hohe Einkommen mit ihren Werken. Die großen Medienunternehmen beherrschen den Markt und der Masse der Autoren bleibt meist kein anderer Weg als die Veröffentlichungsbedingungen der Verlage zu akzeptieren. So ist z. B. die Zahlung eines „Druckkostenzuschusses" bci der Publikation wissenschaftlicher Monographien an der Tagesordnung – zur Rechtfertigung wird dabei zumeist auf die niedrige Auflage solcher Werke verwiesen.

Es sind denn auch die großen international tätigen Multimediakonzerne, welche die Debatte um eine Reform des Urheberrechts bisher beherrschten und dabei das realitätsferne Bild vom freien und unabhängigen Urheber nach Kräften ausmalten. „Bis heute sind es hauptsächlich die Werkvermittler in Gestalt der Verwertungsindustrie, die den romantischen Mythos vom alimentationsbedürftigen Urheber pflegen, um von einer stetigen Ausdehnung urheberrechtlicher Verwertungsbefugnisse zu profitieren. Sie behielten die Deutungshoheit über das rechte Verhältnis von Gemeinwohl und Urheberrecht, von Wissen und Eigentum, von Teilhabe und Exklusivität....Zu sehr dominiert das Bild vom einsamen Genie, das aus sich heraus – gleichsam aus dem Nichts – seine Werke schafft. Es wird gepflegt, um es strategisch nutzbar zu halten."[423] So dient es denn auch dazu, die Fiktion paralleler Interessen von Urhebern und Verwertungsindustrie aufrecht zu erhalten,[424] während es doch gerade Aufgabe eines zeitgemäßen Urheberrechts sein müsste, den Schutz des Urhebers vor den übermächtigen Kulturvermarktungsunternehmen zu gewährleisten.

2. Grundrecht auf freien Informationszugang?

Entschiedene Gegenpositionen zu den Prinzipien des heutigen Urheberrechts sind inzwischen vor allem aus dem Kreis der Open-Source-Bewegung entwickelt worden. In deren Mittelpunkt steht nicht mehr der Schutz des geistigen Eigentums Einzelner, sondern die – dem Prinzip der mittelalterlichen Allmende ähnelnde – Vorstellung von der gemeinsamen Nutzung der geschaffenen Werke durch die (Internet-)Community als Triebkraft für Erkenntnis und Fortschritt.[425] So sollten nach Auffassung der *Piratenpartei* „die Chancen der allgemeinen Verfügbarkeit von Werken erkannt und genutzt werden. Wir sind der Überzeugung, dass die

422 Nach *Braun,* Die Rückkehr der Autoren, Blätter f. dt. u. intern. Politik 1/2011, 101 (102).

423 *Gounalakis,* Urheberrecht im ideologischen Zangengriff, in: Bieber/Eifert/Groß/Lamla (Hg.), Soziale Netze in der digitalen Welt, 2009, S. 215 (218).

424 Vgl. *Grassmuck,* Freie Software – zwischen Privat- und Gemeineigentum, 2. Aufl. 2004, S. 72 ff.; *Nuss,* a. a. O., S. 94.

425 Vgl. *Gounalakis,* a. a. O., S. 220 f.

nichtkommerzielle Vervielfältigung und Nutzung von Werken als natürlich betrachtet werden sollten und die Interessen der meisten Urheber entgegen anders lautender Behauptungen von bestimmten Interessengruppen nicht negativ tangiert."[426]

Sofern in diesem Zusammenhang überhaupt verfassungsrechtlich argumentiert wird, steht die grundrechtlich gewährleistete Informationsfreiheit im Zentrum.[427] Ein allgemeines Informationszugangsrecht lässt sich aus Art. 5 Abs. 1 Satz 1 GG allerdings nicht herleiten[428] – geschützt wird danach nämlich nur das Recht, „sich aus allgemein zugänglichen Quellen ungehindert zu unterrichten." Nach der Rechtsprechung des Bundesverfassungsgerichts ist eine Informationsquelle dann „allgemein zugänglich", wenn sie „geeignet und bestimmt ist, der Allgemeinheit, also einem individuell nicht bestimmbaren Personenkreis, Informationen zu verschaffen."[429] Dies trifft z. B. auf einen Text zu, den dessen Urheber auf eine Homepage oder ein allgemein zugängliches (auch kostenpflichtiges) Internetportal gestellt hat, nicht aber auf eine E-Mail, die an einen abgegrenzten Personenkreis gerichtet ist. Der Urheber entscheidet mithin selbst über die Frage der allgemeinen Zugänglichkeit, sofern er das Bestimmungsrecht hierüber nicht auf andere übertragen hat (z. B. in einem Verlagsvertrag).[430]

Nicht selten werden allerdings Texte u. ä. ohne Wissen des Urhebers oder sogar gegen dessen Willen von anderer Seite ins Internet gestellt. Damit werden sie „allgemein zugänglich", obwohl die Verbreitung der Texte möglicherweise rechtswidrig geschehen ist.[431] Bei der Frage der allgemeinen Zugänglichkeit ist somit die Faktizität entscheidend, nicht die Normativität. Gleichwohl schafft das Grundrecht der Informationsfreiheit kein allgemeines Informationszugangsrecht zu urheberrechtlich geschützten Quellen. Auch die in den letzten Jahren vom Bund sowie von einigen Bundesländern geschaffenen Informationsfreiheitsgesetze erweitern insoweit nicht den Anwendungsbereich dieses Grundrechts, sondern gewähren unter bestimmten Voraussetzungen einen Anspruch auf Zugang (nur) zu amtlichen Informationen.[432]

426 Unter http://www.piratenpartei.de/wissensgesellschaft/urheberrecht/ (Abruf am 2. 8. 2012).
427 Vgl. dazu *Gruneberg,* Informationsquelle Internet versus Urheberrecht? In: Goerlich (Hg.), Rechtsfragen der Nutzung und Regulierung des Internet, 2010, S. 111 (118 ff.).
428 Vgl. nur *Rossi,* Informationszugangsfreiheit und Verfassungsrecht, 2004, S. 26; *Spindler,* Persönlichkeitsschutz im Internet – Anforderungen und Grenzen einer Regulierung, 2012, S. 26 f.
429 BVerfGE 103, 44 (60).
430 Vgl. *Stern,* Das Staatsrecht der Bundesrepublik Deutschland, Bd. IV/1, 2006, § 108 II 4.
431 Vgl. *Jarass,* in: Jarass/Pieroth, Grundgesetz, 11. Aufl. 2011, Art. 5 Rdnr. 16; *Schulze-Fielitz,* in: Dreier (Hg.), Grundgesetz Bd. I, 2. Aufl. 2004, Art. 5 I, II Rdnr. 82.
432 Vgl. § 1 IFG Bund; im Einzelnen *Fisahn/Kutscha,* Verfassungsrecht konkret, 2. Aufl. 2011, S. 70; *Kugelmann,* Das Informationsfreiheitsgesetz des Bundes, NJW 2005, 3609; *Sokol,* Informationsfreiheit im Bund: Ein zögerlicher erster Schritt, CR 2005, 835.

Die massenhaft geübte Praxis des kostenlosen Downloads urheberrechtlich geschützter Werke hat – neben der Zustellung von inzwischen mehreren hunderttausend Abmahnungen[433] - in jüngster Zeit auch zu geharnischten Protesten seitens Kulturschaffender geführt. So äußerte die Berliner Schriftstellerin *Sibylle Lewitscharoff*: „Da ist ein grauenhaft egoistischer Wahn im Spiel, alles mögliche umsonst zu bekommen und sich einen Dreck darum zu scheren, womit andere Leute ihr Geld verdienen sollen."[434] – Deutlich mehr Charme als eine solche wütende Kritik hat indessen die Idee der Einführung einer „Kulturflatrate", mit der das Herunterladen von Werken der Wissenschaft und Kunst pauschal abgegolten wird.[435] Freilich muss durch entsprechende Regelungen sichergestellt werden, dass das Aufkommen aus der „Kulturflatrate" vor allem den Urhebern der Werke anstatt der Unterhaltungsindustrie zufließt.

IX. Zusammenfassung in Thesen

1) In der virtuellen Welt des Internet stoßen ebenso wie in der gegenständlichen Welt „offline" verschiedene Interessen aufeinander, deren Ausgleich das Recht vor neue Herausforderungen stellt. Eine Schlüsselrolle kommt hierbei den Grundrechten zu, auch wenn diese ursprünglich als Abwehrrechte (nur) gegenüber der Staatsgewalt konzipiert worden sind. Ihre Geltungskraft muss sich zunächst gegenüber den unterschiedlichen Formen staatlicher Überwachung und Ausforschung der Internetkommunikation bewähren. Zugleich konstituieren die Grundrechte aber auch Schutzpflichten des Staates, weil die Freiheit im Netz immer mehr von einer „freiheitsbedrohenden Logik des Marktes erfasst" wird,[436] der gegenüber sich der einzelne Internetnutzer nur in begrenztem Maße schützen kann.
2) Das Verständnis dessen, was als privat und was als öffentlich zu gelten habe, ist jeweils gesellschaftskulturell bedingt und einem steten Wandel unterworfen.[437] Die These, mit der Preisgabe privater Informationen durch zahlreiche Nutzer insbesondere von sozialen Netzwerken wie z. B. *Facebook* werde zugleich auf jeglichen Schutz der Privatsphäre verzichtet, vermag jedoch nicht zu überzeugen. Kein für andere bzw. für die Staatsgewalt völlig transparenter

433 Vgl. „Süddeutsche Zeitung" v. 20. 5. 2012.
434 Interview in „Berliner Zeitung" v. 26./27./28. 5. 2012.
435 Vgl. dazu z. B. *Leisegang*, Kulturflatrate: Der neue Sozialvertrag, Blätter f. dt. u. intern. Politik 1/2011, 106; *Paal/Hennemann*, Schutz von Urheberrechten im Internet, MMR 2012, 288 (289).
436 *Kube*, Neue Medien – Internet, in: Isensee/Kirchhof (Hg.): Handbuch des Staatsrechts, Bd. IV, 3. Aufl. 2006, § 91 Rdnr. 7.
437 Vgl. im Einzelnen unter II. 1. u. 2.

Mensch sein zu müssen, gehört nach wie vor zur grundrechtlich verbürgten Freiheit des Individuums wie auch zu den Voraussetzungen einer ungehinderten Mitwirkung am demokratischen gesellschaftlichen Prozess. Freilich hat die Unterscheidung zwischen Öffentlichem Recht und Privatrecht angesichts zunehmender Verflechtungen zwischen Staat und Wirtschaft längst ihre Trennschärfe verloren; auch das Internet ist - scheinbar paradox - als privatrechtlich organisierter öffentlicher Raum zu begreifen.[438]

3) Die im Volkszählungsurteil des Bundesverfassungsgerichts 1983 entwickelte Definition des Rechts auf informationelle Selbstbestimmung als „Befugnis des Einzelnen, grundsätzlich selbst über die Preisgabe und Verwendung seiner persönlichen Daten zu bestimmen",[439] umschreibt den grundrechtlichen Schutzanspruch auch angesichts der Herausforderungen massenhafter Internetnutzung in treffender Weise. Jeder Eingriff staatlicher Instanzen in dieses Grundrecht bedarf besonderer Rechtfertigung und ist nur auf der Grundlage eines dem Gebot der Tatbestandsbestimmtheit und Normenklarheit genügenden Gesetzes zulässig.[440] Nicht zu übersehen ist allerdings, dass die Vielzahl der inzwischen erlassenen Regelungen zur Datenerhebung, -verarbeitung und -übermittlung durch die unterschiedlichen staatliche Stellen eine „paradoxe Verrechtlichung" erreicht haben: Diese Eingriffsermächtigungen sind häufig in einem Maße durch generalklauselartig formulierte Tatbestandsvoraussetzungen geprägt, dass sie in der Praxis eher eine Entgrenzung statt eine Beschränkung staatlichen Handelns im informationellen Sektor, etwa bei den Sicherheitsbehörden, bewirken. Insoweit hat das Bundesverfassungsgericht in den letzten Jahren mit mehreren, zum Teil spektakulären Entscheidungen, so 2006 zur Rasterfahndung[441] und 2008 zur automatisierten Erfassung von Kfz-Kennzeichen sowie zur „Online-Durchsuchung"[442] korrigierend eingegriffen. Auf der anderen Seite hat das Gericht die überkommenen Ermittlungsbefugnisse in der Strafprozessordnung, insbesondere über die Sicherstellung und Beschlagnahme von Gegenständen (§§ 94 ff. StPO), als eine Art Generalermächtigung auch für die Auswertung der auf verschiedenen Datenträgern gespeicherten elektronischen Daten interpretiert,[443] womit dem rechtsstaatlichen Grundsatz der Tatbestandsbestimmtheit und Normenklarheit für Eingriffsbefugnisse kaum Genüge getan werden dürfte.[444]

438 Vgl. unter II.4.
439 BVerfGE 65, 1 (43).
440 Vgl. im Einzelnen unter III.4.
441 BVerfGE 115, 320.
442 BVerfGE 120, 378; BVerfGE 120, 274.
443 BVerfGE 113, 29; BVerfGE 124, 43.
444 Vgl. unter III.4.d. und V.3.c.

4) Als zentraler Erlaubnistatbestand für die Datenerhebung und -verarbeitung durch Private gilt nach dem Datenschutz- und Telemedienrecht die Einwilligung des Betroffenen. Diese erfolgt unter den heutigen Bedingungen allerdings häufig in einer faktischer Zwangssituation, z. B. weil der betreffende Anbieter eine Quasi-Monopolstellung innehat (wie z. B. *Facebook* bei sozialen Netzwerken); auch vermag der Betroffene die technischen Möglichkeiten dcr Verwendung und Auswertung seiner Daten durch den Empfänger, z. B. zur Bildung von Persönlichkeitsprofilen, und die möglicherweise später eintretenden Folgewirkungen kaum zu überblicken.[445] Deshalb reichen auch die Möglichkeiten des Selbstdatenschutzes durch den einzelnen Internetnutzer nicht aus. In dieser Situation erwächst dem Staat aus dem Recht auf informationelle Selbstbestimmung eine Schutzpflicht gegenüber mächtigen Privaten, die durch entsprechende gesetzliche Regelungen – weit über die bisherigen Ergänzungen des Bundesdatenschutzgesetzes hinaus - zu erfüllen ist. Hierzu gehört u. a. die Konkretisierung des Gebots der Datenvermeidung und Datensparsamkeit, das bisher nur als bloße Zielbestimmung in § 3a BDSG verankert ist, die Beschränkung bzw. das Verbot der Bildung von Persönlichkeitsprofilen sowie die Verpflichtung zu bestimmten Maßnahmen des technischen Datenschutzes („privacy by design“ u. a.).[446] Dass damit die Berufsfreiheit der Internetanbieter – mangels eines speziellen Grundrechts der „Medienfreiheit“ im Grundgesetz – ein Stück weit eingeschränkt würde, liegt auf der Hand, ist im Interesse der besonderen Gefahrenlage für die Persönlichkeitsrechte bei der Internetnutzung jedoch hinzunehmen.
5) Die Kreation des neuen „Computergrundrechts“ (Recht auf Gewährleistung der Vertraulichkeit und Integrität informationstechnischer Systeme) durch das Urteil des Bundesverfassungsgerichts vom 27. Februar 2008 zur „Online-Durchsuchung“[447] ist vor allem mit den Gefahren begründet worden, die sich aus der Generierung und systematischen Auswertung einer Vielzahl personenbezogener oder personenbeziehbarer Daten quasi „hinter dem Rücken“ der Nutzer bei der Kommunikation über das Internet ergeben. Dem gegenüber wird im wissenschaftlichen Schrifttum die Auffassung vertreten, dass das Recht auf informationelle Selbstbestimmung auch gegenüber solchen Gefährdungslagen anwendbar und deshalb die Neuschöpfung entbehrlich sei. In der Tat ist nicht ersichtlich, warum das Recht auf informationelle Selbstbestimmung nur auf einzelne Datenerhebungen beschränkt sein soll, die mit Wissen des Betroffenen geschehen. Der „Mehrwert“ an Persönlichkeitsschutz durch das „Computergrundrecht“ gegenüber dem Recht auf informationelle Selbstbestimmung ist

445 Vgl. dazu unter III.5.a.
446 Dazu näher unter III.5.c.
447 BVerfGE 120, 274.

mithin fraglich.[448] - Die im Gefolge des genannten Urteils vom Bundesgesetzgeber und von einigen Landesgesetzgebern geschaffenen Ermächtigungen zu „Online-Durchsuchungen“, insbesondere § 20k BKAG für das Bundeskriminalamt, sind verfassungsrechtlich problematisch, und zwar nicht zuletzt wegen des mangelnden Schutzes des Kernbereichs privater Lebensgestaltung.[449]

6) Neben dem Recht auf informationelle Selbstbestimmung spielt das in Art. 10 GG gewährleistete und am Übertragungsmedium anknüpfende Fernmelde- bzw. Telekommunikationsgeheimnis eine wichtige Rolle für die Kommunikation im Internet. Nach der Rechtsprechung des Bundesverfassungsgerichts soll sich der Schutzbereich dieses Grundrechts allerdings nur auf den Übertragungsvorgang selbst sowie auf die bei einem Internetprovider oder einem Telekommunikationsunternehmen gespeicherten Kommunikationsdaten erstrecken, während die im „Herrschaftsbereich“ des Kommunikationsteilnehmers gespeicherten Daten durch das Recht auf informationelle Selbstbestimmung geschützt sein sollen.[450] Diese Aufspaltung des medienbezogenen Schutzes der Telekommunikation je nach dem Ort der Datenspeicherung erscheint als wenig überzeugend, weil sie von den möglicherweise von einer Überwachungsmaßnahme Betroffenen kaum nachvollziehbar ist.[451] Solche Überwachungsmaßnahmen insbesondere von Sicherheitsbehörden können unterschiedliche Daten der Telekommunikation zum Gegenstand haben: Das Abhören und/oder Aufzeichnen des Inhalts von Telefongesprächen gehört schon lange zum Handlungsarsenal von Polizei, Staatsanwaltschaft und Nachrichtendiensten und findet ihre Rechtsgrundlage in den §§ 100a StPO sowie in den Polizeigesetzen einiger Bundesländer. Besonders problematisch ist die sog. „Quellen-TKÜ“ nach der heimlichen Installation einer Spionagesoftware auf dem Computer des Überwachten, weil dabei die Gefahr besteht, dass über die Inhalte der Telekommunikation hinaus weitere Daten aus dem „infizierten“ Computer abgerufen werden können – dies ist durch die Enttarnung eines „Staatstrojaners“ im Oktober 2011 offenkundig geworden.[452] Aber auch die systematische Auswertung von Telekommunikationsverkehrsdaten birgt ein erhebliches Gefährdungspotential für die Freiheit der Telekommunikation, weil auf ihrer Grundlage ein aussagekräftiges Persönlichkeits- und Sozialprofil von potentiell jedem Kommunikationsteilnehmer erstellt werden kann. Dies hat das Bundesverfassungsgericht in seiner Hauptsacheentscheidung zur Vorratsdatenspeicherung vom 2. März 2010 richtig erkannt, gleichwohl aber diese tiefgreifende Überwachungsmethode unter bestimmten Voraussetzungen für verfassungskonform

448 Dazu näher unter IV.2.
449 Hierzu unter VI.2.b.
450 So BVerfGE 115, 166; BVerfGE 124, 43.
451 Vgl. im Einzelnen unter V.2.
452 Vgl. hierzu unter V.3.a.

erklärt.[453] Über die (Wieder-)Einführung einer generellen Pflicht der Internetprovider und Telekommunikationsunternehmen zur Speicherung sämtlicher Verkehrsdaten über einen bestimmten Zeitraum besteht gegenwärtig noch Dissens innerhalb der Bundesregierung.

7) Die Garantie der Unantastbarkeit der Menschenwürde in Art. 1 Abs. 1 GG geht ideengeschichtlich vor allem auf Philosophen der Aufklärung wie *Immanuel Kant* zurück, der postulierte, dass der Mensch niemals Mittel zum Zwecke anderer sein dürfe. Daran knüpft u. a. die Formel des Bundesverfassungsgerichts an, wonach Art. 1 Abs. 1 GG verbiete, den Menschen zum bloßen Objekt herabzuwürdigen („Objektformel").[454] Folgerungen aus der Menschenwürdegarantie ergeben sich auch für das Ausmaß der Datenerhebung und -auswertung durch staatliche Stellen: Das Bundesverfassungsgericht entnimmt dieser Garantie ein absolutes Verbot sowohl der Herstellung umfassender Persönlichkeitsprofile[455] als auch solcher Ausforschungsmaßnahmen, die in den „Kernbereich privater Lebensgestaltung" eindringen.[456] Das Gericht hat es allerdings nicht vermocht, diesem absolut geschützten Kernbereich klare Konturen zu verleihen. Auch ist das in den einschlägigen Gerichtsentscheidungen der letzten Jahre entwickelte Schutzkonzept für diesen Kernbereich in einem wesentlichen Punkt inkonsequent. Das Bundesverfassungsgericht hält auch solche Überwachungsmaßnahmen unter bestimmten Voraussetzungen für zulässig, bei denen die Verletzung des genannten Kernbereichs aus technischen Gründen mehr oder minder zwangsläufig erfolgt, wie z. B. bei der „Online-Durchsuchung". Eine solche Missachtung der Menschenwürde kann auch durch nachträgliche Löschung der betreffenden Informationen nicht ungeschehen gemacht werden. Dieses Dilemma wollen einige Autoren dadurch lösen, dass sie die Menschenwürdegarantie zum Gegenstand einer Abwägung mit anderen Rechtsgütern deklarieren. Diese Position ist wegen des in Art. 1 Abs. 1 GG postulierten absoluten Geltungsanspruchs jedoch abzulehnen.[457] Statt dessen wäre gegenüber dem Bundesverfassungsgericht mehr Konsequenz im Hinblick auf das Unantastbarkeitsgebot der Menschenwürde einzufordern – anstelle der relativen und „weichen" Begrenzungen insbesondere durch das Verhältnismäßigkeitsprinzip könnten damit absolute Grenzziehungen für Überwachungsmaßnahmen der Staatsgewalt ihre schützende Kraft zugunsten des Bürgers entfalten.

8) Grundsätzlich ist die Bewertung der fachlichen Leistung bestimmter Personengruppen wie z. B. Lehrer oder Professoren auf speziell hierfür betriebenen Internetplattformen wie www.spickmich.de oder www.meinprof.de vom

453 BVerfGE 120, 260.
454 Vgl. im Einzelnen unter VI.1.
455 BVerfGE 109, 279 (323); BVerfGE 125, 260 (324); dazu unter VI.3.
456 Zuerst in BVerfGE 6, 32 (41); ausführlich zum Ganzen unter VI.2.
457 Näher unter VI.2.c.

Grundrecht der Meinungsfreiheit der bewertenden Personen gedeckt. Dem steht allerdings das allgemeine Persönlichkeitsrecht in seiner Ausprägung als Schutzgewährleistung für den sozialen Geltungsanspruch des Einzelnen gegenüber, weil Negativbewertungen nicht selten eine weit reichende Prangerwirkung für die Betroffenen entfalten.[458] Bei der Abwägung zwischen den widerstreitenden Grundrechten gilt es zu berücksichtigen, dass die ihr Urteil über einen bestimmten Lehrer oder Professor abgebenden Personen unter dem Deckmantel ihrer Anonymität eher zu Persönlichkeitsrechtsverletzungen neigen dürften als bei öffentlichem Auftreten. Dass der Speicherung und Abrufbarkeit personenbezogener Daten in den genannten Internetportalen nur geringe Eingriffsqualität zukomme, wie der Bundesgerichtshof in seinem Urteil vom 23. Juni 2009 zum Lehrerbewertungsportal „spickmich“ meint,[459] erscheint jedenfalls als wenig überzeugend. Als Kriterium für die Beurteilung der Zulässigkeit solcher Portale können immerhin die Zugangsbeschränkungen für den Kreis der Nutzer herangezogen werden.

9) Die heutigen Möglichkeiten des kostenlosen Herunterladens von Werken der Musik oder des Filmschaffens im Internet zur Eigennutzung („filesharing“) haben die Verletzung von Urheberrechten im Internet zur alltäglichen und massenhaften Praxis werden lassen. Medienunternehmen, denen dadurch Gewinne aus der legalen Verwertung der betreffenden Werke entgehen, setzen inzwischen vor allem auf die zivilrechtliche Verfolgung solcher Rechtsverletzungen und werden dabei durch einen Beschluss des Bundesgerichtshofes vom 19. April 2012 bestärkt. Danach besteht ein Auskunftsrecht über die Inhaber der betreffenden IP-Adressen gegenüber dem jeweiligen Provider nicht nur bei Urheberrechtsverletzungen „in gewerblichem Ausmaß“.[460] Im Rahmen der Debatte um eine allfällige Reform des Urheberrechts sollte allerdings nicht übersehen werden, dass – ökonomisch betrachtet – die Hauptnutznießer des von der Eigentumsgewährleistung des Art. 14 GG umfassten Schutzes der Urheberschaft neben einigen wenigen prominenten Kulturschaffenden vor allem die großen Medienunternehmen, nicht aber die Vielzahl der weithin unbekannt bleibenden Autoren, Komponisten usw. sind.[461] Eine befriedigende Lösung des Interessenkonflikts zwischen den Internetnutzern auf der einen Seite sowie den Urhebern und Inhabern der Verwertungsrechte auf der anderen Seite ist gegenwärtig noch nicht in Sicht.

458 Vgl. dazu unter VIII.2.
459 BGH, NJW 2009, 2888 (2893).
460 BGH, NJW 2012, 2958 – „Alles kann besser werden“.
461 Vgl. im Einzelnen unter VIII.1.

B. Zweiter Teil

Sarah Thomé

I. Einleitung

Effektiver Grundrechtsschutz setzt voraus, dass neben der materiellen Gewährleistung von Rechten durch den Staat auch die Anwendung und Durchsetzung dieser geschützten Rechtspositionen möglich ist. Wenn man über „Grundrechte im Internet“ diskutiert, stellt sich daher die Frage, ob und unter welchen Umständen, die Durchsetzung von Grundrechten im Zusammenhang mit der Internetnutzung erschwert oder verhindert wird. Das heißt, in welchen Fällen kein oder nur noch ein geringerer Grundrechtsschutz gewährleistet wird, gerade weil Menschen das Internet verwenden. Eine solche Untersuchung beinhaltet auch die Fragen, inwieweit das Internet traditionelle staatliche Schutzkonzepte in Frage stellt und wie der Gesetzgeber auf neue Herausforderungen reagieren sollte, um zukünftig einen möglichst umfassenden Grundrechtsschutz garantieren zu können.

Ein Grundrecht, das stets auf besondere Art und Weise durch technische Entwicklungen im Bereich der Informations- und Kommunikationstechnik berührt wird, ist das Recht auf informationelle Selbstbestimmung. Dies wird ausführlich im Ersten Teil dieses Buches beschrieben (Siehe Kapitel III „Recht auf informationelle Selbstbestimmung“). Im Zweiten Teil werden vor dem oben erläuterten Hintergrund zwei Bespiele untersucht, die verdeutlichen, dass der Gesetzgeber heute nicht mehr gewährleisten kann, dass das Recht auf informationelle Selbstbestimmung im Zusammenhang mit der Internetnutzung hinreichend gewahrt wird.

Unter II. wird beschrieben, dass die derzeitige Ausgestaltung der Datenschutzkontrolle in Deutschland nicht den Herausforderungen gewachsen ist, die sich mit der Entwicklung des Internets in diesem Bereich immer drängender stellen. Um dies zu verdeutlichen wird vor dem Hintergrund der Entwicklung der Datenschutzkontrolle in Deutschland dargelegt, dass die derzeitige Konzeption weder den europarechtlichen Vorgaben entspricht, noch den Anforderungen gerecht wird, die das Bundesverfassungsgericht an eine effektive Datenschutzkontrolle stellt.

Unter III. wird untersucht, inwieweit die derzeitigen nationalen und europarechtlichen Vorgaben zum internationalen Datentransfer noch zeitgemäß sind. Dies erfolgt vor dem Hintergrund, dass diese Regelungen aus einer Zeit stammen, in der die globale Perspektive des Datenschutzes noch vergleichsweise geringer Aufmerksamkeit bedurfte. In diesem Zusammenhang wird die Frage aufgeworfen, inwieweit es dem europäischen oder nationalen Gesetzgeber zukünftig gelingen kann, zu gewährleisten, dass das Recht auf informationelle Selbstbestimmung über die Grenzen der Europäischen Union (EU) hinaus gewahrt wird.

Diese Untersuchung verfolgt das Ziel, beispielhaft auf einzelne Regelungen im Bereich des Datenschutzrechts hinzuweisen, die mit der zunehmenden Verbreitung des Internets „wirklichkeitsfremd“ geworden sind, weil sie sich an einer Gesellschaft orientieren, für die die digitale Informationsverarbeitung und Kommunikation noch kein Alltag waren. Sowohl hinsichtlich der Kontrolle des Datenschutzes als auch in Bezug auf internationale Datentransfers soll verdeutlicht werden, dass bestimmte „regulatorische Schwachstellen“ im Zuge der stärkeren Nutzung des Internets zu einem Problem für den Grundrechtsschutz geworden sind. Das Internet wird somit nicht als alleinige Ursache für diese Entwicklungen erachtet, sondern als Phänomen, das bestehende Probleme verstärkt hat. Sämtliche Erwägungen hinsichtlich bestehender Schwachstellen und einer möglichen Verbesserung von Datenschutzvorschriften werden in der Annahme gemacht, dass Datenschutz im Zusammenhang mit der Internetnutzung in erster Linie dazu dient, Menschen zu ermöglichen, dieses Medium möglichst uneingeschränkt zu nutzen, ohne ungerechtfertigte Einschränkungen ihrer persönlichen Freiheiten – insbesondere des Schutzes der Privatsphäre – hinnehmen zu müssen.

II. Die Bedeutung der Neukonzeption der externen Datenschutzkontrolle für einen effektiven Grundrechtsschutz

1. Kontrolle des Datenschutzes: Eine stetig wachsende Aufgabe

Der Mensch wächst mit seinen Aufgaben, aber manchmal wachsen diese schneller als er.[1] Mit diesem Aphorismus lässt sich die Situation der Datenschutzbeauftragten in Europa recht treffend beschreiben. Dabei müsste es allerdings heißen: Eine Behörde wächst mit ihren Aufgaben, aber manchmal wachsen diese schneller als sie. Bei den datenschutzrechtlichen Kontrollstellen handelt es sich zwar um relativ junge Einrichtungen in den jeweiligen Staaten der EU, aber ihr Einsatzgebiet – die Verarbeitung von Informationen – hat sich in den letzten Jahren grundlegend verändert: Elektronische Datenverarbeitung ist alltäglich geworden. Damit ist das Thema Datenschutz auch in den Fokus einer breiteren Öffentlichkeit geraten und immer mehr Menschen möchten zum Beispiel wissen, wer welche Daten über sie verarbeitet. So heißt es etwa im 23. Tätigkeitsbericht des Bundesbeauftragten für den Datenschutz und die Informationsfreiheit, dass allein die schriftlichen Anfragen von Betroffenen im Vergleich zum vorangegangenen Berichtszeitraum um 41 Prozent gestiegen seien.[2] Darüber hinaus wurden den Datenschutzbeauftragten in den vergangenen Jahren auch stetig neue Aufgaben zugewiesen, die nicht immer mit ihrem eigentlichen Tätigkeitsfeld übereinstimmen und potenziell zu Interessenkonflikten führen können. Dies wird von *Korff* und *Brown* treffend beschrieben: „They are advisers and guides. They are also interpreters of the law -and sometimes even quasi-legislators. They are supposed to be advocates on behalf of data subjects. And they are supposed to be law-enforcers. We feel that this is too much to ask of any single body.“[3]

Diese „Überforderung“ der Datenschutzbeauftragten kann nicht alleine auf technische Entwicklungen zurückgeführt werden, aber die zunehmende Nutzung des Internets, insbesondere für die private Kommunikation sowie zur Abwicklung von Geschäftsvorgängen, die die Verarbeitung personenbezogener Daten mit sich bringen, stellt eine besondere Herausforderung für diese Stellen dar. Denn eine ihrer Hauptaufgaben besteht darin, vorbeugend zu gewährleisten, dass Menschen frei entscheiden können, ob Daten, die Rückschlüsse auf sie oder ihre Lebensverhältnisse erlauben, verarbeitet werden dürfen, oder nicht. Diese Aufgabe ist angesichts vielfältiger technischer Entwicklungen erheblich komplexer geworden. So bedarf es zum Beispiel einer besonderen technischen Expertise, um feststellen zu

1 Zitiert nach *Ernst Rheinhardt*, Gedankensprünge, 2003.

2 Bundesbeauftragter für den Datenschutz und die Informationsfreiheit, 23. Tätigkeitsbericht 2009-2010 vom 12. April 2011, S. 151.

3 *Korff/Brown*, New Challenges to Data Protection - Final Report, 2010, S. 44.

können, wann überhaupt bei der Nutzung bestimmter internetbasierter Anwendungen und Dienste personenbezogene Daten erhoben werden und wann nicht. Darüber hinaus hinterlässt die unberechtigte Kenntnisnahme von Informationen im Internet selten offensichtliche Spuren. Während es früher relativ leicht erkennbar war, wenn ein Brief oder ein Paket unberechtigt geöffnet wurden, können Datenpakete zum Beispiel mittels Deep Packet Inspections unversehrt eingesehen werden.

Mit der zunehmenden Verbreitung des Internets wächst gleichsam die Zahl derjenigen Stellen, die personenbezogene Daten erheben, denn täglich werden neue Dienste und Anwendungen entwickelt, die auf der Verarbeitung personenbezogener Daten basieren. Neue Angebote wiederum schaffen neue Anreize, persönliche Informationen etwa über soziale Netzwerke oder Microblogs zu verbreiten oder zum Beispiel beim Online-Shopping anzugeben. Insbesondere die Innovationsfähigkeit des Internets hat dazu geführt, dass Datenverarbeitung zu einer alltäglichen Gewohnheit geworden ist, die unbemerkt erfolgt. Einerseits stellt diese „Unbemerktheit" einen erheblichen Vorteil des Internets dar, denn bestimmte Prozesse werden auf diese Weise beschleunigt, andererseits setzt hier jedoch die potenzielle Gefahr für das Grundrecht auf informationelle Selbstbestimmung ein. Denn dieses soll gewährleisten, dass Menschen frei – und das bedeutet auch informiert – über die Verwendung ihrer Daten entscheiden können. Die große Herausforderung für die Datenschutzaufsicht (oder den Gesetzgeber) besteht in dieser Hinsicht darin, vorbeugend diese Entscheidungsfreiheit (wieder-) herzustellen und insbesondere Transparenz in Bezug auf die Verarbeitung personenbezogener Daten zu schaffen.

Somit macht nicht nur aber auch die zunehmende Nutzung des Internets eine grundlegende Reform der Datenschutzkontrolle erforderlich. Eine solche Reform setzt voraus, dass eine genaue Analyse der Aufgaben und Ziele der Datenschutzkontrolle erfolgt sowie darauf aufbauend eine Untersuchung, in welcher Art und Weise die Kontrolle institutionell ausgestaltet werden sollte, damit diese Aufgaben möglichst effektiv wahrgenommen werden können. Dieser Beitrag soll keinen Lösungsansatz bieten, sondern vor dem Hintergrund der Entwicklung der Datenschutzkontrolle, aufzeigen, dass das deutsche Kontrollmodell weder eine angemessene Erfüllung der staatlichen Schutzpflicht darstellt noch den europarechtlichen Vorgaben in diesem Bereich gerecht wird.

2. Die Entwicklung der Datenschutzaufsicht in Deutschland

a. Fremd- und Selbstkontrolle

In Deutschland besteht heute ein Kontrollsystem, das von einer Kombination aus Eigen- und Fremdkontrolle sowie der Unterscheidung zwischen öffentlichem und nicht-öffentlichem Bereich geprägt ist.[4] Dieses System hat seinen Ursprung in den 70-er Jahren: Mit dem Erlass der ersten Datenschutzgesetze in den Ländern Hessen (1970) und Rheinland-Pfalz (1974) sowie auf Bundesebene (1977) begannen in der Bundesrepublik Deutschland im Vergleich zu anderen Staaten relativ früh die politischen Diskussionen darüber, wie man die Einhaltung dieser Gesetze kontrollieren könne. Die Einrichtung von Kontrollinstanzen an sich stellt keine Selbstverständlichkeit dar. Das Beispiel der USA, wo 1974 der *Privacy Act* erlassen wurde und bis heute keine bereichsübergreifende Kontrollinstanz existiert, zeigt, dass der Verabschiedung von Datenschutzgesetzen nicht notwendig die Institutionalisierung spezialisierter Kontrollorgane folgt.[5] Vor diesem Hintergrund und angesichts der Tatsache, dass es zunächst auch Vorschläge gab, nur eine interne Kontrolle für die jeweiligen datenverarbeitenden Stellen einzurichten, wird dann auch immer wieder zu Recht betont, dass man, um dem mit dem Bundesdatenschutzgesetz (BDSG) errichteten Kontrollmodell gerecht zu werden, dieses vor dem Hintergrund seiner Entstehungsgeschichte betrachten müsse.[6] Dies vorangeschoben kann die Einrichtung datenschutzrechtlicher Kontrollinstanzen als positive Entscheidung des Gesetzgebers gewertet werden. Insbesondere die Entscheidung für eine Fremdkontrolle sowohl im privatwirtschaftlichen[7] wie auch im öffentlichen Bereich[8] war und ist von erheblicher Bedeutung für den Grundrechtsschutz.

b. Datenschutzkontrolle als Verwaltungsaufgabe?

Kritisiert wurde jedoch, dass die Entscheidung, welches Kontrollmodell normiert werden sollte, nicht auf Grundlage einer genauen Analyse der Gründe, die eine institutionelle Kontrolle des Datenschutzes notwendig machen, erfolgte.[9] In der Literatur ist zum Beispiel bis heute sehr umstritten, ob die Kontrolle des Datenschutzes eine Aufgabe der Exekutive darstellt,[10] als welche sie heute ausgeübt wird.

4 Siehe dazu ausführlich: *Kamp/ Thomé*, Die Kontrolle der Einhaltung der Datenschutzgesetze, in *Schmidt/Weichert*, Datenschutz, 2012, S. 298 ff.

5 *Flaherty* machte jedoch Ende der 80-er Jahre darauf aufmerksam, dass Staaten, die Datenschutzeinrichtungen etabliert haben (z.B. Deutschland und Schweden) potentiell eher in der Lage sein dürften, negativen Einflüssen vorzubeugen, die durch ein zu hohes Niveau an Überwachungsmaßnahmen entstehen können. *Flaherty*, Protecting Privacy in Surveillance Societies: The Federal Republic of Germany, Sweden, France, Canada, and the United States, 1989, S. 384.

6 *Dammann*, die Kontrolle des Datenschutzes, 1997, S. 188.

7 *Hillenbrand-Beck* in *Roßnagel*, Handbuch Datenschutzrecht, 2003, S. 818, m.w.N.

8 *Heil* in: *Roßnagel,* a.a.O., S. 751 f.

9 A.a.O., S. 72.

10 Zur geschichtlichen Entwicklung s. *Heil* in: *Roßnagel*, a.a.O.; zur aktuellen Debatte: *Petri/ Tinnefeld*, Unabhängigkeit der Datenschutz-Kontrollstellen, MMR 2010, S. 355; sowie zu den unterschiedlichen Kontrollmodellen vor dem Volkszählungsurteil: *Dammann*, a.a.O., S. 19 ff.

Die Zuordnung zur Exekutive hat weitreichende Folgen: Erstens führte die Kategorisierung der Datenschutzkontrolle als Ausübung staatlicher Gewalt durch die Exekutive dazu, dass diese, als der Verwaltung eingegliederte Organisationen, auch einer ministeriellen Aufsicht unterstellt wurden. Zweitens ging mit dieser Entscheidung einher, dass sich ein Kontrollsystem entwickelte, das von der Perspektive geprägt wurde, dass es einen Unterschied macht, ob sich die Kontrolle auf staatliche Datenverarbeitung bezieht oder auf die Datenverarbeitung im privaten Bereich. Denn im öffentlichen Bereich musste notwendigerweise eine gewisse Unabhängigkeit geschaffen werden. Andernfalls hätte dort nur eine Selbstkontrolle existiert. Für die Kontrolle des privaten Bereichs durch Organe der Exekutive bestanden derartige Bedenken nicht. [11]

Unabhängig von der Frage, ob die Kontrolle des Datenschutzes eine Aufgabe der Exekutive darstellt, gehen mit dieser Zuordnung Zweifel hinsichtlich der Objektivität und der Vertrauenswürdigkeit der Kontrollinstanzen einher: „Ein der Exekutive angehörender Bundesbeauftragter wird [...] unter Umständen unbewusst oder bewusst zu ungunsten der Betroffenen Solidarität mit der Verwaltung üben.“[12] Darüber hinaus wurde angemahnt: „Der Bürger wird schwer eine Institution als Vertrauensorgan ansehen, deren Zuordnung im System der Gewalten die Befürchtung aufkommen lässt, sie stecke mit der Verwaltung unter einer Decke.“[13] Den Kontrolleuren wird insofern vorgeworfen, dass ihnen die notwendige Distanz (oder Unabhängigkeit) zu einer Staatsgewalt, die sie kontrollieren sollen, fehle. Dadurch kann sowohl die Effektivität der Aufgabenwahrnehmung als auch die öffentliche Akzeptanz der Datenschutzkontrolle sinken. Es kann der Eindruck entstehen, dass die Datenschutzkontrolle im Interesse der Regierung vollzogen wird und nicht im Interesse der von der Datenverarbeitung Betroffenen. Dieser „organisationsbedingte“ Nachteil hat sich in den vergangenen Jahren noch verstärkt. Denn während es in den 70-er Jahren noch einfacher gewesen sein mochte, zwischen Datenverarbeitung im privaten Bereich und Datenverarbeitung im öffentlichen Bereich zu unterscheiden, ist dies heute nicht mehr so eindeutig möglich. Zum Beispiel sind die Sicherheitsbehörden heute darauf angewiesen, dass ihnen Informationen von privaten Unternehmen übermittelt werden, die zum Zweck der Gefahrenabwehr oder Strafverfolgung genutzt werden. Insbesondere Informationen, die im Zusammenhang mit der Internetnutzung anfallen, sind für Strafverfolgungsbehörden von Interesse. Insofern lässt sich der Vorwurf, der fehlenden Unabhängigkeit auch auf den Bereich der Kontrolle von privaten Stellen ausweiten.

11 Siehe ausführlich zu den Erwägungen für und gegen eine unabhängige Kontrollinstanz: *Wind*, Die Kontrolle des Datenschutzes im nicht-öffentlichen Bereich, 1994, S. 14 ff.

12 *Pietzner/ Reinermann*, Stellungnahme zum BDSG, 1977, S. 28.

13 Ebd.

3. Datenschutzkontrolle als Grundrechtsschutz durch Verfahren

a. Bedeutung des Volkszählungsurteils für die Datenschutzkontrolle

Mit der Entscheidung des Bundesgesetzgebers für das Modell des Bundesbeauftragten für den Datenschutz und damit für ein System der Kombination aus Fremd- und Eigenkontrolle, wurde die Datenschutzkontrolle 1977 einfachgesetzlich festgeschrieben. Die verfassungsrechtliche Bedeutung der Datenschutzkontrolle wurde jedoch erst durch das Volkszählungsurteil deutlich. Das Bundesverfassungsgericht sah im Volkszählungsurteil besonders in den neuen Informationstechnologien eine Gefahr für die informationelle Selbstbestimmung: „Individuelle Selbstbestimmung setzt aber - auch unter den Bedingungen moderner Informationsverarbeitungstechnologien - voraus, dass dem einzelnen Entscheidungsfreiheit über vorzunehmende oder zu unterlassende Handlungen einschließlich der Möglichkeit gegeben ist, sich auch entsprechend dieser Entscheidung tatsächlich zu verhalten. Wer nicht mit hinreichender Sicherheit überschauen kann, welche ihn betreffende Informationen in bestimmten Bereichen seiner sozialen Umwelt bekannt sind, und wer das Wissen möglicher Kommunikationspartner nicht einigermaßen abzuschätzen vermag, kann in seiner Freiheit wesentlich gehemmt werden, aus eigener Selbstbestimmung zu planen oder zu entscheiden.“[14] Die „Undurchsichtigkeit“ moderner Kommunikationstechnologien beinhaltet somit ein erhebliches Gefährdungspotential, welches der Gesetzgeber durch verfahrens- und organisationsrechtliche Vorschriften regulieren muss. „Die im Volkszählungsurteil aufgestellten erhöhten Anforderungen an die Zulässigkeit der Verarbeitung personenbezogener Daten sind durch eine institutionalisierte Verarbeitungskontrolle zu ergänzen."[15] So wird in organisatorischer Hinsicht die Existenz unabhängiger Datenschutzbeauftragter als wesentliches Element des Grundrechtsschutzes beschrieben: „Wegen der für den Bürger bestehenden Undurchsichtigkeit der Speicherung und Verwendung von Daten unter den Bedingungen der automatischen Datenverarbeitung und auch im Interesse eines vorgezogenen Rechtsschutzes durch rechtzeitige Vorkehrungen ist die Beteiligung unabhängiger Datenschutzbeauftragter von erheblicher Bedeutung für einen effektiven Schutz des Rechts auf informationelle Selbstbestimmung.“[16] Entsprechend dieser Ausführungen sind die Kriterien unabhängig und effektiv wesentlich, wenn es um die Ausgestaltung und Arbeitsweise der Datenschutzbeauftragten geht. Die Betonung des Adjektivs „effektiv“ lässt darauf schließen , dass das Gericht die Datenschutzkontrolle nicht nur als ein der gericht-

14 Ebd.
15 *Berliner Datenschutzbeauftragter*, Stellungnahme zum Urteil des Bundesverfassungsgerichts zum Volkszählungsgesetz 1983 vom 15. Dezember 1983, S. 11.
16 BVerfGE 65, 1.

lichen Kontrolle vorgeschaltetes Beteiligungsverfahren sieht, sondern als eigenständige Instanz, die Verfahren auf dem Gebiet des Datenschutzes möglichst umfassend und abschließend bearbeitet. Die Hauptaufgabe besteht in erster Linie darin, zu gewährleisten, dass sich Personen ihrer freien Entscheidungsbefugnis im „richtigen Moment" und nicht erst im Nachhinein bewusst sind. Mit anderen Worten: „Es kommt insbesondere darauf an, dass grundrechtssichernde Vorkehrungen rechtzeitig eingeplant werden."[17]

b. Institutionalisierung einer adäquaten Kontrolle

Mit der Anerkennung eines Rechts auf informationelle Selbstbestimmung hat das Bundesverfassungsgericht folglich nicht nur die Grundlage dafür geschaffen, dass der Staat persönliche Daten nur noch unter Beachtung des Gesetzesvorbehaltes erheben kann (abwehrrechtliche Dimension), sondern mit dieser Entscheidung wurden auch staatliche Schutzpflichten geschaffen. Es wird auch die Ansicht vertreten, dass das Bundesverfassungsgericht die Datenschutzbeauftragten durch die Erwähnung im Volkszählungsurteil verfassungsrechtlich festgeschrieben und somit der Disposition des einfachen Gesetzgebers entzogen habe.[18] An dieser Herangehensweise ist jedoch problematisch, dass das Gericht die Datenschutzkontrolle nicht in seinen Leitsätzen erwähnt. Ob auch die tragenden Gründe des Urteils eine Verpflichtung des Gesetzgebers bewirken und ob die Ausführungen zur Datenschutzkontrolle zu den tragenden Gründen zählen ist umstritten.[19] Insofern erscheint es überzeugender, die „Institutionalisierung adäquater Kontrollen" unmittelbar aus der gesetzgeberischen Schutzpflicht abzuleiten[20] und die „Institutionalisierung adäquater Kontrollen als Ergänzung zu Art. 2 Abs. 1 i.V.m. Art. 1 Abs. 1 GG".[21] zu beschreiben. Die Einrichtung datenschutzrechtlicher Kontrollstellen dient in diesem Sinne der Erfüllung grundrechtlicher Anforderungen, „die das Recht auf informationelle Selbstbestimmung in Bezug auf den Umgang mit personenbezogenen Daten an verfahrens- und organisationsrechtlichen Schutzvorkehrungen von Verfassungs wegen verlangt".[22] Nur aus diesem Verständnis he-

17 Entschließung der Konferenz der Datenschutzbeauftragten des Bundes und der Länder und der Datenschutzkommission Rheinlandpfalz vom 27./ 28. März 1984.

18 Eine Übersicht zu den Vertretern dieser Ansicht bietet: *Heil* in *Roßnagel*, Handbuch Datenschutzrecht, 2003, S. 754, Rn. 20, m.w.N.

19 Einen guten Überblick und eine ausführliche Auseinandersetzung mit dieser Frage bietet: *Mitrou*, Die Entwicklung der institutionellen Kontrolle des Datenschutzes, 1993, S. 32 ff.

20 *Albers*, Informationelle Selbstbestimmung, 2005 S. 462 ff. Zusätzlich werden folgende Normierungsinhalte aus der Schutzpflicht hergeleitet: sachgerechte und transparenzsichernde Steuerung des Umgangs mit Informationen und Daten, Gewährleistung von Kenntnismöglichkeit, Sicherstellung von Einflussmöglichkeiten.

21 *Albers*, a.a.O. S. 475.

22 *Petri* in *Simitis*, Bundesdatenschutzgesetz, 2011, § 38, Rn. 2, m.w.N.

raus, wird auch deutlich, dass der Gesetzgeber verpflichtet ist, die Organisation der Datenschutzkontrolle an aktuelle Entwicklungen anzupassen. Denn steigen die potenziellen Gefahren für das Recht auf informationelle Selbstbestimmung, so steigt der Bedarf nach einer effektiven Datenschutzkontrolle.

Vergleicht man jedoch die Geschwindigkeit mit der sich die Art und der Umfang von Datenverarbeitungen in den letzten Jahren verändert haben mit den wenigen Änderungen, denen die Datenschutzkontrolle in diesem Zeitraum unterlag, so wird schnell deutlich, dass der Gesetzgeber seiner Pflicht, Anpassungen in diesem Bereich durchzuführen nicht nachgekommen ist.

4. Nationales Kontrollmodell und europarechtliche Vorgaben

Für die Ausgestaltung der Datenschutzkontrolle in der Bundesrepublik Deutschland finden sich die maßgeblichen Vorschriften einerseits in der Europäischen Datenschutzrichtlinie[23] andererseits im BDSG sowie den Landesdatenschutzgesetzen.

a. Europäische Datenschutzrichtlinie

Die Datenschutzkontrolle wird in Erwägungsgrund 62 der Richtlinie als „ein wesentliches Element des Schutzes der Personen bei der Verarbeitung personenbezogener Daten“ beschrieben. Dementsprechend verpflichtet die Richtlinie alle Mitgliedsstaaten eine oder mehrere Stellen zu beauftragen, „die Anwendung der von den Mitgliedsstaaten zur Umsetzung dieser Richtlinie erlassenen einzelstaatlichen Vorschriften in ihrem Hoheitsgebiet zu überwachen“.[24] Somit kommt den Kontrollstellen in erster Linie eine Überwachungsfunktion zu. Ein wichtiger Teil dieser Überwachungsfunktion besteht darin, Hinweisen von Betroffenen nachzugehen, die sich gemäß Art. 28 Abs. 4 der Richtlinie an die Kontrollstelle wenden können. Erweitert wird diese Aufgabe, durch die Befugnis, festgestellte Verstöße bei Gericht oder einer anderen Stelle anzuzeigen oder dagegen zu klagen. Die Datenschutzrichtlinie sieht vor, dass die Kontrollstellen auch in beratender Funktion tätig werden. Sie sollen „bei der Ausarbeitung von Rechtsverordnungen oder Verwaltungsvorschriften bezüglich des Schutzes der Rechte und Freiheiten von Personen bei der Verarbeitung personenbezogener Daten angehört werden“.[25]

23 Richtlinie 95/46/EG des Europäischen Parlaments und des Rates vom 24. Oktober 1995 zum Schutz natürlicher Personen bei der Verarbeitung personenbezogener Daten und zum freien Datenverkehr; Amtsblatt Nr. L 281 vom 23. November 1995 S. 0031 – 0050.

24 Art. 28 Abs. 1 S. 1.

25 Art. 28 Abs. 2.

Aus der Richtlinie geht auch hervor, dass die Kontrollstellen mit gewissen Befugnissen ausgestattet werden sollen, so etwa Untersuchungsbefugnisse (Zugang zu personenbezogenen Daten, Recht auf Einholung von Informationen) sowie Eingriffsbefugnisse (z.B. Befugnis, die Sperrung, Löschung oder Vernichtung von Daten oder das vorläufige oder endgültige Verbot einer Verarbeitung anzuordnen).[26] Die Befugnisse sind jedoch nicht abschließend benannt. Mit Rücksicht auf die unterschiedlichen Rechtssysteme benennt die Richtlinie keine bestimmten Mittel oder Maßnahmen. Die Mitgliedsstaaten müssen jedoch diejenigen Maßnahmen treffen, die die Ziele der Richtlinie wirksam umsetzen. Die Richtlinie trifft, obwohl dies aus Kompetenzgesichtspunkten zulässig wäre,[27] keine Aussage darüber, ob die Kontrollstellen befugt sein sollen, Straf- oder Bußgelder zu verhängen.

Um die Datenschutzkontrollstellen selbst zu kontrollieren sieht die Richtlinie zwei Mittel vor: Die Kontrollstellen sind zum einen verpflichtet, einen Bericht abzugeben, der veröffentlicht wird zum anderen unterliegen die Entscheidungen der Kontrollstellen der gerichtlichen Überprüfbarkeit. Weitere Überwachungs- oder Kontrollbefugnisse werden nicht erwähnt. Zur Sicherung der Vertraulichkeit der bei der Kontrollstelle gemachten Angaben wird festgelegt, dass die Angestellten der Kontrollstelle einem Berufsgeheimnis unterliegen.

Bezüglich der jeweiligen nationalen Zuständigkeiten der Kontrollstellen heißt es: „Jede Kontrollstelle ist im Hoheitsgebiet ihres Mitgliedstaats für die Ausübung der ihr gemäß Abs. 3 übertragenen Befugnisse zuständig, unabhängig vom einzelstaatlichen Recht, das auf die jeweilige Verarbeitung anwendbar ist".[28] Dies bedeutet, dass die Kontrollstellen auch zuständig sein können, wenn sich die Zulässigkeit einer Datenverarbeitung nach dem Recht eines anderen Mitgliedsstaates richtet.

Hervorzuheben ist außerdem, dass die Richtlinie die nationalen Kontrollstellen zu gegenseitiger grenzüberschreitender Zusammenarbeit verpflichtet.[29] Daraus folgt, dass die Stellen auch die notwendigen personellen und finanziellen Mittel haben müssen, um diese Form der internationalen Zusammenarbeit tatsächlich durchführen zu können. Gleiches gilt hinsichtlich der möglichen Bearbeitung von Fällen, die sich nach dem Recht eines anderen Mitgliedsstaates beurteilen.

Bezüglich der Organisation der Kontrollstellen werden in der Richtlinie nur vage Vorgaben gemacht. So ist zum Beispiel nicht ganz deutlich niedergelegt, wie viele Kontrollstellen eingerichtet werden sollen. Der Wortlaut der Richtlinie erlaubt „eine oder mehrere Kontrollstellen". Der Wortlaut sollte jedoch einschränkend dahingehend ausgelegt werden, dass mehrere Kontrollstellen nur dann gerechtfertigt

26 Art. 28 Abs. 3.
27 *Bygrave*, Data Protection Law – Approaching its Rationale, Logic, Limits, 2002, S. 73.
28 Art. 28 Abs. 6 S. 1.
29 Art. 28 Abs. 6 S. 2.

sind, wenn die Aufteilung der Kompetenzen nicht gegen andere wesentliche Maßstäbe der Richtlinie verstößt. Denn eine Aufspaltung kann zu Intransparenz, Schwerfälligkeit und somit zu einem Effektivitätsverlust führen.[30] Die Richtlinie kann daher so interpretiert werden, dass mehrere Kontrollstellen nur dann eingerichtet werden können, wenn dies die föderale Struktur eines Mitgliedsstaates verlangt.[31]

Ebenfalls unklar ist, ob der Gemeinschaftsgesetzgeber im Sinne hatte, dass die Mitgliedsstaaten jeweils spezielle „Datenschutzinstitutionen" schaffen sollten, oder ob die Aufgaben auch einer anderen Institution, die auch andere Aufgaben ausübt, übertragen werden könnte. Denn in Art. 28 Abs. 1 heißt es lediglich, dass Stellen „beauftragt" werden sollen. Erwägungsgrund 62 spricht jedoch von der „Einrichtung" unabhängiger Kontrollstellen. Dies spricht dafür, dass die Richtlinie eine institutionelle Absicherung eigenständiger Datenschutzinstitutionen enthält und dass die Kontrolle nicht von anderen staatlichen Stellen als „Zusatzaufgabe" wahrgenommen werden soll. Deutlicher kam diese Intention in der ursprünglichen Version der Richtlinie zum Ausdruck. Der Entwurf sah vor, dass „eine unabhängige Behörde" erforderlich sei.[32] Dieser Wortlaut wurde jedoch dahin geändert, dass die öffentlichen Stellen „ihre Aufgaben in völliger Unabhängigkeit" wahrnehmen. Durch diese Änderung wurde die institutionelle Absicherung der Datenschutzkontrolle geschwächt.

Das maßgebliche Kriterium für die Organisation der Kontrollstellen ist jedoch, dass diese Ihre Aufgaben in „völliger Unabhängigkeit wahrnehmen" sollen. Dies setzt voraus, dass die Bestellung des Leiters oder des leitenden Gremiums der Kontrollstelle nicht ausschließlich durch die Exekutive erfolgt, der Leiter oder die Mitglieder des leitenden Gremiums nicht oder nur in bestimmten Ausnahmefällen entlassen werden können, die Kontrollstelle Weisungen nicht unterworfen ist, Interessenkonflikte mit anderen ihr möglicherweise übertragenen Aufgaben ausgeschlossen sind und dass die Kontrollstelle einen Anspruch darauf hat, mit den im Hinblick auf ihre Aufgaben notwendigen Personal- und Sachmitteln ausgestattet zu werden.[33]

30 *Brühann* in *Grabitz/ Hilf*, Das Recht der Europäischen Union, 2009, Art. 28, Rn. 5, m.w.N.

31 *Gola/ Schomerus*, Die Organisation der staatlichen Datenschutzkontrolle der Privatwirtschaft, ZRP 2000, 183.

32 European Commission, Legislative Proposal COM(1990)0314; Article 26 „The Member States shall ensure that an independent competent authority supervises the protection of personal data." Zu den Änderungsvorschlägen, Stellungnahmen und Berichten siehe: European Parliament Session Documents, 15. Januar 1992, A 3 0010/92.

33 *Brühann* in *Grabitz/ Hilf*, a.a.O., Art. 28, Rn. 6.

b. Nationale Umsetzung der europäischen Vorgaben

Die wichtigsten nationalen Kontrollstellen aus dem Bereich der Fremdkontrolle sind der Bundesbeauftragte für den Datenschutz und die jeweiligen Datenschutzbeauftragten der Länder für den öffentlichen Bereich sowie die Aufsichtsbehörden für den nicht-öffentlichen Bereich. Die Unterscheidung zwischen einer Aufsicht für den öffentlichen und einer gesonderten Aufsicht für den privaten Bereich stellt eine deutsche Besonderheit dar. Die Aufspaltung der Datenschutzkontrolle in einen öffentlichen und einen nicht-öffentlichen Sektor ist der europäischen Richtlinie (Art. 28) sowohl hinsichtlich der Organisationsform als auch hinsichtlich der Befugnisse fremd.[34]

Wie bereits erwähnt enthielt das BDSG bereits vor Erlass der Datenschutzrichtlinie Regelungen, die die Organisation der Datenschutzaufsicht betrafen. Nach Erlass der Europäischen Datenschutzrichtlinie wurden an den Vorschriften, die den Bundesbeauftragten für den Datenschutz betreffen (§§ 22-26 BDSG) kaum Änderungen vorgenommen.[35] Gemäß § 22 Abs. 1 BDSG wird der Bundesbeauftragte für den Datenschutz auf Vorschlag der Bundesregierung durch das Parlament gewählt. Zu seiner Wahl ist eine absolute Mehrheit erforderlich ist. Dies widerspricht dem in Art. 42 Abs. 2 S. 1 GG geregelten Grundsatz der für Wahlen erforderlichen einfachen Mehrheit. Der Gesetzgeber wollte auf diesem Weg erreichen, dass sowohl die Person als auch die Tätigkeit des Datenschutzbeauftragten von einer breiten Mehrheit im Parlament unterstützt werden.[36] Seine Amtsdauer beträgt fünf Jahre und er kann einmalig wiedergewählt werden. Der Bundesbeauftragte für den Datenschutz ist gemäß § 22 Abs. 4 S. 2 BDSG in der Ausübung seines Amtes unabhängig und nur dem Gesetz unterworfen. In Bezug auf seine Amtstätigkeit dürfen ihm daher keine Weisungen erteilt werden, sodass eine Fachaufsicht ausgeschlossen ist.[37] Es besteht jedoch eine Rechtsaufsicht, die durch die Bundesregierung ausgeübt wird und der Bundesbeauftragte für den Datenschutz unterliegt der Dienstaufsicht des Bundesinnenministeriums. Ob diese Regelungen bezüglich der Rechtsaufsicht und der Dienstaufsicht, die sich entsprechend auch in den meisten Landesdatenschutzgesetzen finden, mit der gemäß Art. 28 Datenschutzrichtlinie geforderten „völligen Unabhängigkeit" übereinstimmen, kann bezweifelt werden.[38] Der Konflikt zwischen den europäischen Vorgaben für die Organisation der Datenschutzkontrolle und der deutschen Umsetzung wird jedoch deutlicher, wenn

34 *Roßnagel/Pfitzmann/Garstka*, Modernisierung des Datenschutzrechts, 2001, S. 189.
35 *Heil*, a.a.O., S. 784.
36 *Gola/ Schomerus*, Bundesdatenschutzgesetz, 2012, § 22, Rn. 3.
37 *Dammann* in *Simitis*, Bundesdatenschutzgesetz, 2011, § 22, Rn. 16.
38 *Dammann* spricht sich mit überzeugenden Argumenten dafür aus, dass die Regelungen zur Dienstaufsicht europarechtswidrig sind und somit keine Anwendung mehr finden sollten. (*Dammann* a.a.O. Rn. 18 ff.).

man die Ausgestaltung der Kontrolle für den nicht-öffentlichen Bereich betrachtet, die gemäß § 38 BDSG von den Aufsichtsbehörden ausgeübt werden wird.

Die maßgeblichen Vorgaben für die Aufsichtsbehörden haben sich seit 1977 mehrfach geändert. Denn zunächst sah das BDSG vor, dass die Kontrolltätigkeit danach zu unterscheiden war, ob eine Datenverarbeitung „zu eigenen“ oder „für fremde Zwecke“ erfolgte. Nur im letzten Fall sah das Gesetz vor, dass eine anlassunabhängige Kontrolle durchgeführt werden konnte. Darüber hinaus sah das BDSG in der Fassung von 1977 nicht vor, dass die Aufsichtsbehörden einen rechtswidrigen Datenverarbeitungsprozess verändern konnten. Dies war nur möglich, wenn ein Betroffener einen entsprechenden Antrag gestellt hatte. Somit erschöpfte sich das Ergebnis der Kontrolltätigkeit in der „unabhängigen Beurteilung privater Datenverarbeitung“.[39] Gestärkt wurde die Position der Aufsichtsbehörden erst im Jahr 1990 als das BDSG um entsprechende Anordnungs- und Untersagungsbefugnisse ergänzt wurde. Somit erhielten die Aufsichtsbehörden erstmals die Möglichkeit technische und organisatorische Maßnahmen in Bezug auf rechtswidrige Datenverarbeitungen anzuordnen.[40] Damit übt die Aufsichtsbehörde ordnungsrechtliche Befugnisse aus. Zeigt die kontrollierte Stelle keinerlei Einsicht, datenschutzrechtliche Mängel zu beheben, können die Aufsichtsbehörden die Datenverarbeitung als ultima ratio untersagen. Von dieser Befugnis wird allerdings relativ selten Gebrauch gemacht, da die datenverarbeitenden Stellen in der Regel ein hohes Eigeninteresse daran haben, dass keine Untersagung angeordnet wird.[41] Trotz der teilweisen Erweiterung der Befugnisse der Aufsichtsbehörden, ist fraglich, ob die Maßnahmen ausreichen, um sicherzustellen, dass die Ziele der Datenschutzrichtlinie umgesetzt werden, insbesondere solche Instrumente, die den „datenschutzrechtlichen Anforderungen einer weltweiten Informationsvernetzung gerecht werden“,[42] fehlen den Aufsichtsbehörden. In einer vergleichenden Studie wurde ebenfalls kritisiert, dass die Durchsetzungsmöglichkeiten der deutschen Aufsichtsbehörden nicht dem entsprechen, was man angesichts der Bedeutung des Datenschutzrechts in Deutschland erwarten würde: „(...) the enforcement system is not always as strong as one would expect, especially in the private sector. At the German level, it will be important to clarify the many vague and obscure provisions, while at the same time improve transparent supervision and compliance, especially in the private sector.“[43]

39 *Hillenbrand-Beck*, in *Roßnagel*, Handbuchdatenschutzrecht, 2003 , S. 819 m.w.N.
40 A.a.O., S. 820.
41 *Petri* in *Simitis*, *Bundesdatenschutzgesetz*, 2011, § 38, Rn. 72.
42 A.a.O Rn. 6.
43 *Korff/ Douwe*, New Challenges to Data Protection Study - Country Report: Germany, 2010, S. 60.

c. Mangelnde Unabhängigkeit der Aufsichtsbehörden

Zur Organisation der Aufsichtsbehörden enthält das BDSG keine Vorgaben, da es sich bei den Aufsichtsbehörden um Landesbehörden handelt, richtet sich deren institutionelle Ausgestaltung im Wesentlichen nach den jeweiligen Landesdatenschutzgesetzen. Die meisten Landesdatenschutzgesetze sahen vor, dass die Aufsichtsbehörden der Fachaufsicht eines Ministers unterliegen. Dadurch hatten die Ministerien theoretisch die Möglichkeit, der Aufsichtsbehörde Weisungen zu erteilen und Einfluss auf die Entscheidungen der Aufsichtsbehörde zu nehmen. Dies hat in der Vergangenheit immer wieder die Frage hervorgerufen, ob die Aufsichtsbehörden das nach Art. 28 der Datenschutzrichtlinie erforderliche Maß an Unabhängigkeit erfüllen. Insbesondere die Konferenz der Datenschutzbeauftragten des Bundes und der Länder hat sich wiederholt mit dem Thema beschäftigt.[44] Man hätte erwarten können, dass dieser Streit durch ein Urteil des Europäischen Gerichtshofes (EuGH) vom 09. März 2010,[45] das sich explizit mit der mangelnden Unabhängigkeit der Kontrollstellen für den nicht-öffentlichen Bereich beschäftigt, geklärt worden wäre. Denn der EuGH hat ausdrücklich geurteilt, dass die Organisation der Aufsichtsbehörden der Richtlinie widerspricht. Das Gegenteil ist jedoch der Fall, denn das Urteil bot vielen Stimmen Anlass, sich dafür auszusprechen, dass die vom EuGH geforderte Unabhängigkeit der Kontrollstellen eine nach deutschem Verfassungsrecht nicht zu realisierende Vorgabe darstelle. So wurde argumentiert: „Würde die vom EuGH für die Datenschutzkontrolle geforderte Ausgestaltung verallgemeinert, so könnte diese Leitlinie eine wesentliche Veränderung der parlamentarisch-demokratischen Staatsstruktur fördern und damit erhebliche Probleme heraufbeschwören."[46] Auch die Bundesregierung vertrat die Rechtsauffassung, dass das Demokratieprinzip einer völligen Unabhängigkeit der Aufsichtsbehörden entgegenstehe. Denn Ausprägung des Demokratieprinzips sei das Verbot ministerialfreier Räume, wonach Eingriffe in die Rechte der Bürger nur durch Hoheitsträger erfolgen dürften, bei denen das Prinzip der parlamentarischen Verantwortlichkeit zumindest durch Aufsicht und dabei nicht nur die Rechtsaufsicht des zuständigen Ressortministers gewährleistet werde.[47] In dieser Hinsicht interpretierte

44 Vgl. Entschließung der 65. Konferenz der Datenschutzbeauftragten des Bundes und der Länder am 27./28. März 2003 in Dresden; Entschließung der 70. Konferenz der Datenschutzbeauftragten des Bundes und der Länder am 27./28. Oktober 2005 in der Hansestadt Lübeck sowie Entschließung der 79. Konferenz der Datenschutzbeauftragten des Bundes und der Länder vom 17./18. März 2010 in Stuttgart. Im Internet abrufbar unter: http://www.datenschutz-berlin.de/content/deutschland/konferenz.

45 Urteil des Gerichtshofs (Große Kammer) vom 9. März 2010 — Europäische Kommission/ Bundesrepublik Deutschland (Rechtssache C-518/07).

46 *Bull*, Die „völlig unabhängige" Aufsichtsbehörde - Zum Urteil des EuGH vom 9.3.2010 in Sachen Datenschutzaufsicht, EuZW 2010, 488.

47 A.a.O., S. 489.

die Bundesregierung „völlige Unabhängigkeit“ als relative Unabhängigkeit, die nur erfordere, dass die Kontrolleure von den Kontrollierten unabhängig sein sollten.[48]

Der EuGH ist dieser Interpretation nicht gefolgt. Denn das Demokratieprinzip beinhalte nicht die Vorgabe, dass es außerhalb des klassischen hierarchischen Verwaltungsaufbaus keine öffentlichen Stellen geben könne, die von der Regierung mehr oder weniger unabhängig seien. Das Demokratieprinzip besage, dass auch ohne diesen Aufbau alle staatliche Macht an Gesetze gebunden sei und dass deren Einhaltung der gerichtlichen Kontrolle unterliege. Darüber hinaus macht der EuGH in seiner Entscheidung deutlich, dass sich die Organisationsform jeweils danach richten muss, wie der beste Grundrechtsschutz erzielt werden kann. Denn „die Gewährleistung der Unabhängigkeit der nationalen Kontrollstellen soll die wirksame und zuverlässige Kontrolle der Einhaltung der Vorschriften zum Schutz natürlicher Personen bei der Verarbeitung personenbezogener Daten sicherstellen und ist im Licht dieses Zwecks auszulegen. Die Unabhängigkeit der Behörden wurde eingeführt, um die von ihren Entscheidungen betroffenen Personen und Einrichtungen stärker zu schützen, und nicht, um diesen Kontrollstellen selbst oder ihren Bevollmächtigten eine besondere Stellung zu verleihen.“[49] Der EuGH hat somit unmissverständlich zum Ausdruck gebracht, dass bei der Ausgestaltung der Datenschutzkontrolle rein bürokratisch orientierte Erwägungen keine Rolle spielen dürfen. Mit dieser Aussage erinnert das Gericht an die Kernaufgabe der Datenschutzbeauftragten: „Die in Art. 28 der Richtlinie 95/46 vorgesehenen Kontrollstellen sind (somit) die Hüter dieser Grundrechte und Grundfreiheiten, und ihre Einrichtung in den Mitgliedstaaten gilt, wie es im 62. Erwägungsgrund der Richtlinie heißt, als ein wesentliches Element des Schutzes der Personen bei der Verarbeitung personenbezogener Daten.“[50]

Der EuGH hat sich in diesem Urteil zunächst nur mit der Organisation der Aufsicht über den privaten Bereich auseinandergesetzt. Es lassen sich gute Gründe dafür anführen, dass auch jede Form der Aufsicht über die für den öffentlichen Bereich zuständigen Datenschutzbeauftragten dem Erfordernis einer völligen Unabhängigkeit widerspricht. Da auch die Rechtsaufsicht eine gewisse Einflussnahme ermöglicht. Bereits in einem Schreiben der Kommission an die damalige deutsche Regierung aus dem Jahr 2005 heißt es in diesem Zusammenhang: „Die bestehende Rechtsaufsicht bietet der aufsichtsführenden Instanz die Möglichkeit, ihre Rechtsauffassung gegenüber der Aufsichtsbehörde in Form einer Weisung durchzusetzen,

48 Siehe: Klage, eingereicht am 22. November 2007 — Kommission der Europäischen Gemeinschaften gegen Bundesrepublik Deutschland (Rechtssache C-518/07), veröffentlicht im Amtsblatt der Europäischen Union vom 09.02.2008, ABl. L 281, S. 31.

49 EuGH: Verurteilung Deutschlands zur Neuorganisation der Datenschutzbeauftragten, NJW 2010, 1266.

50 Ebd.

mithin auf die Tätigkeit der Datenschutzaufsichtsbehörde Einfluss zu nehmen. Folglich ist auch die Rechtsaufsicht mit der geforderten „völligen Unabhängigkeit" und Weisungsfreiheit unvereinbar. Das gleiche gilt für die hier ebenfalls bestehende Dienstaufsicht den Kontrollstellenleitern gegenüber."[51] Diese Ausführungen verdeutlichen, dass das gesamte deutsche Aufsichtssystem einer Neukonzeption bedarf.

5. Neue Herausforderungen und Reformbedarf

Der Vergleich zwischen den europarechtlichen Vorgaben für die Datenschutzaufsicht und der Ausgestaltung in Deutschland zeigt insbesondere drei Konfliktfelder: die Unabhängigkeit der Kontrollstellen, die Trennung zwischen privatem und öffentlichem Sektor sowie zu schwache Eingriffsbefugnisse. Das ist keine neue Erkenntnis.[52] Mit der zunehmenden Nutzung und Verbreitung des Internets sowie internetbasierter Dienste und dem damit einhergehenden Anwachsen des weltweiten Datenverkehrs bilden diese organisationsbedingten Schwachstellen jedoch mehr und mehr eine Gefahr für den effektiven Grundrechtsschutz.

Dies bedeutet, dass der Gesetzgeber im Rahmen seiner Schutzpflicht neue organisationsrechtliche Strukturen schaffen muss, um dieser Grundrechtsgefährdung auf angemessene Art und Weise entgegenzutreten. Unabhängig von den drei benannten Schwachstellen des deutschen Aufsichtssystems, muss es bei einer solchen Reform vorrangig darum gehen, die gleichen Herausforderungen zu meistern, mit denen sich momentan das gesamte Rechtsgebiet des Datenschutzes konfrontiert sieht. Dies sind in den Worten der Konferenz der Europäischen Datenschutzbeauftragten: „Die Konsequenzen der Globalisierung und des grenzüberschreitenden Verkehrs personenbezogener Daten; die technologische Entwicklung insbesondere in der Online-Welt; die Bedeutung eines wirksamen Schutzes in den Bereichen Polizei und Justiz auch angesichts der Tendenz, personenbezogene Daten des privaten Sektors in systematischer Weise für Strafverfolgungszwecke wiederzuverwenden."[53]

Die Frage, wie der Datenschutz und die Datenschutzkontrolle diese Herausforderungen bewältigen sollen, muss noch beantwortet werden. Bei der Suche nach den richtigen Konzepten, sollte der effektive Grundrechtsschutz das Maß aller Dinge sein. Datenschutz sollte dabei nicht als goldener Weg zur „Datenaskese"

51 Europäische Rechtssache C (2005) 2098; Schreiben der Europäischen Kommission an die Regierung der Bundesrepublik Deutschland vom 5. Juli 2005.

52 Siehe: *Roßnagel/Pfitzmann/Garstka*, Modernisierung des Datenschutzrechts, Gutachten i.A. des BMI, 2001, S. 188 ff.

53 Konferenz der Europäischen Datenschutzbeauftragten: Entschließung über die Notwendigkeit eines umfassenden Rahmens für den Datenschutz, Brüssel, 5. April 2011.

interpretiert werden: „Es liegt am Datenschutz, wie viel privaten Handelns für andere nachverfolgbar, analysierbar und auch später noch rekonstruierbar ist – rekonstruierbar auch in anderen Situationen, als heute voraussehbar ist.“[54] Der Datenschutz und die Datenschutzkontrolle können nicht völlig verhindern, dass bestimmte Personen keinen Wert auf ihre Privatsphäre legen und alle erdenklichen Informationen über sich preisgeben, sodass ihr Leben gläsern wird. Denn die Aufgabe des Datenschutzes besteht darin, das Recht auf informationelle Selbstbestimmung zu gewährleisten, das heißt Menschen die Möglichkeit zu geben, frei über die Verwendung ihrer Daten zu entscheiden, es ist nicht Aufgabe des Datenschutzes mit einer bestimmten „Präferenz“ Menschen davon abzuhalten, Informationen über sich preiszugeben oder technische Entwicklungen zu verhindern. Was die Datenschutzkontrolle aber leisten sollte, ist zu verhindern, dass Personen unfreiwillig Informationen über sich preisgeben. Von der Effektivität der Datenschutzkontrolle hängt es schließlich auch ab, ob Menschen noch darauf vertrauen können, dass es auch bei der Internetnutzung geschützte oder vertrauliche Situationen gibt, in denen sie Informationen über sich preisgeben können, ohne zu fürchten, dass andere unberechtigt Kenntnis über den Inhalt einer Kommunikation erlangen. Dazu ist erforderlich, dass Internetnutzende wissen, unter welchen Umständen sie den Schutz ihrer Privatsphäre erwarten können und wann nicht. Das heißt wesentlich stärker als früher, dass die Datenschutzbeauftragten gefordert sind, eine Art Mittler zwischen den datenverarbeitenden Stellen (egal ob öffentlich oder privat) und Personen zu sein und auf diesem Weg Transparenz hinsichtlich der Verarbeitungsprozesse zu schaffen.

Die besondere Herausforderung für die Zukunft der Datenschutzbeauftragten könnte somit auch darin gesehen werden, dass der Schwerpunkt der Aufsichtsarbeit noch mehr ins Vorfeld der Datenverarbeitung rückt. Mit anderen Worten: Im Internetzeitalter geht es weniger darum, die eigentliche Verarbeitung der Daten zu kontrollieren, sondern Transparenz dahingehend zu schaffen, dass Personen, die Informationen über sich preisgeben, wissen, was mit diesen Informationen geschieht und welche Aussagekraft diese Informationen haben.

54 *Masing*, Herausforderungen des Datenschutzes, NJW 2012, 2306.

III. Internationale Perspektive am Beispiel des Datenschutzes

1. Effektiver Grundrechtsschutz stößt an territoriale Grenzen

Dass die äußeren Grenzen eines Staates auch die jeweiligen Grenzen eines Rechtssystems darstellen,[55] ist in Zeiten des Internets keine zufriedenstellende Feststellung, wenn es um die Gewährleistung eines umfassenden Grundrechtsschutzes geht. Denn die Verarbeitung von Informationen orientiert sich nicht an diesen physischen Grenzen von Nationalstaaten. „Im Internet verlaufen sich alle Normen ins Nichts, die auf den Raum, das Territorium, den Sitz Bezug nehmen."[56] Anders formuliert: Das Internet stellt eine Herausforderung für die sich üblicherweise an den Grenzen von Nationalstaaten orientierenden Gesetze und deren Umsetzung dar. Nationalstaaten stehen somit vor der Aufgabe, wie trotz dieser faktischen Gegebenheiten persönliche Rechte und Freiheiten, wie insbesondere das Recht auf informationelle Selbstbestimmung oder das Recht auf Privatsphäre, garantiert werden können.

Diese Herausforderung existiert jedoch nicht erst, seit sich das Internet zum weltweit wichtigsten Übertragungsmittel für Informationen entwickelt hat. Bereits die in den 90-er Jahren geschaffene Europäische Datenschutzrichtlinie[57] stellt Regelungen auf, die über das Gebiet der Europäischen Union (EU) hinaus Wirkung entfalten, um zu gewährleisten, dass persönliche Daten auch außerhalb der EU einem gewissen Schutz unterliegen. Die Regelungen der Datenschutzrichtlinie werden jedoch heute durch unterschiedliche Entwicklungen auf die Probe gestellt. Während es früher eine Ausnahme darstellte, dass personenbezogene Daten ins Ausland übermittelt wurden, hat das Internet erheblich dazu beigetragen, dass die Datenverarbeitung in sogenannten Drittländern[58] zum Normalfall geworden ist. Zum einen werden personenbezogene Daten in einem großen Umfang von Konzernen erhoben und verarbeitet, die ihren Sitz in den USA oder in anderen Ländern außerhalb der EU haben, zum anderen gibt es einen Trend dahin, dass Privat- und Geschäftspersonen personenbezogene Daten immer häufiger auf Servern außerhalb der EU speichern (Stichwort: „Cloud Computing"). Mit dem Aufkommen des Internets und den damit verbundenen Diensten und Anwendungen hat daher nahezu jede Datenübermittlung eine internationale oder gar globale Komponente erhalten,

55 Eine ausführliche Darstellung des Verhältnisses von territorialen Grenzen zu der Geltung von Rechtssystemen findet sich bei *Boehme-Neßler*, Überlegungen zur Relativierung des Rechts in der digitalisierten Welt, 2008, S. 127 ff.

56 *Hoeren*, Internet und Recht – Neue Paradigmen des Informationsrechts, NJW 1998, 2850.

57 Richtlinie 95/46/EG des Europäischen Parlaments und des Rates vom 24. Oktober 1995 zum Schutz natürlicher Personen bei der Verarbeitung personenbezogener Daten und zum freien Datenverkehr.

58 Hier: Länder die nicht Mitglied der EU bzw. des Europäischen Wirtschaftsraumes sind.

sodass diese heute wesentlich mehr Aufmerksamkeit verlangt, als es die Verfasser der Datenschutzrichtlinie in den 90-er Jahren vorhersehen konnten.[59] Während das Hauptanliegen damals eher darin bestand, zu gewährleisten, dass der freie Fluss von Informationen innerhalb der Union gesichert werden konnte,[60] muss sich der Unionsgesetzgeber heute mehr als je zuvor die Frage stellen, wie angesichts eines globalen Informationsflusses ein angemessener Grundrechtsschutz gewährleistet werden kann. Zentrale Fragen in diesem Zusammenhang sind, in welchem Umfang die EU ihre Datenschutzstandards international durchsetzen kann und mit welchen Mitteln dies am ehesten gelingen kann. In diesem Kapitel wird dargestellt, mit welchen rechtlichen Mitteln der europäische und der deutsche Gesetzgeber[61] Probleme des internationalen Datenverkehrs adressieren und es wird aufgezeigt, dass durch diese Regelungen allein kein umfassender Grundrechtsschutz mehr durch den Staat garantiert werden kann, dabei werden nur Einzelfallprobleme des internationalen Datenverkehrs angesprochen, die diese Problematik verdeutlichen.[62] Zunächst wird die Frage untersucht, warum überhaupt die Notwendigkeit besteht, internationale Datenströme zu regulieren.

2. Regulierungsbedürftigkeit des internationalen Datenverkehrs

Internationaler Datenverkehr wird erst dann zu einem Problem für den Grundrechtsschutz, wenn im Empfängerland ein geringeres Datenschutzniveau herrscht, als es der Gesetzgeber in dem Land, aus dem die persönlichen Informationen stammen, garantieren muss, um seiner sich aus den Grundrechten abzuleitenden Schutzpflicht nachzukommen.[63] Aus europäischer Perspektive trifft dies auf die überwiegende Anzahl der Datentransfers zu. Der Schutz personenbezogener Daten stellt jedoch kein dem europäischen Recht allein zuzurechnendes Phänomen dar. Auf internationaler Ebene hat sich ein gewisser Grundbestand von datenschutzrechtlichen Leitideen verbreitet.[64] *Colin Bennett* hat schon in den frühen 90-er Jahren beschrieben, dass international ein hohes Maß an „policy convergence" in

59 *Kuner*, European Data Protection Law – Corporate Compliance and Regulation, 2007, S. 111.

60 Art. 1 Abs. 2 Datenschutzrichtlinie.

61 Darüber hinaus sind auch internationale Vorschriften für den internationalen Datenverkehr von besonderer Bedeutung, wie etwa die OECD Richtlinien über Datenschutz und grenzüberschreitende Ströme personenbezogener Daten vom 23. September 1980 oder das Übereinkommen zum Schutz des Menschen bei der automatischen Verarbeitung personenbezogener Daten des Europarates vom 28. Januar 1981.

62 Ausführlich zu Fragen des grenzüberschreitenden Datenverkehrs und der Umsetzung der Datenschutzrichtlinie: *Büllesbach* (Hrsg.), Datenverkehr ohne Datenschutz, Eine globale Herausforderung, 1999; *Hahn*, Datenschutzrecht und grenzüberschreitender Datenverkehr – Regelungsbedarf, Rechtsvergleich und Rechtsfortbildung, 1994.

63 Siehe zur staatlichen Schutzpflicht: Erster Teil Kapitel III.5.a.

64 *Burkert* in: *Roßnagel*, Handbuch Datenschutzrecht, 2003, S. 126.

Bezug auf die Regulierung der Verarbeitung personenbezogener Daten besteht.[65] Er hat dies in zehn Standards zusammengefasst, wonach eine Organisation:

- verantwortlich für alle persönlichen Informationen sein muss, die sich in ihrem Besitz befinden
- den Zweck bestimmen sollte, zu dem die Informationen verarbeitet werden sollen, bevor diese erhoben werden
- persönliche Daten nur mit dem Wissen und dem Einverständnis einer Person erheben sollte (außer in Ausnahmefällen)
- die Datenerhebung auf das Maß beschränken sollte, das erforderlich ist, um den angestrebten Zweck zu erreichen
- Informationen nicht zu anderen als dem angestrebten Zweck preisgeben oder verarbeiten sollte, es sei denn die betroffene Person hat ihr Einverständnis gegeben
- Information nur so lange aufbewahren sollte, wie es notwendig ist
- sicherstellen sollte, dass die Informationen richtig, vollständig und aktuell sind
- persönliche Informationen durch entsprechende Sicherheitsmaßnahmen schützen sollte
- transparent in Bezug auf ihre Regeln und Praktiken sein und keine geheimen informationstechnischen Systeme vorhalten sollte
- Betroffenen die Möglichkeit gewähren sollte, ihre persönlichen Daten einzusehen und ihnen bei Bedarf die Möglichkeit einräumen, diese zu ändern.[66]

Diese Aufzählung bezieht sich auf die Regulierung der Verarbeitung personenbezogener Daten in Industrienationen. Jenseits dieser relativ einheitlichen Prinzipien, die die Rechtmäßigkeit der Verarbeitung personenbezogener Daten betreffen, bestehen in den jeweiligen Rechtssystemen jedoch starke Unterschiede hinsichtlich der Anwendung und Auslegung dieser Prinzipien.[67] Es bestehen insbesondere Unterschiede im kulturellen Verständnis und in der praktischen Umsetzung,[68] zum Beispiel gibt es international keine einheitliche Definition des Begriffs „personenbezogene Daten". Während dieser Begriff zum Beispiel im Recht der EU und insbesondere im Bundesdatenschutzgesetz (BDSG) sehr weit gefasst wird und sämtliche Bereiche, in denen Datenverarbeitungen stattfinden (z.B. öffentlich/privat), erfasst, gibt es etwa in den USA keine derartige, d.h. einheitliche Definition, die staaten- oder bereichsübergreifend Geltung findet.[69] Für die Kontrolle des Daten-

65 *Reidenberg*, Resolving Conflicting International Data Privacy Rules in Cyberspace, Stanford Law Review, 2000, vol. 52, S. 1327, m.w.N.

66 Frei ins Deutsche übersetzt nach: *Bennett/ Grant*, Visions of Privacy: Policy Choices for the digital Age, University of Toronto Press, 1999, Seite 6 der Einleitung.

67 *Reidenberg*, a.a.O., S. 1375. *Reidenberg* verdeutlicht, dass diese Unterschiede tief in den jeweiligen politischen Systemen verankert sind.

68 *Burkert*, a.a.O.

69 Dazu ausführlich: *Schwartz*, "Personenbezogene Daten" aus internationaler Perspektive, ZD 2011, 97.

schutzes gibt es darüber hinaus in den USA keine spezielle Einrichtung wie es etwa in Europa der Fall ist, sodass die Durchsetzung von Rechten auf unterschiedlichen Wegen erfolgt (im nicht-öffentlichen Bereich beispielsweise können insbesondere verbraucherpolitische Instrumente zur Rechtsdurchsetzung genutzt werden).[70]

Bezogen auf Industriestaaten lässt sich also feststellen, dass die Verarbeitung personenbezogener Daten zwar bestimmten rechtlichen Grundsätzen unterliegt, dass deren Anwendung und die Art der Durchsetzung für Personen aus anderen Ländern aber nur schwer vorhersehbar sind. EU-Bürgerinnen und Bürger haben daher aus ihrer Sicht keine effektiven rechtlichen Mittel zur Hand, um eine widerrechtliche Verarbeitung ihrer personenbezogenen Daten in Drittländern zu verhindern, selbst wenn dort in materieller Hinsicht ein gewisses Schutzniveau besteht. Dies führt unter anderem dazu, dass viele Menschen den Eindruck haben, dass sie gar nicht mehr kontrollieren können, wer wann welche Informationen über sie verarbeitet. In einer Rede zur anstehenden Datenschutzreform sagte die zuständige EU-Kommissarin Reding: „Der Schutz personenbezogener Daten ist zwar ein Grundrecht aller Europäer, aber die EU-Bürger haben nicht immer das Gefühl, dass sie vollständige Kontrolle über ihre personenbezogenen Daten haben."[71]

Abgesehen von der Verarbeitung personenbezogener Daten in Industriestaaten, die nicht Mitglied der EU oder des Europäischen Wirtschaftsraumes (EWR) sind, und der damit verbundenen erschwerten Durchsetzbarkeit von Rechten steht der Datenschutz vor der Herausforderung, dass sich Firmen in sogenannte „data havens"[72] flüchten können, wenn sie die Einhaltung von Datenschutzvorschriften als ihrem Geschäftsmodell entgegenstehendes Konzept erachten. Dies wiederum birgt einerseits Gefahren für den Grundrechtsschutz, andererseits stellen sich möglicherweise Probleme für den freien Wettbewerb zwischen den datenverarbeitenden Unternehmen, denn die Einhaltung von Datenschutzvorschriften ist mit Kosten und Personalaufwand verbunden, sodass die Vernachlässigung zumindest kurzfristig als Wettbewerbsvorteil gesehen werden kann.

Die Regulierung des internationalen Datenverkehrs soll diesen Gefahren entgegenwirken, indem sie in erster Linie gewährleistet, dass über Landesgrenzen hinweg ein möglichst umfassender Schutz personenbezogener Daten garantiert wird, sodass Personen trotz international unterschiedlicher Datenschutzregime und globaler Datenströme die Kontrolle über die Verarbeitung von Informationen, die sie selbst betreffen, ausüben können. Um diese Ziele verfolgen zu können, ist es jedoch zunächst erforderlich, dass das jeweilige nationale Datenschutzrecht überhaupt zur Anwendung kommt.

70 *Weichert*, Privatheit und Datenschutz im Konflikt zwischen den USA und Europa, RDV 2012, 114.

71 Pressemitteilung der Europäischen Kommission vom 25.01.2012, im Internet abrufbar unter: http://europa.eu/rapid/press-release_IP-12-46_de.htm?locale=en.

72 Rechtssysteme mit sehr schwachen oder nicht vorhandenen Datenschutzregimen.

3. Anwendbarkeit der Datenschutzrichtlinie

Mit dem Erlass der Datenschutzrichtlinie wurde innerhalb der EU/des EWR ein einheitliches Schutzniveau in Bezug auf die Verarbeitung personenbezogener Daten geschaffen. Seitdem werden grenzüberschreitende Datenströme in der EU wie nationale Transfers behandelt,[73] das heißt datenschutzrechtlich soll es keinen Unterschied machen, ob personenbezogene Daten innerhalb Deutschlands oder von Deutschland nach Frankreich übermittelt werden. Vor Erlass der Datenschutzrichtlinie gab es keine internationale Datenschutzregelung, die die Anwendbarkeit des jeweiligen Rechts auf grenzüberschreitende Datenverarbeitungen im Konfliktfall regelte.[74] Das anwendbare Recht bestimmte sich in der Regel nach den entsprechenden nationalen Bestimmungen.

a. Art. 4 Abs. 1 Buchst. a Datenschutzrichtlinie: Niederlassungsprinzip

Art. 4 Abs. 1 Buchst. a der Datenschutzrichtlinie bestimmt, dass sich eine Datenverarbeitung stets nach dem Recht richten muss, das an dem Ort gilt, an dem die verantwortliche Stelle eine Niederlassung hat. Eine Niederlassung im Hoheitsgebiet eines Mitgliedstaats setzt gemäß Erwägungsgrund 19 der Datenschutzrichtlinie die „effektive und tatsächliche Ausübung einer Tätigkeit mittels einer festen Einrichtung voraus". Die Rechtsform einer solchen Niederlassung ist in diesem Zusammenhang nicht maßgeblich.

Das Niederlassungsprinzip ist für die datenverarbeitende Stelle relativ günstig, weil sie sich nicht mit den unterschiedlichen Rechtssystemen der Länder, in denen eine Datenverarbeitung stattfindet auseinandersetzen muss. Es ist jedoch weniger vorteilhaft als das sogenannte Sitzprinzip, bei dem stets nur das Recht Beachtung finden muss, das am Ort des Firmensitzes gilt. Für Verbraucher ist das sogenannte Territorialprinzip vorteilhafter, da hier stets das Recht des Ortes gilt, an dem die Datenverarbeitung stattfindet und sie sich nur über die Rechte informieren müssen, die ihnen in ihrem eigenen Land zustehen. Das Niederlassungsprinzip stellt also in gewisser Weise einen Kompromiss zwischen beiden Interessenlagen dar. Das große Problem des Niederlassungsprinzips wurde aber schon früh darin gesehen, dass Verbraucherinnen und Verbraucher gezwungen werden, sich mit dem Rechtssystem eines anderen Landes auseinanderzusetzen, wenn sie etwa die rechtswidrige Verarbeitung ihrer personenbezogenen Daten verhindern möchten.[75] Um diese

73 *Weichert* in *Kilian/Heussen*, Computerrechts-Handbuch, 2008, 1. Abschnitt, Teil 13, Rn. 20.

74 *Bygrave*, Determining Applicable Law pursuant to European Data Protection Legislation, Computer Law & Security Report, 2000, vol.. 16, S. 252.

75 *Bygrave*, a.a.O., S. 257, m.w.N.

„Hürde“ für einen effektiven Grundrechtsschutz zu überwinden, wurde daher vorgeschlagen, dass zukünftig das Territorialprinzip mit der Einschränkung Anwendung finden sollte, dass sich die datenverarbeitende Stelle in der begründeten Annahme befinden konnte, dass die Datenverarbeitung einen negativen Effekt auf die Betroffenen haben würde.[76] So würde einerseits verhindert, dass Unternehmen EU-Datenschutzrecht anwenden müssen, obwohl sie ihre Dienste nicht gezielt in der EU oder für EU-Bürgerinnen und Bürger anbieten, andererseits könnten sich Europäer auf das ihnen bekannte Rechtssystem berufen. Die Herausforderung besteht in diesem Fall darin, festzulegen, wann unterstellt werden kann, dass eine Datenverarbeitung einen negativen Effekt in der EU bewirken würde. Diese Abgrenzungsschwierigkeiten könnten jedoch durch die Aufzählung von Regelbeispielen begrenzt werden, sodass für die datenverarbeitende Stelle Rechtssicherheit geboten würde.

b. Art. 4 Abs. 1 Buchst. c Datenschutzrichtlinie: Automatisierte Mittel

Neben diesem Grundsatz des Niederlassungsprinzips enthält Art. 4 Abs. 1 Buchst. c der Richtlinie noch eine komplexe Sonderregelung, die EU-Recht auch für anwendbar erklärt, wenn eine verantwortliche Stelle keine Niederlassung in der EU hat. Dies ist der Fall, wenn eine solche Stelle zum Zwecke der Verarbeitung personenbezogener Daten auf Mittel zurückgreift, die im Hoheitsgebiet des betreffenden Mitgliedstaats belegen sind, es sei denn, dass diese Mittel nur zum Zweck der Durchfuhr durch das Gebiet der EU verwendet werden.

Diese Vorschrift zeigt wie keine andere, dass die Datenschutzrichtlinie zu einer Zeit entworfen wurde, zu der noch nicht absehbar war, welche Bedeutung das Internet einmal haben würde. Die Vorschrift diente ursprünglich dem Zweck, zu vermeiden, dass Unternehmen sich den Verpflichtungen der Datenschutzrichtlinie entziehen könnten, indem sie in einem Mitgliedstaat voll automatisierte Datenverarbeitungsinstrumente einrichten, die von außerhalb der EU gesteuert würden.[77] Was genau unter diesen Mitteln zu verstehen ist, lässt sich schwer bestimmen, denn die Richtlinie selbst bietet keine Definition. Zur näheren Erläuterung heißt es lediglich in Erwägungsgrund 20: „Die Niederlassung des für die Verarbeitung Verantwortlichen in einem Drittland darf dem Schutz der Personen gemäß dieser Richtlinie nicht entgegenstehen. In diesem Fall sind die Verarbeitungen dem Recht des Mitgliedstaats zu unterwerfen, in dem sich die für die betreffenden Verarbeitungen verwendeten Mittel befinden, und Vorkehrungen zu treffen, um sicherzu-

76 Ebd.
77 Siehe ausführlich zu dieser Vorschrift *Kuner* a.a.O. S. 118 ff.

stellen, dass die in dieser Richtlinie vorgesehenen Rechte und Pflichten tatsächlich eingehalten werden."

Die Unbestimmtheit dieser Vorschrift führt letztlich dazu, dass ihr Anwendungsbereich als sehr gering eingestuft werden muss. Die wörtliche Anwendung auf alle Fälle, in denen „Mittel" genutzt werden, um persönliche Daten zu erheben, würde dazu führen, dass etwa auch der Einsatz von Cookies[78] durch datenverarbeitende Stellen in Drittländern die Anwendbarkeit des Rechts eines EU-Mitgliedsstaates bewirken würde. Im Ergebnis könnte sich damit die Anwendbarkeit des EU-Rechts auf sämtliche Webseiten weltweit erstrecken. Dies ist einerseits problematisch, weil die Betreiber der Webseiten nicht kontrollieren können, ob Personen in der EU ihre Seiten aufsuchen, bzw. sie können ihre Seiten nicht effektiv so anbieten, dass man in der EU nicht auf sie zugreifen kann,[79] andererseits wird kritisiert, dass eine derartige ausschweifende Regelung aufgrund mangelnder Durchsetzungsmöglichkeiten dazu bestimmt ist, ins Leere zu laufen.[80] Zu recht wird darauf hingewiesen, dass eine derartige Auslegung dazu führen würde, dass sich Datenverarbeiter in Drittländern zunächst mit den nationalen Regelungen zahlreicher Länder vertraut machen müssten, wobei man sich zunächst die Frage stellen müsste, wer die Aufgabe übernehmen sollte, diese Stellen darüber zu informieren, dass sie EU-Datenschutzrecht einhalten müssen?[81]

Die Regelungen der Datenschutzrichtlinie, die das jeweils anwendbare nationale Recht betreffen, sind an sich bereits überaus komplex und diese Regelungen werden durch technische Entwicklungen immer wieder auf die Probe gestellt,[82] im Zusammenspiel mit den jeweiligen nationalen Regelungen ergeben sich jedoch kaum überschaubare Einzelprobleme, die es wiederum erschweren, eindeutig zu bestimmen, welches nationale Recht nun Anwendbarkeit findet.[83]

78 Die Art. 29 Working Group hat sich zunächst ausdrücklich dafür ausgesprochen, dass Cookies vom Anwendungsbereich des § 4 Abs. 1 Buchst. c der Richtlinie erfasst werden: "This will be the case, for example, for a text file installed on the hard drive of a computer which will receive, store and send back information to a server situated in another country. Such text files, named cookies, are used to collect data for a third party. If the computer is situated in an EU country and the third party is located outside the EU, the latter shall apply the principles of the national legislation of that Member State to the collection of data via the means of the cookie." *Article 29 Working Party*: Privacy on the Internet - An integrated EU Approach to Online Data Protection, WP 37, 21. November 2000.

79 *Kuner*, a.a.O. S. 124 f.

80 *Bygrave*, a.a.O., S. 255.

81 Ebd.

82 Zur Debatte über die Anwendbarkeit der Datenschutzrichltinie auf Cloud-Anbieter, die ihren Sitz nicht in der EU haben, siehe: *Hon/ Hörnle/ Millard*, Data protection jurisdiction and cloud computing – when are users and providers subject to EU data protection law? The cloud unknowing, International Review of Law, Computers & Technology, vol. 26, No. 2-3, 2012.

83 So besteht zum Beispiel mit Blick auf das BDSG das Problem, dass eine Niederlassung in der Regel keine verantwortliche Stelle darstellt, was jedoch nach der Richtlinie vorausgesetzt wird, siehe dazu ausführlich: *Dammann* a.a.O., Rn. 205 f.

c. Zukünftige Erweiterung?

Der Grundsatz des Niederlassungsprinzips wurde im Entwurf für eine Europäische Datenschutzgrundverordnung[84] übernommen,[85] jedoch insofern erweitert, als dass die Verordnung auch auf Fälle Anwendung findet, in denen eine zuständige Stelle, die ihren Sitz außerhalb der EU hat, personenbezogene Daten über eine in der Union ansässige Person erhebt.[86] Voraussetzung für diese Erweiterung ist, dass die Informationen erhoben werden, um in der Union Waren oder Dienstleistungen anzubieten[87] oder um das Verhalten einer Person zu beobachten.[88] Zu dem letzten Fall heißt es in Erwägungsgrund 21 des Verordnungsentwurfs: „Ob eine Verarbeitungstätigkeit der Beobachtung des Verhaltens von Personen gilt, sollte daran festgemacht werden, ob ihre Internetaktivitäten mit Hilfe von Datenverarbeitungstechniken nachvollzogen werden, durch die einer Person ein Profil zugeordnet wird, das die Grundlage für sie betreffende Entscheidungen bildet oder anhand dessen ihre persönlichen Vorlieben, Verhaltensweisen oder Gepflogenheiten analysiert oder vorausgesagt werden sollen."

Nach dieser Definition fallen zum Beispiel sämtliche Formen des Online-Trackings oder Behavioural Targeted Marketings unter den Anwendungsbereich der Verordnung, mit der Folge, dass jedes Unternehmen, das Internetdienste auch für in der EU ansässige Personen anbietet, EU-Datenschutzrecht beachten und die entsprechenden Verarbeitungsregeln und Betroffenenrechte wahren müsste. Der Unterschied zu einer weiten Interpretation von Art. 4 Abs. 1 Buchst. c, die weiter oben diskutiert wurde, besteht hier darin, dass die entsprechenden Anbieter eher in der Lage wären, zu kontrollieren, ob sie Dienste auch in der EU anbieten, bzw. ob bestimmte Tracking-Methoden zum Einsatz kommen oder nicht. Die datenverarbeitenden Stellen können so in gewisser Weise voraussehen, dass ihre Maßnahmen einen nachteiligen Einfluss auf die Privatsphäre der Betroffenen haben können. Für die Betroffenen bietet dies eine Erweiterung des Schutzbereichs. Vorteilhaft dürfte insbesondere sein, dass sie sich auf bestimmte Rechte (z.B. Auskunftsrecht) gegenüber Anbietern in Drittländern berufen können.

84 Vorschlag für eine Verordnung des Europäischen Parlaments und des Rates zum Schutz natürlicher Personen bei der Verarbeitung personenbezogener Daten und zum freien Datenverkehr (Datenschutz-Grundverordnung) vom 25.1.2012, im Folgenden DS-GV. Siehe zum gesamten Entwurf ausführlich: *Wagner*, Der Entwurf einer Datenschutz-Grundverordnung der Europäischen Kommission, DuD 2012, 676; *Tinnefeld*, Datenschutz in der Union, DuD 2012, 364.

85 Art. 3 Abs. 1 DS-GV. In Erwägungsgrund heißt es dazu: "Jede Verarbeitung personenbezogener Daten im Rahmen der Tätigkeiten einer Niederlassung eines für die Verarbeitung Verantwortlichen oder eines Auftragsverarbeiters in der Union sollte gemäß dieser Verordnung erfolgen, gleich, ob die Verarbeitung in oder außerhalb der Union stattfindet".

86 Art. 3 DS-GV.

87 Art. 3 Abs. 2 Buchst. a DS-GV.

88 Art. 3 Abs. 2 Buchst. b DS-GV.

4. Anwendbarkeit des BDSG: Territorialprinzip

Das BDSG adressierte bereits vor Erlass der Datenschutzrichtlinie bestimmte rechtliche Aspekte, die im Zusammenhang mit internationalen Datentransfers auftreten können, dabei ging das BDSG allerdings im Grundsatz nicht von dem in der Datenschutzrichtlinie verankerten Niederlassungsprinzip, sondern vom Territorialprinzip aus. Das BDSG musste insofern an die Datenschutzrichtlinie angepasst werden.[89] Die Anpassung musste in der Hinsicht erfolgen, dass entsprechend den Vorgaben der Richtlinie, Anbieter, die ihre Niederlassung in einem anderen Mitgliedsstaat haben und Daten in Deutschland erheben, nicht gezwungen werden, deutsches Datenschutzrecht zu beachten. Dieses Problem stellt sich nicht in Bezug auf datenverarbeitende Stellen aus Drittländern. § 1 Abs. 5 BDSG regelt, in welchen Fällen das BDSG Anwendung findet und unterscheidet dementsprechend danach, ob die datenverarbeitende Stelle im Geltungsbereich der Datenschutzrichtlinie „belegen" ist oder nicht.

Die Anwendbarkeit des BDSG wird durch ein Regel-Ausnahmeverhältnis bestimmt. Die Regel besagt: Die Regelungen des BDSG müssen beachtet werden, wenn die Datenverarbeitung innerhalb der Bundesrepublik Deutschland erfolgt. Für die Anwendbarkeit der Vorschriften kommt es daher grundsätzlich nicht darauf an, in welchem Land ein Unternehmen seinen Sitz oder seine Niederlassung hat. Ausländische Stellen dürfen, auch wenn nicht immer die gleichen Vorschriften anwendbar sind, nur unter den Verwendungsbedingungen Daten erheben, denen auch inländische Stellen unterliegen.[90] Ebenso gilt das BDSG, wenn Daten von Inter- oder Supranationalen Organisationen in Deutschland erhoben werden.[91]

Nur wenn auch das Recht eines anderen Mitgliedsstaates zur Anwendung kommt, erlaubt das BDSG eine Abweichung vom Territorialprinzip und das Niederlassungsprinzip findet Anwendung. Denn nur im Anwendungsbereich der Datenschutzrichtlinie ist ein einheitliches Schutzniveau gewährleistet.[92] Hingegen bestünde eine verfassungswidrige Schutzlücke, wenn das BDSG auch durch drittstaatliches Recht verdrängt werden würde.[93] Das Gesetz unterstellt damit, dass das datenschutzrechtliche Schutzniveau in allen anderen als den Mitgliedsstaaten der EU/ des EWR geringer einzustufen ist.[94]

89 Dazu ausführlich: *Duhr/ Naujok/ Schaar*, Anwendbarkeit des deutschen Datenschutzrechts auf Internetangebote, MMR 2001, XVI.
90 *Simitis* in *Simitis* Bundesdatenschutzgesetz, 2011, § 4b Rn. 9.
91 *Simitis*, a.a.O. Rn. 12. Als Beispiele nennt *Simitis* die Europäische Raumfahrorganisation (ESA), das europäische Patentamt und das Internationale Rote Kreuz.
92 *Dammann* a.a.O. Rn. 209.
93 Ebd. m.w.N.
94 A.a.O. Rn. 214.

Das BDSG nimmt keinen Bezug auf die von der Datenschutzrichtlinie getroffene Regelung, dass nationales Recht auch dann Anwendung finden soll, wenn die datenverarbeitende Stelle aus einem Drittland agiert und zur Erhebung personenbezogener Daten auf automatisierte Mittel in einem Mitgliedsstaat zurückgreift. Diese ausdrückliche Erwähnung erübrigt sich, da das BDSG ohnehin auf alle Fälle Anwendung finden soll, in denen personenbezogene Daten von einer Stelle in einem Drittland erhoben werden. Von diesem Grundsatz gibt es wiederum eine Ausnahme, wenn „gespeicherte“ Daten nur durch das Inland transportiert werden (§ 1 Abs. 5 S. 4), d. h. ein Datentransfer erfolgt, ohne dass die Daten in Deutschland zur Kenntnis genommen werden.[95]

5. Internationaler Datentransfer

Wie bereits eingangs erwähnt, dienen Datenschutzgesetze, die den internationalen Transfer von Daten betreffen, dem Zweck, zu verhindern, dass personenbezogene Daten an eine Stelle in einem anderen Land übermittelt werden, die keinen oder einen geringen Schutz dieser Informationen bietet. In gewisser Weise versucht der nationale Gesetzgeber, mit Hilfe dieser Vorschriften, seiner Schutzverpflichtung über seine eigenen Landesgrenzen hinaus nachzukommen.

a. Art. 25, 26 Datenschutzrichtlinie

Die wohl wichtigste Bedeutung der Datenschutzrichtlinie besteht, wie bereits erwähnt, darin, dass sie Datentransfers innerhalb der EU/ des EWR so behandelt, als sei es jeweils ein Austausch von Daten innerhalb eines Mitgliedsstaates. Dies wird dadurch zum Ausdruck gebracht, dass es in Art. 1 Abs. 2 heißt, dass die Mitgliedsstaaten den freien Verkehr personenbezogener Daten zwischen Mitgliedstaaten nicht aus Gründen des Schutzes der Grundrechte und Grundfreiheiten und insbesondere des Schutzes der Privatsphäre natürlicher Personen bei der Verarbeitung personenbezogener Daten beschränken oder untersagen dürfen. Folglich beziehen sich Art. 25 und 26 der Richtlinie, die den internationalen Datentransfer betreffen nur auf die Übertragung von Daten in Drittländer.

Kritisiert worden ist, dass die Architektur der Richtlinie eine falsche Wirklichkeit widerspiegele, da sie Art. 25 als „Grundsatz“ und Art. 26 als „Ausnahme“ betitele.[96] Während Art. 25 besagt, dass ein Transfer in ein Drittland nur erfolgen

95 *Gola/ Schomerus*, Bundesdatenschutzgesetz, 2012, § 1, Rn. 30.
96 *Simitis*, der Transfer von Daten in Drittländer – ein Streit ohne Ende? in: *Büllesbach* a.a.O, S. 177.

darf, wenn dieses Land ein angemessenes Schutzniveau gewährleistet, sieht Art. 26 vor, dass in bestimmten Fällen, etwa mit Einwilligung des Betroffenen oder zur Erfüllung einer vertraglichen Pflicht, auch eine Übermittlung erfolgen darf, wenn das Schutzniveau nicht als angemessen eingestuft wurde.

Der sogenannte Grundsatz des „angemessenen Schutzniveaus", der in Erwägungsgrund 57 nochmals bekräftigt wird,[97] stellt vor dem Hintergrund des alltäglichen internationalen Austauschs von Informationen, insbesondere beim Onlinehandel oder der Abwicklung von Dienstverträgen eher die Ausnahme dar. Bei einer großen Anzahl von Datenübermittlungen im Zusammenhang mit der Internetnutzung haben die Nutzenden mittelbar durch Vertragsabschluss oder unmittelbar ihre Einwilligung in die Übermittlung der Daten erklärt.[98] In diesem Fällen tragen sie dann auch jeweils das Risiko, ob ihre Daten entsprechend sicher verarbeitet werden oder nicht: „Die Richtlinie macht, so gesehen, die Beteiligung der Betroffenen zum Maßstab für die Verteilung der Transferrisiken. Wann immer sie einwilligen oder die Weitergabe im Zusammenhang mit einem Vertragsverhältnis erfolgt, in dem die Betroffenen unmittelbar involviert sind, müssen sie auch die Nachteile in Kauf nehmen."[99] Dieser „Systemfehler" der Datenschutzrichtlinie zeigt deutlich, dass diese in einer Zeit erarbeitet wurde, in der das Internet noch ein von wenigen genutztes Kommunikationsmittel darstellte. So gingen die Verfasser der Richtlinie davon aus, dass persönliche Daten „im Grundsatz" ohne Beteiligung der Betroffenen übermittelt werden. Das ist heute anders. Vor diesem Hintergrund stellt sich die Frage, ob der Gesetzgeber sich damit abfinden darf, dass die Frage, ob ein hinreichender Grundrechtsschutz gewährleistet wird, in der Regel davon abhängt, welchen Wert die Betroffenen dieser Frage einräumen, bzw. ob den Betroffenen zum maßgeblichen Zeitpunkt überhaupt bewusst war, welche Folgen ihre Einwilligung hat.[100]

b. §§ 4b, 4c BDSG

Auch das BDSG unterscheidet entsprechend den Vorgaben der Datenschutzrichtlinie zwischen Datentransfers innerhalb der EU, des EWR bzw. an Organe der EU (§ 4b Abs. 1 BDSG) und solchen die nicht im Rahmen von Tätigkeiten erfolgen, die in den Anwendungsbereich des Rechts der EU fallen (§ 4b Abs. 2 BDSG). In

97 Dort heißt es: „Bietet hingegen ein Drittland kein angemessenes Schutzniveau, so ist die Übermittlung personenbezogener Daten in dieses Land zu untersagen".

98 Ob diese Einwilligung immer die rechtlichen Voraussetzungen erfüllt sei an dieser Stelle dahin gestellt, siehe dazu kritisch: *Kutscha*, mehr Datenschutz- aber wie? ZRP 2010, 112.

99 *Simitis*, a.a.O., S. 181.

100 Ausführlich zur Freiwilligkeit der Einwilligung siehe in diesem Buch: Erster Teil, Kapitel III, 5, a.

den Fällen des Abs. 1 handelt es rechtlich betrachtet um eine „Variante der Weitergabe an inländische Stellen“,[101] sodass die Übermittlungen den gleichen Grundsätzen unterliegen wie Datenverarbeitungen innerhalb Deutschlands. Dies gilt nicht für Datentransfers in Drittländer, bei denen die Voraussetzungen von § 4b Abs. 2 oder § 4c BDSG erfüllt sein müssen. § 4b Abs. 2 S. 2 BDSG beinhaltet den Grundsatz, dass die Übertragung persönlicher Daten in Drittländer dann unterbleiben soll, wenn schutzwürdige Interessen der Betroffenen entgegenstehen. Dies ist insbesondere der Fall, wenn dort kein angemessenes Datenschutzniveau gewährleistet ist. Ebenso wie in der Richtlinie vorgesehen, erlaubt § 4c BDSG Ausnahmen von diesem Grundsatz. Diese betreffen Übermittlungen in Drittländer, die ganz oder teilweise dem Anwendungsbereich des EU-Rechts unterliegen. Die Tragweite des eigentlichen Grundsatzes wird dadurch, ebenso wie im Rahmen der Datenschutzrichtlinie erläutert, erheblich reduziert.[102] Darüber hinaus ist eine Übermittlung in ein Drittland, das kein angemessenes Schutzniveau bietet auch zulässig, wenn die zuständige Aufsichtsbehörde die Übermittlung genehmigt hat, dies regelt § 4c Abs. 2 BDSG.

c. Entscheidung über die Angemessenheit

Basierend auf Art. 25 der Datenschutzrichtlinie ist für Übermittlungen von Daten in Drittländer maßgeblich, ob in diesen Ländern ein angemessenes Schutzniveau in Bezug auf die Verarbeitung personenbezogener Daten sowie hinsichtlich der Wahrung der Privatsphäre besteht. Diese Regelung dient dem Zweck zu garantieren, dass EU Bürgerinnen und Bürger auch einen gewissen Grundrechtsschutz genießen, wenn ihre persönlichen Daten außerhalb der EU verarbeitet werden. Es wurde bereits darauf hingewiesen, dass dieser Grundsatz aufgrund der in Art. 26 Datenschutzrichtlinie und § 4c BDSG geregelten Ausnahmen eine geringere Bedeutung aufweist, als es die Regelungssystematik suggeriert. Für die Frage, ob ein entsprechender Grundrechtsschutz gewährleistet wird, ist diese Frage jedoch von Bedeutung, denn nur wenn in einem Drittland entsprechende Datenschutzprinzipien gewahrt werden, können sich Internetnutzerinnen und -nutzer auch auf ihre Rechte berufen. Die Entscheidung über die Angemessenheit beinhaltet jedoch einige Schwierigkeiten hinsichtlich der Entscheidung über die maßgeblichen Kriterien sowie deren Kontrolle.

Sowohl das BDSG als auch die Datenschutzrichtlinie benennen Kriterien zur Bestimmung der Angemessenheit. Es handelt sich aber jeweils nicht um eine pauschale Feststellung. Ob das Schutzniveau angemessen ist, muss von Fall zu Fall

101 *Simitis*, in *Simitis*, Bundesdatenschutzgesetz, § 4b, Rn. 26.
102 *Simitis*, a.a.O., § 4c, Rn. 1.

entschieden werden, wobei die spezifischen Umstände des Einzelfalles maßgeblich sind.[103] Als Kriterien herangezogen werden können insbesondere: die Art der Daten, die Zweckbestimmung, die Dauer der geplanten Verarbeitung, das Herkunfts- und das Endbestimmungsland, die für den Empfänger geltenden Rechtsnormen und Standesregeln sowie Maßnahmen der Datensicherheit.[104] Auch wird darauf verwiesen, dass der Inhalt der bestehenden verbindlichen Vorschriften sowie die Mittel, die ihre Einhaltung sicherstellen sollen, für die Beurteilung der Angemessenheit entscheidend sein müssten.[105] Damit wird auf das Problem hingewiesen, dass es nicht nur darauf ankommt, ob Datenschutzvorschriften bestehen, sondern auch darauf, ob deren Einhaltung effektiv überwacht wird. In diesem Zusammenhang wird gefordert, dass Kontroll- bzw. Durchsetzungsmechanismen bestehen, die mit dem Regime des BDSG bzw. der Datenschutzrichtlinie vergleichbar sind.[106] Als angemessen wird dabei jedes funktional äquivalente Kontrollmodell eingestuft.[107]

Der Entwurf für eine Datenschutzgrundverordnung bestimmt die Kriterien, die für die Bestimmung der Angemessenheit relevant sind, genauer.[108] Maßgeblich sind zunächst die Rechtsstaatlichkeit, die allgemeinen und besonderen Datenschutzvorschriften sowie entsprechende Betroffenenrechte.[109] Darüber hinaus ist die Existenz unabhängiger Aufsichtsbehörden, die die Einhaltung der Vorschriften überwachen und für die Zusammenarbeit mit den Aufsichtsbehörden in der EU zuständig sind, von Bedeutung für die Frage der Angemessenheit.[110] Als weiteres Kriterium werden die von dem betreffenden Land eingegangen internationalen Verpflichtungen benannt.[111]

Bereits unter dem Regime der Datenschutzrichtlinie hat die sogenannte Artikel 29 Datenschutzgruppe begonnen eine Liste von Ländern zu erstellen, in denen ein angemessenes Schutzniveau vorliegt. Anhand dieser Empfehlungen trifft die Kommission in der Regel ihre Entscheidung über die Angemessenheit.[112] An diesem Vorgehen wird kritisiert, dass sich die Datenschutzgruppe und die Kommission, entgegen den Vorgaben der Richtlinie nicht am Einzelfall orientierten, sondern die Einzelfallprüfung durch eine pauschale Bewertung der abstrakten Normen

103 *Simitis*, a.a.O., § 4b, Rn. 48.
104 A.a.O. § 4b, Rn.
105 *Däubler* in: *Däubler/Klebe/Wedde/Weichert,* Bundesdatenschutzgesetz, 2010, § 4b Rn. 11 ff.
106 Ausführlich zur Bestimmung der Gleichwertigkeit siehe *Simitis*, a.a.O., Rn. 52.
107 *Simitis* a.a.O., Rn. 61.
108 Art. 41 Abs. 2 GV-E.
109 Art. 41 Abs. 2 Buchst. a GV-E.
110 Art. 41 Abs. 2 Buchst. b GV-E.
111 Art. 41 Abs. 2 Buchst. c GV-E.
112 Die Kommission hat für folgende Länder ein angemessens Schutzniveau bejaht: Andorra, Argentinien, Australien, Kanada, Schweitz, Faröer Inseln, Guernsey, Israel, Isle of Man, Jersey.

ersetzten.[113] Aus diesem Grund könne die Entscheidung der Kommission allenfalls eine Entscheidungshilfe für die Zulässigkeit der Übermittlung gemäß den Vorschriften des BDSG bieten, diese jedoch nicht ersetzen.[114] Somit können nur, vorbehaltlich des Vorliegens der Übermittlungsvoraussetzungen nach dem BDSG, Übermittlungen an in diesen Ländern ansässige Empfänger ohne eine gesonderte Überprüfung der Angemessenheit des Schutzniveaus erfolgen.[115]

d. Safe Harbor und PNR-Abkommen

Neben den von der Kommission benannten Ländern mit einem angemessenen Schutzniveau gab es in der Vergangenheit zwei weitere bedeutende Entscheidungen in dieser Hinsicht. Zum einen hat die Kommission entschieden, dass das mit dem US-Handelsministerium ausgehandelte „Safe Harbor"-Paket einen angemessenen Datenschutz bietet.[116] Zum anderen wurde anerkannt, dass die Übertragung von Fluggastdaten im Rahmen des sogenannten Passenger Name Record (PNR)-Abkommens an das US Department of Homeland Security, einem angemessenen Schutz unterliege.[117] Beide Entscheidungen waren erforderlich, da für die USA insgesamt kein angemessenes Schutzniveau bejaht werden kann. Ob dieser Schutz gewährleistet wird, ist trotz der Entscheidung der Kommission in beiden Fällen Gegenstand großer Kontroversen.

Safe Harbor stellt ein aus mehreren Dokumenten bestehendes Abkommen zwischen der Europäischen Kommission und dem US Department of Commerce dar.[118] Dieses Abkommen bewirkt, dass für jedes in den USA ansässige Unternehmen, das sich den internationalen Datenschutzgrundsätzen von Safe Harbor verpflichtet, ein angemessenes Schutzniveau angenommen wird.[119] Die Safe-Harbor-Vereinbarung sieht vor, dass die Unternehmen die folgenden sieben Prinzipien einhalten müssen, um ein angemessenes Datenschutzniveau vorweisen zu können:

113 *Simitis*, a.a.O., Rn. 65.
114 A.a.O., Rn. 66.
115 *Gola/ Schomerus* a.a.O., Rn. 14.
116 Entscheidung der Kommission vom 26. Juli 2000 gemäß der Richtlinie 95/46/EG des Europäischen Parlaments und des Rates über die Angemessenheit des von den Grundsätzen des „sicheren Hafens"und der diesbezüglichen „Häufig gestellten Fragen" (FAQ) gewährleisteten Schutzes, vorgelegt vom Handelsministerium der USA (Bekannt gegeben unter Aktenzeichen K(2000) 2441).
117 Entscheidung der Kommission vom 14. Mai 2004 gemäß der Richtlinie 95/46/EG des Europäischen Parlaments und des Rates über die Angemessenheit des Schutzes der personenbezogenen Daten, die in den Passenger Name Records enthalten sind, welche dem United States Bureau of Customs and Border Protection übermittelt werden (Bekannt gegeben unter Aktenzeichen K(2004) 1914).
118 Sämtliche Dokumente und die Liste der zertifizierten Unternehmen sind im Internet abrufbar unter: http://export.gov/safeharbor/.
119 *Greer*, Safe Harbor- ein bewährter Rechtsrahmen, RDV 2011, 267, m.w.N.

- „Informationspflicht: die Unternehmen müssen die Betroffenen darüber unterrichten, welche Daten sie für welche Zwecke erheben und welche Rechte die Betroffenen haben.
- Wahlmöglichkeit: die Unternehmen müssen den Betroffenen die Möglichkeit geben, der Weitergabe ihrer Daten an Dritte oder der Nutzung für andere Zwecke zu widersprechen.
- Weitergabe: wenn ein Unternehmen Daten an Dritte weitergibt, muss es die Betroffenen darüber und die unter 2. aufgeführte Wahlmöglichkeit informieren.
- Zugangsrecht: die Betroffenen müssen die Möglichkeit haben, die über sie gespeicherten Daten einzusehen und sie ggfs. berichtigen, ergänzen oder löschen zu können.
- Sicherheit: die Unternehmen müssen angemessene Sicherheitsvorkehrungen treffen, um die Daten vor unbefugtem Zugang oder vor Zerstörung und Missbrauch zu schützen.
- Datenintegrität: die Unternehmen müssen sicherstellen, dass die von ihnen erhobenen Daten korrekt, vollständig und zweckdienlich sind.
- Durchsetzung: die dem Safe Harbor beigetretenen Unternehmen verpflichten sich zudem, Streitschlichtungsmechanismen beizutreten, sodass die Betroffenen ihre Beschwerden und Klagen untersuchen lassen können und ihnen im gegebenen Fall Schadensersatz zukommt."[120]

Darüber hinaus sieht die Vereinbarung vor, dass die Unternehmen fünfzehn häufig gestellte Fragen zu beachten haben. In den Antworten zu diesen Fragen werden die Prinzipien näher erläutert.[121] Der Düsseldorfer Kreis hat in diesem Zusammenhang darauf hingewiesen, dass sich Daten exportierende Unternehmen bei Übermittlungen an Stellen in die USA nicht allein auf die Behauptung einer Safe Habor-Zertifizierung des Datenimporteurs verlassen können. Vielmehr muss sich das Daten exportierende Unternehmen nachweisen lassen, dass die Safe Harbor-Selbstzertifizierungen vorliegen und deren Grundsätze auch eingehalten werden.[122] Deutsche Unternehmen können sich folglich nicht durch eine Berufung auf Safe Harbor von ihrer eigenen Prüfpflicht frei machen.

Der Europäische Rat hat vor dem Europäischen Gerichtshof (EuGH) erwirkt, dass die Angemessenheitsentscheidung der Kommission bezüglich der Übermittlung von Fluggastdaten aufgehoben wurde, da die Kommission für die Beurteilung der Rechtmäßigkeit der Übermittlung der Daten, die Zwecken der Terrorabwehr

120 Informationen zu Safe Harbor und die Aufzählung sind auf den Seiten des Bundesbeauftragten für Informationsfreiheit im Internet abrufbar unter: http://www.bfdi.bund.de/DE/EuropaUndInternationales/Art29Gruppe/Art./SafeHarbor.html?nn=409532.

121 A.a.O.

122 *Düsseldorfer Kreis*, Prüfung der Selbst-Zertifizierung des Datenimporteurs nach dem Safe Harbor-Abkommen durch das Daten exportierende Unternehmen, Beschluss vom 28./29. April 2010.

dienen, nicht zuständig war.[123] Die Artikel 29 Datenschutzgruppe hat bereits im Vorfeld der Kommissionsentscheidung Bedenken gegen das Abkommen geäußert.[124] Die Kommission hat sich über diese Kritik hinweggesetzt. Es wurde angemerkt, dass die Kommission diesen Weg gewählt haben könnte, weil die Angemessenheitsentscheidung eine vergleichsweise schnelle und pragmatische Lösung bot, um eine Rechtsgrundlage für die Übermittlung der Daten in die USA zu schaffen.[125] Vor diesem Hintergrund erscheint die Kommission nicht als das geeignete Organ, um die Letztentscheidungsbefugnis über die Angemessenheit auszuüben. Insbesondere die ihr gemäß Art. 17 Abs. 1 EU-V zugeordneten Exekutivaufgaben und sicherheitspolitische Interessen stehen häufig im Widerspruch zu Datenschutzinteressen, sodass fraglich ist, wie die Kommission hier eine objektive Entscheidung über internationale Datentransfers treffen soll. Es besteht zumindest die Gefahr, dass die Kommission ihre Kompetenz nutzt, um politische Ziele durchzusetzen. Auch aus diesem Grund sollte die Angemessenheitsentscheidung nicht das einzige Kriterium für die Bewertung der Rechtmäßigkeit einer Übermittlung bieten. Wie in der Richtlinie und im BDSG gefordert, sollte stets am Einzelfall geprüft werden, ob schutzwürdige Individualinteressen einer Übermittlung entgegenstehen.

Diese beiden Beispiele verdeutlichen, dass zur Beantwortung der Frage nach der Rechtmäßigkeit internationaler Datenübertragungen letztlich der Einzelfall ausschlaggebend sein sollte. So zeigt sich aber das Dilemma des internationalen Datenschutzes: einerseits fordert der Grundrechtsschutz, dass stets eine Einzelfallprüfung erfolgen soll, andererseits kann niemand all die Einzelfälle prüfen und beurteilen. So gelingt es zwar der EU ihre „Datenschutzprinzipien" zu exportieren, aber es kann nicht garantiert werden, dass die Rechte der EU-Bürgerinnen und Bürger auch gewahrt werden. Das Beispiel des PNR-Abkommens zeigt, dass eine gründliche Prüfung des Grundrechtsschutzes unter bestimmten Umständen hinter sicherheitspolitischen Erwägungen zurücksteht.

123 EuGH, Urteil vom 30. 5. 2006 - C-317, 318/04; NJW 2006, 2029.

124 *Article 29 Data Protection Working Party*, Opinion 6/ 2002: Transmission of Passenger Manifest Information and other data from Airlines to the United States, WP 66, 24. Oktober 2002; Opinion 4/2003: On the Level of Protection ensured in the US for the Transfer of Passengers' Data, WP 78, 13. Juni 2003.

125 Siehe dazu ausführlich: *Simitis*: Übermittlung der Daten von Flugpassagieren in die USA: Dispens vom Datenschutz? NJW 2006, 2011.

6. Ausblick

Das Internet ist global und zeigt auf, wo nationale Gesetze ihre Grenzen finden: „Nirgends zeigt sich die Schwächung der Ordnungsfunktion des demokratischen Rechtsstaats so deutlich wie in der Internetkommunikation – und damit auch beim Datenschutz."[126] Eine besondere Herausforderung besteht darin, die sich noch heute in den Datenschutzgesetzen niedergeschriebene Vorstellung, dass internationale Datentransfers – insbesondere unter Beteiligung der Betroffenen – eine Ausnahme darstellen, über Bord zu werfen. Dies bedeutet leider zunächst anzuerkennen, dass der Grundsatz gegenwärtig lautet, dass persönliche Daten in Länder übermittelt werden, in denen kein angemessenes Schutzniveau besteht. Mit anderen Worten: Im Normalfall entscheiden die Internetnutzerinnen und -nutzer bewusst oder unbewusst, dass der Schutz ihres Rechts auf informationelle Selbstbestimmung an den Außengrenzen der EU endet.

Die vorgenannten datenschutzrechtlichen Beispiele zur Anwendbarkeit des Rechts und zum internationalen Datentransfer haben auch gezeigt, dass das Problem nicht darin besteht, dass international keine materiellen Vorschriften zur Verarbeitung personenbezogener Daten bestehen, sondern, dass deren Einhaltung nicht sichergestellt werden kann. Dabei gilt es zu bedenken, dass international aufgrund kultureller und politischer Rahmenbedingungen sehr unterschiedliche Konzepte von Privatsphäre existieren. Das Ziel der EU kann insofern nicht darin bestehen, ihr vergleichsweise weit reichendes Verständnis in dieser Hinsicht anderen Nationen aufzudrängen. Vielmehr sollte das Ziel darin bestehen, darauf hinzuwirken, dass minimale Standards international tatsächlich eingehalten und nicht nur auf dem Papier anerkannt werden. Denn es ist heute für Drittländer relativ einfach, bestimmte Prinzipien und Standards formal anzuerkennen, wenn deren Missachtung letztlich keine Folgen hat. In diesem Zusammenhang sollten die Mitgliedsstaaten der EU mit gutem Beispiel vorangehen, denn die Durchsetzungsmechanismen weisen auch innerhalb der EU Mängel auf.

Wo streng rechtliche Instrumente nicht alleine wirksam sind, bieten möglicherweise technikbasierte Ansätze wie „privacy by design" gute Aussichten, ein Mindestmaß an Datenschutz zu gewährleisten. Darüber hinaus leisten Selbstverpflichtungen, die auch Kontroll- und Durchsetzungsmechanismen vorsehen, einen wichtigen Beitrag, um das Datenschutzniveau zu verbessern. Diese Forderung nach einem Mindestmaß an garantierten Datenschutzprinzipien erscheint angesichts der umfassenden Schutzpflicht des Staates gegenüber den Bürgerinnen und Bürgern, was die Sicherung des Rechts auf informationelle Selbstbestimmung und Privatsphäre betrifft, nicht zufriedenstellend. Die Erfüllung dieser Schutzpflicht ist je-

126 *Masing*, Herausforderungen des Datenschutzes, NJW 2012, 2010.

doch derzeit faktisch nicht möglich, sodass bereits in den 90-er Jahren folgende Argumentation in dieser Hinsicht vertreten wurde: „Für den Schutz seiner Bürger ist der Staat zwar weiterhin verantwortlich. Wo er diesen aber nicht mehr selbst gewährleisten kann, genügt er seiner Schutzpflicht, wenn er für Systemschutz sorgt und Selbstschutz ermöglicht. Denn die staatliche Schutzpflicht besteht nur im Rahmen des Möglichen.“[127] Mit guten Argumenten wird daher gefordert, international bewährte Standards in Bezug auf technische und organisatorische Maßnahmen zum Datenschutz und zur Datensicherheit ins internationale Datenschutzrecht einzuführen.[128] Ein erster Schritt in diese Richtung könnte darin bestehen, bei der anstehenden Überarbeitung der OECD Datenschutzrichtlinien[129] entsprechende Vorschriften zu „privacy by design“ einzuführen,[130] um auf diese Weise zu gewährleisten, dass zumindest ein Mindestmaß an Grundrechtsschutz beim internationalen Datenverkehr beachtet wird.

127 *Roßnagel*, Globale Netze: Ohnmacht des Staates – Selbstschutz der Bürger, ZRP 1997, 27, m.w.N.

128 *Münch*, Lässt der Entwurf einer Europäischen Datenschutzgrundverordnung eine Modernisierung des technisch-organisatorischen Datenschutzes erwarten, RDV 2012, 72.

129 OECD Richtlinien über Datenschutz und grenzüberschreitende Ströme personenbezogener Daten vom 23. September 1980.

130 *Kierkegaard/Waters/ u.a.*, 30 years on - The review of the Council of Europe Data Protection Convention 108, Computer Law & Security Review 27, 2011, S. 223 ff.

Literaturverzeichnis

Abendroth, Wolfgang: Das Grundgesetz, 3. Aufl. 1972

Albers, Marion: Informationelle Selbstbestimmung, 2005

–, Grundrechtsschutz der Privatheit, in: DVBl. 2010, S. 1061 ff.

Albrecht, Hans-Jörg/Dorsch, Claudia/Krüpe, Christiane: Rechtswirklichkeit und Effizienz der Überwachung der Telekommunikation nach den §§ 100a, 100b StPO und anderer verdeckter Ermittlungsmaßnahmen, 2003

Albrecht, Peter-Alexis: Der Weg in die Sicherheitsgesellschaft, 2010

Article 29 Data Protection Working Party: Working Document: Privacy on the Internet - An integrated EU Approach to Online Data Protection, WP 37, 21. November 2000

–, Opinion 6/ 2002: Transmission of Passenger Manifest Information and other data from Airlines to the United States", WP 66, 24. Oktober 2002

–, Opinion 4/2003: on the Level of Protection ensured in the US for the Transfer of Passengers Data, WP 78, 13. Juni 2003

Arzt, Clemens: Automatisierte Kfz-Kennzeichenerkennung, in: Roggan, Fredrik/Kutscha, Martin (Hg.): Handbuch zum Recht der Inneren Sicherheit, 2. Aufl. 2006, S. 229 ff.

–, Das Bayerische Versammlungsgesetz von 2008, in: DÖV 2009, S. 381 ff.

Backes, Otto/Gusy, Christoph: Wer kontrolliert die Telefonüberwachung? 2003

Bäcker, Matthias: Die Vertraulichkeit der Internetkommunikation, in: Rensen, Hartmut/ Brink, Stefan (Hg.): Linien der Rechtsprechung des Bundesverfassungsgerichts, 2009, S. 99 ff.

–, Terrorismusabwehr durch das Bundeskriminalamt, 2009

–, Grundrechtlicher Informationsschutz gegen Private, in: Der Staat 51 (1/2012), S. 91 ff.

Baer, Susanne: Braucht das Grundgesetz ein Update? In: Blätter f. dt. u. intern. Politik 1/2011, S. 90 ff.

Bär, Wolfgang: TK-Überwachung. Kommentar, 2010

–, Urteilsanmerkung, in: MMR 2011, S. 691 ff.

Bäuerle, Michael: Polizeirecht in Deutschland, in: APuZ 48/2008, S. 15 ff.

Bäumler, Helmut (Hg.): Polizei und Datenschutz, 1999

Baldus, Manfred: Der Kernbereich privater Lebensgestaltung – absolut geschützt, aber abwägungsoffen, in: JZ 2008, S. 218 ff.

Barton, Dirk-Michael: Multimediarecht, 2010

Baum, Gerhart R./Schantz, Peter: Die Novelle des BKA-Gesetzes, in: ZRP 2008, S. 137 ff.

Bausback, Winfried: Fesseln für die wehrhafte Demokratie? In: NJW 2006, S. 1922 ff.

Bautze, Kristina: Die Menschenwürde als Ware, in: JURA 2011, S. 647 ff.

Becker, Christian/Meinicke, Dirk: Die sog. Quellen-TKÜ und die StPO – Von einer „herrschenden Meinung“ und ihrer fragwürdigen Entstehung, in: StV 2011, S. 50 ff.

Beestermöller, Gerhard/Brunkhorst, Hauke (Hg.): Rückkehr der Folter, 2006

Beisenherz, Gerhard/Tinnefeld, Marie-Theres: Aspekte der Einwilligung, in: DuD 2011, S. 110 ff.

Benda, Ernst: Die Notwendigkeit bereichsspezifischer Regelungen für Informationseingriffe der Sicherheitsbehörden – Erfahrungen aus dem Volkszählungsurteil, in: Schriftenreihe der Polizeiführungsakademie 1/1995, S. 1 ff.

Bennett, Colin J./ Grant, Rebecca: Visions of Privacy: Policy Choices for the digital Age, 1999

Berliner Datenschutzbeauftragter: Stellungnahme zum Urteil des Bundesverfassungsgerichts zum Volkszählungsgesetz 1983 vom 15. Dezember, 1983

Beukelmann, Stephan: Die Online-Durchsuchung, in: StraFo 2008, S. 1 ff.

–, Surfen ohne strafrechtliche Grenzen, in: NJW 2012, 2617 ff.

Bieber, Christoph/Eifert, Martin/Groß, Thomas/Lamla, Jörn (Hg.): Soziale Netze in der digitalen Welt, 2009

Bizer, Johann: Evaluierung der Telekommunikationsüberwachung, in: Bäumler, Helmut (Hg.): Polizei und Datenschutz, 1999, S. 130 ff.

–, Datenschutz durch Technikgestaltung, in: Bäumler, Helmut/v. Mutius, Albert (Hg.): Datenschutzgesetze der dritten Generation, 1999, S. 28 ff.

Bleicher, Joan Kristin: Internet, 2010

Bode, Thilo/Pink, Katja: Geburtstagsparty im Kanzleramt, in: Blätter f. dt. u. intern. Politik 6/2012, S. 75 ff.

Böckenförde, Ernst-Wolfgang: Grundrechtstheorie und Grundrechtsinterpretation: In: NJW 1974, S. 1529 ff.

–, Entstehung und Wandel des Rechtsstaatsbegriffs, in: Ders.: Staat, Gesellschaft, Freiheit, 1976, S. 65 ff.

–, Menschenwürde als normatives Prinzip, in: JZ 2003, S. 809 ff.

–, Bleibt die Menschenwürde unantastbar? In: Blätter f. dt. u. intern. Politik 2004, S. 1216 ff.

–, Vom Wandel des Menschenbildes im Recht, in: Ders.: Wissenschaft, Politik, Verfassungsgericht, 2011; S. 13 ff.

–, Freiheitssicherung gegenüber gesellschaftlicher Macht, in: Ders.: Wissenschaft, Politik, Verfassungsgericht, 2011, S. 72 ff.

Böckenförde, Thomas: Die Ermittlung im Netz, 2003

–, Auf dem Weg zur elektronischen Privatsphäre, in: JZ 2008, S. 925 ff.

Boehme-Neßler, Volker: Überlegungen zur Relativierung des Rechts in der digitalisierten Welt, 2008

Bohnen, Simon: Die BDSG-Novellen 2009/2010, 2011

Bommarius, Christian: Ein Fels in der Brandung. Das Bundesverfassungsgericht und die Grundrechte, in: KJ 2011, S. 43 ff.

Braun, Frank/Fuchs, Katharina: Der Schutz des Kernbereichs privater Lebensgestaltung, in: Die Polizei 2010, S. 185 ff.

Braun, Ilja: Die Rückkehr der Autoren, in: Blätter f. dt. u. intern. Politik 1/2011, S. 101 ff.

Brenneisen, Hartmut/Brenneisen, Julia (Hg.): Rechtsprechung des BVerfG, 2009

Brenneisen, Hartmut/Rogosch Josef K./Martins, Michael: Reaktion auf neuartige Informationseingriffe: Die Entscheidungen des BVerfG zur Online-Durchsuchung und zum automatisierten Kennzeichenabgleich, in: Die Polizei 2008, S. 245 ff.

Brenneisen, Hartmut/Staack, Dirk: Die Videobildübertragung nach allgemeinem Polizeirecht, in: DuD 1999, S. 447 ff.

Breyer, Patrick: Kfz-Massenabgleich nach dem Urteil des Bundesverfassungsgerichts, in: NVwZ 2008, S. 824 ff.

Britz, Gabriele: Vertraulichkeit und Integrität informationstechnischer Systeme, in: DÖV 2008, S. 411 ff.

Brunst, Phillip W.: Urteilsanmerkung, in: CR 2009, S. 591 ff.

Buchholz, Günter/Litzcke, Sven M.: Thesen zur Leistungsmessung an Hochschulen am Beispiel der Lehrevaluation, in: Die Neue Hochschule 3-4/2008, S. 38 ff.

Buchner, Benedikt: Die Einwilligung im Datenschutzrecht, in: DuD 2010, S. 39 ff.

–, Facebook & Co, in: DuD 2012, S. 705

Buermeyer, Ulf/Bäcker, Matthias: Zur Rechtswidrigkeit der Quellen-Telekommunikationsüberwachung auf Grundlage des § 100a StPO, in: HRRS 2009, S. 433 ff.

Büllesbach, Alfred (Hg.): Datenverkehr ohne Datenschutz, Eine globale Herausforderung, 1999

Bütikofer, Reinhard: Dual Use: Exportkontrolle ohne Zähne, in: Blätter f. dt. u. intern. Politik 12/2011, S. 9 ff.

Bull, Hans Peter: Zweifelsfragen um die informationelle Selbstbestimmung – Datenschutz als Datenaskese? In: NJW 2006, S. 1617 ff.

–, Vorratsdatenspeicherung – Recht gegen Dämonen? NJW-Editorial 12/2010

–, Die „völlig unabhängige" Aufsichtsbehörde - Zum Urteil des EuGH vom 9.3.2010 in Sachen Datenschutzaufsicht, EuZW 2010; S. 488 ff.

Bundesbeauftragter für den Datenschutz und die Informationsfreiheit: Tätigkeitsbericht 2009 und 2010 des Bundesbeauftragten für den Datenschutz und die Informationsfreiheit – 23. Tätigkeitsbericht –, 2011

Busch,Heiner: Terrorismusbekämpfungsergänzungsverlängerungsgesetz, in: Müller-Heidelberg, *Till u. a. (Hg.)*: Grundrechte-Report 2012, 2012, S. 21 ff.

Bygrave, Lee A.: Data Protection Law – Approaching Its Rationale, Logic, Limits, 2002

–, Determining Applicable Law pursuant to European Data Protection Legislation, Computer Law & Security Report, 2000, volume 16, S. 252 ff.

Caspar, Johannes: Arbeitnehmerdatenschutz, in: DuD 2011, S. 687 ff.

Classen, Claus Dieter: Die Menschenwürde ist – und bleibt – unantastbar, in: DÖV 2009, S. 689 ff.

Däubler, Wolfgang/Klebe, Thomas/Wedde, Peter/Weichert, Thilo: Bundesdatenschutzgesetz. Kommentar, 3. Aufl., 2010

Dammann, Ilmer: Der Kernbereich der privaten Lebensgestaltung, 2011

Denninger, Erhard: Das Recht auf informationelle Selbstbestimmung, in: Hohmann, Harald (Hg.): Freiheitssicherung durch Datenschutz, 1987, S. 127 ff.

–, Neues Computergrundrecht? In. Müller-Heidelberg u. a. (Hg.): Grundrechte-Report 2009, 2009, S. 20 ff.

Desoi, Monika/Knierim, Antonie: Intimsphäre und Kernbereichsschutz, in: DÖV 2011, S. 398 ff.

Dieth, Eric: Recht – als Prostituierte des Marktes oder als Schutz vor Vermarktung? In: 49. Assistententagung Öffentliches Recht. Recht und Markt, 2009, S. 137 ff.

Diggelmann, Oliver: Grundrechtsschutz der Privatheit, in: VVDStRL 70 (2011), S. 50 ff.

Dix, Alexander: Neue Zugriffsmöglichkeiten der Sicherheitsbehörden auf Telekommunikationsdaten, in: Bäumler, Helmut (Hg.): Polizei und Datenschutz, 1999, S. 250 ff.

–, Testberichte über Hochschullehrer, in: DuD 2006, S. 330 ff.

–, Neue Perspektiven für den Schutz personenbezogener Daten? In: Roggan, Fredrik (Hg.): Online-Durchsuchungen, 2008, S. 71 ff.

-, Persönlichkeits- und Datenschutz im Internet – Anforderungen und Grenzen einer Regulierung, in: DuD 2013, 44

Dreier, Horst (Hg.): Grundgesetz. Kommentar, Bd. I, 2. Aufl. 2004

Düsseldorfer Kreis: Prüfung der Selbst-Zertifizierung des Datenimporteurs nach dem Safe Harbor-Abkommen durch das Daten exportierende Unternehmen, Beschluss vom 28./29. April 2010

Duhr, Elisabeth/ Naujok, Helga/ Schaar, Peter: Anwendbarkeit des deutschen Datenschutzrechts auf Internetangebote, in: MMR 2001, XVI.

Dürig, Günter: Der Grundrechtssatz von der Menschenwürde, in: AöR 81 (1956), S. 117 ff.

Dulckeit, Gerhard/Schwarz, Fritz: Römische Rechtsgeschichte, 4. Aufl. 1966

Eckhardt, Jens: Wie weit reicht der Schutz des Fernmeldegeheimnisses? In: DuD 2006, S. 365 ff.

Eifert, Martin: Informationelle Selbstbestimmung im Internet, in: NVwZ 2008, S. 521 ff.

–, Freie Persönlichkeitsentfaltung in sozialen Netzen, in: Bieber, Christoph u. a. (Hg.): Soziale Netze in der digitalen Welt, 2009, S. 253 ff.

Elsner, Thomas/Schobert, Klara: Gedanken zur Abwägungsresistenz der Menschenwürde, in: DVBl. 2007, S. 278 ff.

Enders, Christoph: Die Menschenwürde in der Verfassungsordnung, 1997

Erd, Rainer: Bundesverfassungsgericht versus Politik, in: KJ 2008, S. 118 ff.

–, Datenschutzrechtliche Probleme sozialer Netzwerke, in: NVwZ 2011, S. 19 ff.

Fechner, Frank: Medienrecht, 13. Aufl. 2012

Fetzer, Thomas/Zöller, Mark: Verfassungswidrige Videoüberwachung, in: NVwZ 2007, S. 775 ff.

Fisahn, Andreas/Kutscha, Martin: Verfassungsrecht konkret. Die Grundrechte, 2. Aufl. 2011

Fischer-Lescano, Andreas/Maurer, Andreas: Grundrechtsbindung von privaten Betreibern öffentlicher Räume, in: NJW 2006, S. 1393 ff.

Flaherty, David H.: Protecting Privacy in Surveillance Societies: The Federal Republic of Germany, Sweden, France, Canada, and the United States, 1989

Fraenkel, Reinhard/Hammer, Volker: Vom Staats- zum Verfassungstrojaner, in: DuD 2011, S. 887 ff.

Frenz, Walter: Menschenwürde und Persönlichkeitsrecht versus Opferschutz und Fahndungserfolg, in: NVwZ 2007, S. 631 ff.

–, Informationelle Selbstbestimmung im Spiegel des BVerfG, in: DVBl. 2009, S. 333 ff.

Friedewald, Michael/Raabe, Oliver/Georgieff, Peter/Koch, Daniel J./Neuhäusler, Peter: Ubiquitäres Computing, 2010

Fuchs, Christian: Facebook, Web 2.0 und ökonomische Überwachung, in: DuD 2010, S. 453 ff.

Gaede, Karsten: Der grundrechtliche Schutz gespeicherter E-Mails beim Provider und ihre weltweite strafprozessuale Überwachung, in: StV 2009, S. 96 ff.

Garstka, Hansjürgen: Bestandsaufnahme über die Situation des Datenschutzes „10 Jahre nach dem Volkszählungsurteil", in: DuD 1994, S. 243 ff.

Gercke, Björn: Telekommunikationsüberwachung (TKÜ): Lückenlose Überwachung von Datennetzen? In: Roggan, Fredrik/Kutscha, Martin (Hg.), Handbuch zum Recht der Inneren Sicherheit, 2. Aufl. 2006, S. 145 ff.

–, Die Kumulation strafprozessualer Beweisgewinnungsmaßnahmen, in: Hiebl, Stefan u. a. (Hg.): Festschrift für Volkmar Mehle, 2009, S. 219 ff.

–, Urteilsanmerkung, in: StV 2009, S. 624 ff.

–, Urteilsanmerkung, in: StV 2010, S. 281 ff.

–, Urteilsanmerkung, in: StV 2012, S. 266 ff.

Gerhartinger, Hartwig: Die Google-Datenschutzerklärung auf dem Prüfstand, in: ZD 2012, S. 303 ff.

Gersdorf, Hubertus: Vom Medien- zum (Massen-) Kommunikationsprivileg: Zum verfassungsrechtlichen Spannungsverhältnis zwischen informationeller Selbstbestimmung und Kommunikationsfreiheiten am Beispiel von sozialen Netzwerken und Suchmaschinen, in: Hill, Hermann/Schliesky, Utz (Hg.): Die Vermessung des virtuellen Raums, 2012, S. 163 ff.

Gesellschaft für Rechtspolitik, Trier u. a.(Hg.): Bitburger Gespräche in München, Bd. 1. Datenschutz im Arbeitsverhältnis, 2012

Glaser, Andreas: Grundrechtlicher Schutz der Ehre im Internetzeitalter, in: NVwZ 2012, S. 1432 ff.

Göres, Ulrich: Zur Rechtmäßigkeit des automatisierten Abrufs von Kontoinformationen – Ein weiterer Schritt zum gläsernen Bankkunden, in: NJW 2005, S. 253 ff.

Görisch, Christoph: To be or note2be? Lehrerbewertungsportale im deutsch-französischen Rechtsprechungsvergleich, in: DVBl. 2010, S. 155 ff.

Goerlich, Helmut (Hg.): Rechtsfragen der Nutzung und Regulierung des Internet, 2010

Gola, Peter/Klug, Christoph: Die Entwicklung des Datenschutzrechts in den Jahren 2008/2009, in: NJW 2009, S. 2577 ff.

Gola, Peter/Schomerus, Rudolf: Bundesdatenschutzgesetz. Kommentar, 2012

-/-, Die Organisation der staatlichen Datenschutzkontrolle der Privatwirtschaft, in: ZRP 2000, S. 183 ff.

Gounalakis, Georgios: Urheberrecht im ideologischen Zangengriff, in: Bieber, Christoph u. a. (Hg.), Soziale Netzwerke in der digitalen Welt, 2009, S. 215 ff.

Gounalakis, Georgios/Klein, Catherine: Zulässigkeit von personenbezogenen Bewertungsplattformen, in: NJW 2010, S. 566 ff.

Grabitz, Eberhard/ Hilf, Meinhard: Das Recht der Europäischen Union, 2009

Grassmuck, Volker: Freie Software – zwischen Privat- und Gemeineigentum, 2. Aufl. 2004

Greer, Damon: Safe Harbor- ein bewährter Rechtsrahmen, RDV 2011, S. 267 ff.

Grimm, Dieter: Die Meinungsfreiheit in der Rechtsprechung des Bundesverfassungsgerichts, in: NJW 1995, S. 1697 ff.

–, Das Öffentliche Recht vor der Frage nach seiner Identität, 2012

Groß, Thomas: Soziale Netzwerke und die Transformation des Urheberrechts, in: Bieber, Christoph u. a. (Hg.), Soziale Netze in der digitalen Welt, 2009, S. 203 ff.

Gruneberg, Antje: Informationsquelle Internet versus Urheberrecht? In: Goerlich, Helmut (Hg.): Rechtsfragen der Nutzung und Regulierung des Internet, 2010, S. 111 ff.

Guckelberger, Annette: Zukunftsfähigkeit landesrechtlicher Kennzeichenabgleichsnormen, in: NVwZ 2009, S. 352 ff.

Gudermann, Anne: Online-Durchsuchung im Lichte des Verfassungsrechts, 2010

Gurlit, Elke: Die Verfassungsrechtsprechung zur Privatheit im gesellschaftlichen und technologischen Wandel, in: RDV 2006, S. 43 ff.

–, Verfassungsrechtliche Rahmenbedingungen des Datenschutzes, in: NJW 2010, S. 1035 ff.

Gusy, Christoph: Gewährleistung von Freiheit und Sicherheit im Lichte unterschiedlicher Staats- und Verfassungsverständnisse, in: VVDStRL 63 (2004), S. 151 ff.

–, Gewährleistung der Vertraulichkeit und Integrität informationstechnischer Systeme, in: DuD 2009, S. 33 ff.

Gusy, Christoph/Worms, Christoph: Grundgesetz und Internet, in: APuZ 18-19/2009, S. 26 ff.

Häberle, Peter: Die Abhörentscheidung des Bundesverfassungsgerichts vom 15. 12. 1970, in: JZ 1971, S. 145 ff.

Härting, Niko: Datenschutz zwischen Transparenz und Einwilligung, in: CR 2011, S. 169 ff.

Härting, Niko/Schneider, Jochen: Das Dilemma der Netzpolitik, in: ZRP 2011, S. 233 ff.

Hahn, Ulrich: Datenschutzrecht und grenzüberschreitender Datenverkehr – Regelungsbedarf, Rechtsvergleich und Rechtsfortbildung, 1994

Hanschmann, Felix: Demontage eines Grundrechts, in: DÖV 2009, S. 389 ff.

Hansen, Marit: Vertraulichkeit und Integrität von Daten und IT-Systemen im Cloud-Zeitalter, in: DuD 2012, S. 407 ff.

Hansen, Markus/Pfitzmann, Andreas: Techniken der Online-Durchsuchung: Gebrauch, Missbrauch, Empfehlungen, in: Roggan, Fredrik (Hg.): Online-Durchsuchungen, 2008, S. 131 ff.

Hassemer, Winfried: Vom Datenschutz zum Verbraucherschutz – und zurück? In: Müller-Heidelberg, Till u. a. (Hg.): Grundrechte-Report 2012, 2012, S. 15 ff.

Haug, Volker: Internetrecht, 2. Aufl. 2010

Hayes, Ben: In einer durchsichtigen Welt, in: Bürgerrechte & Polizei/CILIP 97 (3/2010), S. 36 ff.

Hecker, Wolfgang: Relativierung des Folterverbots in der BRD? In: KJ 2003, S. 210 ff.

Heckmann, Dirk: Der virtuelle Raum als Wohnung? In: Festschrift für Rolf Stober, 2008, S. 615 ff.

–, BVerfG v. 2. 3. 2010, 1 BvR 256/08 – Vorratsdatenspeicherung, in: Menzel, Jörg/Müller-Terpitz, Ralf (Hg.): Verfassungsrechtsprechung, 2011, S. 893 ff.

–, Persönlichkeitsschutz im Internet, in: NJW 2012, S. 2631 ff.

Heinemann, Gerrit: Der neue Online-Handel, 3. Aufl. 2010

Heise, Michael: Grundrecht auf Gewährleistung der Vertraulichkeit und Integrität informationstechnischer Systeme? In: RuP 2009, S. 94 ff.

Heller, Christian: Post-Privacy, 2011

Hennemann, Moritz: Urteilsanmerkung, in: JZ 2012, S. 1025 ff.

Henrichs, Axel/Wilhelm, Jörg: Polizeiliche Ermittlungen in sozialen Netzwerken, in: Kriminalistik 2010, S. 30 ff.

Hermann, Christoph: Das Grundrecht auf Gewährleistung der Vertraulichkeit und Integrität informationstechnischer Systeme, 2010

Hermida del Llano, Cristina: Die Verteidigung der individuellen Privatsphäre innerhalb des "sozialen Exhibitionismus", in: DuD 2011, S. 639 ff.

Hermonies, Felix: Online-Durchsuchung mittels Staatstrojanern, in: RuP 2011, S. 193 ff.

Heselhaus, Sebastian M./Nowak, Carsten (Hg.): Handbuch der Europäischen Grundrechte, 2006

Hess, Thomas/Schreiner, Michael: Ökonomie der Privatsphäre, in: DuD 2012, S. 105 ff.

Hilbrans, Sönke: Wir sehen uns sowieso in Karlsruhe? Der Gesetzentwurf zur Änderung des Bundeskriminalamtsgesetzes, in: Datenschutz Nachrichten 2008, S. 60 ff.

–, Der Staatstrojaner außer Kontrolle, in: Müller-Heidelberg, Till u. a. (Hg.): Grundrechte-Report 2012, 2012, S. 32 ff.

Hill, Hermann/Schliesky, Utz (Hg.): Die Vermessung des virtuellen Raums, 2012

Hömig, Dieter: „Neues" Grundrecht, neue Fragen? In: JURA 2009, S. 207 ff.

Hoeren, Thomas: Anonymität im Web – Grundfragen und aktuelle Entwicklungen, in: ZRP 2010, S. 251 ff.

–, Internet und Recht – Neue Paradigmen des Informationsrechts, in: NJW 1998, S. 2850.

Hoffmann-Riem, Wolfgang: Informationelle Selbstbestimmung in der Informationsgesellschaft, in: AöR 123 (1998), S. 513 ff.

–, Der grundrechtliche Schutz der Vertraulichkeit und Integrität eigengenutzter informationstechnischer Systeme, in: JZ 2008, S. 1009 ff.

–, Grundrechts- und Funktionsschutz für elektronisch vernetzte Kommunikation, in: AöR 134 (2009), S. 513 ff.

–, Neue Kollektivität im World Wide Web als Herausforderung für das Recht, in: JZ 2012, S. 1081 ff.

Hofmann, Phillip: Von lahmenden Jägern und gierigen Sammlern, in: Müller-Heidelberg, Till u. a. (Hg.): Grundrechte-Report 2012, 2012, S. 29 ff.

Hohmann-Dennhardt, Christine: Freiräume – Zum Schutz der Privatheit, in: NJW 2006, S. 545 ff.

Holznagel, Bernd: Das Grundrecht auf informationelle Selbstbestimmung, in: Pieroth, Bodo (Hg.): Verfassungsrecht und soziale Wirklichkeit in Wechselwirkung, 2000, S. 29 ff.

Hon, W. Kuan/ Hörnle, Julia/ Millard/ Christopher: Data protection jurisdiction and cloud computing – when are users and providers subject to EU data protection law? The cloud unknowing, International Review of Law, Computers & Technology, Vol. 26, No. 2-3, 2012

Horn, Hans-Detlef: Schutz der Privatsphäre, in: Isensee, Josef/Kirchhof, Paul (Hg.): Handbuch des Staatsrechts, Bd. VII, 3. Aufl. 2009, S. 147 ff.

Hornung, Gerrit: Die Festplatte als Wohnung? In: JZ 2007, S. 828 ff.

–, Ermächtigungsgrundlage für die „Online-Durchsuchung"? In: DuD 2007, S. 575 ff.

–, Ein neues Grundrecht, in: CR 2008, S. 299 ff.

–, Die kumulative Wirkung von Überwachungsmaßnahmen: Eine Herausforderung an die Evaluierung von Sicherheitsgesetzen, in: Albers, Marion/Weinzierl, Ruth (Hg.): Menschenrechtliche Standards in der Sicherheitspolitik, 2010, S. 65 ff.

–, Datenschutz durch Technik in Europa, in: ZD 2011, S. 51 ff.

Hornung, Gerrit/Schnabel, Christoph: Verfassungsrechtlich nicht schlechthin verboten – Das Urteil des Bundesverfassungsgerichts in Sachen Vorratsdatenspeicherung, in: DVBl. 2010, S. 824 ff.

V. Humboldt, Wilhelm: Ideen zu einem Versuch, die Grenzen der Wirksamkeit des Staats zu bestimmen (1792), Reclam-Ausgabe 1967

Iraschko-Luscher, Stephanie/Kiekenbeck, Pia: Internetbewertungen von Dienstleistern – praktisch oder kritisch? In: ZD 2012, S. 261 ff.

Isensee, Josef: Das Grundrecht auf Sicherheit, 1983

–, Würde des Menschen, in: Merten, Detlef/Papier, Hans-Jürgen (Hg.), Handbuch der Grundrechte, Bd. IV, 2001, S. 3 ff.

Jach, Frank-Rüdiger: Verfassungsrechtliche Fragen der Verlängerung und Neuregelung von Auskunftsrechten des Verfassungsschutzes, in: DÖV 2012, S. 797 ff.

Jahn, Matthias: Der strafprozessuale Zugriff auf Telekommunikationsverbindungsdaten – BVerfG, NJW 2006, 976, in: JuS 2006, S. 491 ff.

Jahn, Matthias/Geck, Elena: Tagebuchfall revisited – Der Bundesgerichtshof, die Gedankenfreiheit und ein Selbstgespräch im Auto, in: JZ 2012, S. 561 ff.

Jarass, Hans D./Pieroth, Bodo: Grundgesetz. Kommentar, 11. Aufl. 2011

Jellinek, Georg: System der subjektiven öffentlichen Rechte, 2. Aufl. 1905, Nachdruck 1963

Kaiser, Anna-Bettina: Bewertungsportale im Internet – Die spickmich-Entscheidung des BGH, in: NVwZ 2009, S. 1474 ff.

–, Rechtlich gefordertes Nichtwissen im virtuellen Raum – Der Schutz der Privatsphäre im Web 2.0, in: Hill, Hermann/Schliesky, Utz (Hg.): Die Vermessung des virtuellen Raums, 2012, S. 55 ff.

Kamp, Johannes: Personenbewertungsportale, 2011

Kant, Immanuel: Grundlegung zur Metaphysik der Sitten (1786), in: Ders.: Werke in 10 Bänden (Hg. Weischedel, Wilhelm), Bd. 6, 1983

Kant, Martina/Busch, Heiner: Der Staat surft mit, in: Bürgerrechte & Polizei/CILIP 98 (1/2011), S. 40 ff.

Kappes, Christoph: Netz ohne Vertrauen: Die neue Mega-Öffentlichkeit, in: Blätter f. dt. u. intern. Politik 5/2012, S. 99 ff.

Karg, Moritz/Thomsen, Sven: Tracking und Analyse durch Facebook, in: DuD 2012, S. 729 ff.

Katz, Alfred: Staatsrecht, 18. Aufl. 2010

Kersten, Jens/Meinel, Florian: Grundrechte in privatisierten öffentlichen Räumen, in: JZ 2007, S. 1127 ff.

Kilian, Wolfgang/Heussen, Benno: Computerrechts-Handbuch, 2008

Kleih, Björn-Christian: Die strafprozessuale Überwachung der Telekommunikation, 2010

Klein, Hans H.: Die Grundrechte im demokratischen Staat, 1974

Klein, Oliver: Offen und (deshalb) einfach – Zur Sicherstellung und Beschlagnahme von E-Mails beim Provider, in: NJW 2009, S. 2996 ff.

Klesczewski, Diethelm: Urteilsanmerkung, in: JZ 2010, S. 629 ff.

Kloepfer, Michael/Schärdel, Florian: Grundrechte für die Informationsgesellschaft – Datenschutz und Informationszugangsfreiheit ins Grundgesetz? In: JZ 2009, S. 453 ff.

Knierim, Antonie: Kumulation von Datensammlungen auf Vorrat, in: ZD 2011, S. 17 ff.

Kohlmann, Diana: Online-Durchsuchungen und andere Maßnahmen mit Technikeinsatz, 2012

Konferenz der Datenschutzbeauftragten: Ein modernes Datenschutzrecht für das 21. Jahrhundert, in: BfDI: 23. Tätigkeitsbericht 2009-2010, S. 169 ff.

–, Entschließung der Konferenz der Datenschutzbeauftragten des Bundes und der Länder und der Datenschutzkommission Rheinlandpfalz vom 27./ 28. März 1984

–, Entschließung der 65. Konferenz der Datenschutzbeauftragten des Bundes und der Länder vom 27./28. März 2003

–, Entschließung der 70. Konferenz der Datenschutzbeauftragten des Bundes und der Länder am 27./28. Oktober 2005

–, Entschließung der 79. Konferenz der Datenschutzbeauftragten des Bundes und der Länder vom 17./18. März 2010

Konferenz der Europäischen Datenschutzbeauftragten: Entschließung über die Notwendigkeit eines umfassenden Rahmens für den Datenschutz, Brüssel, 5. April 2011

Koranyi, Johannes/Singelnstein, Tobias: Rechtliche Grenzen für polizeiliche Bildaufnahmen von Versammlungen, in: NJW 2011, S. 124 ff.

Korff, Douwe / Brown, Ian: New Challenges to Data Protection - Final Report, European Commission DG Justice, Freedom and Security Report, 2010

-/-, New Challenges to Data Protection Study - Country Report: Germany, 2010

Kube, Hanno: Neue Medien – Internet, in: Isensee, Josef/Kirchhof, Paul (Hg.): Handbuch des Staatsrechts Bd. IV, 3. Aufl. 2006, S. 843 ff.

–, Persönlichkeitsrecht, in: Isensee, Josef/Kirchhof, Paul (Hg.): Handbuch des Staatsrechts Bd. VII, 3. Aufl. 2009, S. 79 ff.

Kühling, Jürgen: Datenschutz in einer künftigen Welt allgegenwärtiger Datenverarbeitung, in: Die Verwaltung 2007, S. 153 ff.

Kühling, Jürgen/Bohnen, Simon: Zur Zukunft des Datenschutzrechts – Nach der Reform ist vor der Reform, in: JZ 2010, S. 600 ff.

Künast, Renate: „Meine Daten gehören mir“ – und der Datenschutz gehört ins Grundgesetz, in: ZRP 2008, S. 203 ff.

Kugelmann, Dieter: Das Informationsfreiheitsgesetz des Bundes, in: NJW 2005, S. 3609 ff.

–, Polizei- und Ordnungsrecht, 2. Aufl. 2012

Kuner, Christopher: European Data Protection Law – Corporate Compliance and Regulation, 2007

Kunig, Philip: Der Grundsatz informationeller Selbstbestimmung, in: JURA 1993, S. 595 ff.

Kurz, Constanze: Kernbereichsschutz im digitalen Zeitalter, in: Betrifft JUSTIZ 100 (2009), S. 164 ff.

Kutscha, Martin: Verfassung und „streitbare Demokratie“, 1979

–, Rechtsschutzdefizite bei Grundrechtseingriffen von Sicherheitsbehörden, in: NVwZ 2003, S. 1296 ff.

–, Neue Grenzmarken des Polizeiverfassungsrechts, in: NVwZ 2005, S. 1231 ff.

–, Innere Sicherheit und Verfassung, in: Roggan, Fredrik/Kutscha, Martin (Hg.): Handbuch zum Recht der Inneren Sicherheit, 2. Aufl. 2006, S. 24 ff.

–, Verdeckte „Online-Durchsuchung“ und Unverletzlichkeit der Wohnung, in: NJW 2007, S. 1169 ff.

–, Überwachungsmaßnahmen von Sicherheitsbehörden im Fokus der Grundrechte, in: LKV 2008, S. 481 ff.

–, Mehr Datenschutz- aber wie? in: ZRP 2010, S. 112 ff.

–, Demonstrationen auf dem Bildschirm der Polizei, in: KJ 2011, S. 223 ff.

- , Hochschullehre unter Fachaufsicht? In: NVwZ 2011, S. 1178 ff.

–, Informationelle Selbstbestimmung – Grundrecht ohne Zukunft? In: Jahrbuch Öffentliche Sicherheit 2010/2011, 1. Halbbd. 2011, S. 377 ff.

–, Die Erkenntnisse des Polyphem. Anmerkungen zum Verfassungsschutz, in: Vorgänge 197 (1/2012), S. 86 ff.

Kierkegaard, Sylvia/ Waters, Nigel/ u.a.: 30 years on - The review of the Council of Europe Data Protection Convention 108, Computer Law & Security Review 27, 2011, S. 223 ff.

Ladeur, Karl-Heinz: Das Recht auf informationelle Selbstbestimmung: Eine juristische Fehlkonstruktion? In: DÖV 2009, S. 45 ff.

–, Urteilsanmerkung, in: JZ 2009, S. 966 ff.

–, Die Beobachtung der kollektiven Dimension der Grundrechte durch eine liberale Grundrechtstheorie, in: Der Staat 2011, S. 493 ff.

Lamprecht, Rolf: Ich gehe bis nach Karlsruhe. Eine Geschichte des Bundesverfassungsgerichts, 2011

Laskowski, Silke Ruth: Privatisierung der Wasserversorgung, in: KJ 2011, S. 185 ff.

Leisegang, Daniel: Kulturflatrate: Der neue Sozialvertrag, in: Blätter f. dt. u. intern. Politik 1/2011, S. 106 ff.

Lepsius, Oliver: Das Computer-Grundrecht: Herleitung – Funktion – Überzeugungskraft, in: Roggan, Fredrik (Hg.): Online-Durchsuchungen, 2008, S. 21 ff.

–, Sicherheit und Freiheit – ein zunehmend asymmetrisches Verhältnis, in: Schuppert, Gunnar Folke u. a. (Hg.): Der Rechtsstaat unter Bewährungsdruck, 2010, S. 23 ff.

v. Lewinski, Kai: Zur Geschichte von Privatsphäre und Datenschutz – eine rechtshistorische Perspektive, in: Schmidt, Jan-Hinrik/Weichert, Thilo (Hg.); Datenschutz, 2012, S. 23 ff.

Lisken, Hans/Denninger, Erhard (Hg.), Handbuch des Polizeirechts, 5. Aufl. 2012

Loosen, Wiebke: (Massen-)Medien und Privatheit, in: Schmidt, Jan-Hinrik/Weichert, Thilo (Hg.): Datenschutz, 2012, S. 52 ff.

Mager, Christoph: Terrorismusbekämpfung zwischen Freiheit und Sicherheit, 2005

Mahlmann, Matthias: Elemente einer ethischen Grundrechtstheorie, 2008

Manssen, Gerrit: Das „Grundrecht auf Vertraulichkeit und Integrität informationstechnischer Systeme“ – Ein gelungener Beitrag zur Findung unbenannter Freiheitsrechte? In: Uerpmann-Wittzack, Robert (Hg.): Das neue Computergrundrecht, 2009, S. 61 ff.

Marx, Karl: Zur Judenfrage (1843), in: Marx/Engels-Werke Bd. 1, 1976, S. 347 ff.

–, Zur Kritik der Hegelschen Rechtsphilosophie. Einleitung (1843), in: Marx/Engels-Werke Bd. 1, 1976, S. 378 ff.

Masing, Johannes: Meinungsfreiheit und Schutz der verfassungsrechtlichen Ordnung, in: JZ 2012, S. 585 ff.

–, Herausforderungen des Datenschutzes, in: NJW 2012, S. 2305 ff.

Maunz, Theodor/Dürig, Günter: Grundgesetz. Kommentar (Loseblattsammlung)

Medienpädagogischer Forschungsverbund Südwest: Jugend, Information, (Multi-)Media – JIM-Studie 2011

Meininghaus, Florian: Der Zugriff auf E-Mails im strafrechtlichen Ermittlungsverfahren, 2007

Meißelbach, Christoph: Web 2.0 – Demokratie 3.0? 2009

Meyer-Goßner, Lutz: Strafprozessordnung, Kommentar, 54. Aufl. 2011

Merten, Jan O.: Folterverbot und Grundrechtsdogmatik, in: JR 2003, S. 404 ff.

Mill, John Stuart: Über die Freiheit (1859), Nachdruck 1988

Mitrou, Evangelia: Die Entwicklung der institutionellen Kontrolle des Datenschutzes, 1993

Möllers, Christoph: Wandel der Grundrechtsjudikatur, in: NJW 2005, S. 1973 ff.

Möllers, Martin H. W.: Polizei und Grundrechte, 2006

Möstl, Markus: Vorratsdatenspeicherung – wie geht es weiter? In: ZRP 2011, S. 225 ff.

Mühlberg, Annette: Der gescorte Mensch – Wege aus der „Facebook-Falle“, in: Bsirske, Frank u. a. (Hg.): Grenzenlos vernetzt? 2012, S. 165 ff.

Müller, Birgit: Einsatzmöglichkeiten virtueller Vertrauenspersonen, Verdeckter Ermittler und nicht öffentlich ermittelnder Polizeibeamter, in: Kriminalistik 2012, S. 295 ff.

Münch, Peter: Lässt der Entwurf einer Europäischen Datenschutzgrundverordnung eine Modernisierung des technisch-organisatorischen Datenschutzes erwarten, RDV 2012, S. 72

V. Münch, Ingo/Kunig, Philip (Hg.): Grundgesetz. Kommentar, Bd. I, 6. Aufl. 2012

Nettesheim, Martin: Die Garantie der Menschenwürde zwischen metaphysischer Überhöhung und bloßem Abwägungstopos, in: AöR 130 (2005), S. 71 ff.

–, Grundrechtsschutz der Privatheit, in: VVDStRL 70 (2011), S. 7 ff.

Nolte, Norbert: Zum Recht auf Vergessen im Internet, in: ZRP 2011, S. 236 ff.

Nord, Jantina/Manzel, Martin: “Datenschutzerklärungen” – misslungene Erlaubnisklauseln zur Datennutzung, in: NJW 2010, S. 3756 ff.

Nuss, Sabine: Umkämpftes Copyright, in: Blätter f. dt. u. intern. Politik 12/2012, S. 85 ff.

Ohler, Christoph: Urteilsanmerkung, in: JZ 2010, S. 626 ff.

Orantek, Kerstin: Datenschutz im Informationszeitalter, 2008

–, Die Vorratsdatenspeicherung in Deutschland, in: NJ 2010, S. 193 ff.

Paal, Boris P./Hennemann, Moritz: Schutz von Urheberrechten im Internet, in: MMR 2012, S. 288 ff.

Papier, Hans-Jürgen: Entwicklungen des Rechts auf informationelle Selbstbestimmung seit dem Volkszählungsurteil des Bundesverfassungsgerichts, in: Gesellschaft für Rechtspolitik (Hg.): Bitburger Gespräche in München, Bd. 1, 2012, S. 17 ff.

Papier, Hans-Jürgen/Möller, Johannes: Das Bestimmtheitsgebot und seine Durchsetzung, in: AöR 122 (1997), S. 177 ff.

Peifer, Karl-Nikolaus: Persönlichkeitsschutz und Internet – Anforderungen und Grenzen einer Regulierung, in: JZ 2012, S. 851 ff.

Peine, Franz-Joseph: Allgemeines Verwaltungsrecht, 9. Aufl. 2008

Penski, Ulrich: Staatlichkeit öffentlicher Verwaltung und ihre marktmäßige Modernisierung, in: DÖV 1999, S. 85 ff.

Perels, Joachim: Die Würde des Menschen ist unantastbar, in: Bub, Wolf-Rüdiger u. a. (Hg.): Zivilrecht im Sozialstaat. Festschrift für Peter Derleder, 2005, S. 635 ff.

Perreng, Martina: Datenschutz ist ein Grundrecht – auch im Arbeitsverhältnis, in: Schmidt, Jan-Hinrik/Weichert, Thilo (Hg.): Datenschutz, 2012, S. 206 ff.

Petri, Thomas: Datenschutzrechtliche Einwilligung im Massengeschäftsverkehr, in: RDV 2007, S. 153 ff.

–, Das Urteil des Bundesverfassungsgerichts zur „Online-Durchsuchung“, in: DuD 2008, S. 443 ff.

–, Prüfbericht zum „Staatstrojaner“ in: DUD 2012, S. 710

Pfitzmann, Andreas: Möglichkeiten und Grenzen von Anonymität, in: Sokol, Bettina (Hg.): Datenschutz und Anonymität, 2000, S. 9 ff.

Pietzner, Rainer/ Reinermann, Heinrich: Stellungnahme zum BDSG, 1977

Popp, Andreas: Die „Staatstrojaner“-Affäre: (Auch) ein Thema für den Datenschutz, in: ZD 2012, S. 51 ff.

Poscher, Ralf: Grundrechte als Abwehrrechte, 2003

–, Menschenwürde und Kernbereichsschutz, in: JZ 2009, S. 269 ff.

–, Sicherheitsverfassungsrecht im Wandel, in: Vesting, Thomas/Korioth, Stefan (Hg.): Der Eigenwert des Verfassungsrechts, 2011, S. 245 ff.

Puschke, Jens: Die kumulative Anordnung von Informationsbeschaffungsmaßnahmen im Rahmen der Strafverfolgung, 2006

Puschke, Jens/Singelnstein, Tobias: Telekommunikationsüberwachung, Vorratsdatenspeicherung und (sonstige) heimliche Ermittlungsmaßnahmen der StPO nach der Neuregelung zum 1. 1. 2008, in: NJW 2008, S. 113 ff.

Reidenberg, Joel R.: Resolving Conflicting International Data Privacy Rules in Cyberspace, Stanford Law Review, 2000, vol. 52, S. 1315 ff.

Reppesgaard, Lars: Global Players: Die großen Internetunternehmen betrachten den Datenschutz eher als Geschäftshindernis, in: Schmidt, Jan-Hinrik/Weichert, Thilo (Hg.): Datenschutz, 2012, S. 412 ff.

Rheinhardt, Ernst: Gedankensprünge, 2003

Richter, Frederick: Urheberrechtsreformen und freies Internet, in: RuP 2012, S. 148 ff.

Rinken, Alfred: Die Erosion des Öffentlichen, in: Hufen, Friedhelm (Hg.): Verfassungen. Festschrift zum 70. Geburtstag für Hans-Peter Schneider, 2008, S. 97 ff.

Roggan, Fredrik (Hg.): Lauschen im Rechtsstaat. Gedächtnisschrift für Hans Lisken, 2004

–, Online-Durchsuchungen, 2008

–, Das neue BKA-Gesetz – Zur weiteren Zentralisierung der deutschen Sicherheitsagentur, in: NJW 2009, S. 257 ff.

–, Polizeiliche Bildaufnahmen von friedlichen Versammlungen unter freiem Himmel, in: NVwZ 2010, S. 1402 ff.

–, Der Schutz des Kernbereichs privater Lebensgestaltung bei strafprozessualer Telekommunikationsüberwachung, in: StV 2011, S. 762 ff.

–, Kommentar zum Gesetz zur Beschränkung des Brief-, Post- und Fernmeldegeheimnisses, in: Das deutsche Bundesrecht, I A 35, 2012

–, Demonstranten unter Generalverdacht? In. Müller-Heidelberg, Till u. a. (Hg.): Grundrechte-Report 2012, 2012, S. 100 ff.

Roggan, Fredrik/Kutscha, Martin (Hg.): Handbuch zum Recht der Inneren Sicherheit, 2. Aufl., 2006

Rosengarten, Carsten/Römer, Sebastian: Der „virtuelle verdeckte Ermittler" in sozialen Netzwerken und Internetboards, in: NJW 2012, S. 1764 ff.

Rosenzweig, Beate: Von der Bedeutung des Privaten für die Politik: Grenzziehungen zwischen *oikos* und *polis* bei Platon und Aristoteles, in: Seubert, Sandra/Niesen, Peter (Hg.): Die Grenzen des Privaten, 2010, S. 25 ff.

Rössler, Beate: Privatheit und Autonomie: zum individuellen und gesellschaftlichen Wert des Privaten, in: Seubert, Sandra/Niesen, Peter (Hg.): Die Grenzen des Privaten, 2010, S. 41 ff.

Roggenkamp, Jan D.: Verfassungs- und datenschutzrechtliche Anforderungen an die technische Gestaltung von sogenannten Staatstrojanern, in: Peters, Falk u. a. (Hg.): Innovativer Datenschutz, 2012, S. 267 ff.

–, Besprechung des Beschlusses des AG Reutlingen vom 31. 10. 2011, in: AnwZert ITR 12/2012, Nr. 2

Rossi, Matthias: Informationszugangsfreiheit und Verfassungsrecht, 2004

Roßnagel, Alexander: Handbuch Datenschutzrecht, 2003 (zitiert als: *Autor*, in: *Roßnagel*, Handbuch Datenschutz)

–, Globale Netze: Ohnmacht des Staates – Selbstschutz der Bürger, in: ZRP 1997, S. 26 ff.

–, Verfassungsrechtliche Grenzen polizeilicher Kfz-Kennzeichenerfassung, in: NJW 2008, S. 2547 ff.

–, Persönlichkeitsentfaltung zwischen Eigenverantwortung, gesellschaftlicher Selbstregulierung und staatlicher Regulierung, in: Bieber, Christoph u. a. (Hg.), Soziale Netze in der digitalen Welt, 2009, S. 271 ff.

–, Die Zukunft informationeller Selbstbestimmung: Datenschutz ins Grundgesetz und Modernisierung des Datenschutzkonzepts, in: Kritische Justiz (Hg.): Verfassungsrecht und gesellschaftliche Realität, 2009, S. 99 ff.

–, Die Novellen zum Datenschutzrecht – Scoring und Adresshandel, in: NJW 2009, S. 2716 ff.

–, Die „Überwachungs-Gesamtrechnung" – Das BVerfG und die Vorratsdatenspeicherung, in: NJW 2010, S. 1238 ff.

–, Modernisierung des Datenschutzrechts, in: Schmidt, Jan-Hinrik/Weichert, Thilo (Hg.): Datenschutz, 2012, S. 331 ff.

Roßnagel, Alexander/Pfitzmann, Andreas/Garstka, Hansjürgen: Modernisierung des Datenschutzrechts, 2001

Roßnagel, Alexander/Schnabel, Christoph: Das Grundrecht auf Gewährleistung der Vertraulichkeit und Integrität informationstechnischer Systeme und sein Einfluss auf das Privatrecht, in: NJW 2008, S. 3534 ff.

Roxin, Claus: Die strafrechtliche Beurteilung der elterlichen Züchtigung, in: JuS 2004, S. 177 ff.

- , Zur Strafbarkeit des Geschwisterinzests, in: StV 2009, S. 544 ff.

Roxin, Claus/Schünemann, Bernd: Strafverfahrensrecht, 27. Aufl. 2012

Rudolf, Walther: Recht auf informationelle Selbstbestimmung, in: Merten, Detlef/Papier, Hans-Jürgen (Hg.), Handbuch der Grundrechte, Bd. IV, 2011, S. 233 ff.

Rupp, Hans H.: Urteilsanmerkung, in : NJW 1971, S. 275 ff.

Rux, Johannes: Ausforschung privater Rechner durch die Polizei- und Sicherheitsbehörden, in: JZ 2007, S. 285 ff.

–, Analogie oder besondere Ausprägung des Verhältnismäßigkeitsprinzips? In: JZ 2007, S. 831 ff.

Sachs, Michael: Grundrechte: Fernmeldegeheimnis und Unverletzlichkeit der Wohnung, in: JuS 2012, S. 374 ff.

Sachs, Michael/Krings, Thomas: Das neue „Grundrecht auf Gewährleistung der Vertraulichkeit und Integrität informationstechnischer Systeme", in: JuS 2008, S. 481 ff.

Sauer, Heiko: Grundrechte. Verfassungsmäßigkeit des Großen Lauschangriffs, in: JA 2005, S. 16 ff.

Schaar, Peter: Das Ende der Privatsphäre, 2007

–, Datenschutz ins Grundgesetz? In: Robertson-von Trotha, Caroline Y. (Hg.): 60 Jahre Grundgesetz, 2009, S. 133 ff.

–, Systemdatenschutz – Datenschutz durch Technik oder warum wir eine Datenschutztechnologie brauchen, in: Schmidt, Jan-Hinrik/Weichert, Thilo (Hg.): Datenschutz 2012, S. 363 ff.

Schaefer, Jan Philipp: Neues vom Strukturwandel der Öffentlichkeit, in: Der Staat 2012, S. 251 ff.

Schewe, Christoph: Das Ende der präventiven Rasterfahndung zur Terrorismusbekämpfung? In: NVwZ 2007, S. 174 ff.

Schlink, Bernhard: Der Grundsatz der Verhältnismäßigkeit, in: Festschrift 50 Jahre Bundesverfassungsgericht, Bd. II, 2001, S. 445 ff.

Schlögel, Martina: Das Bundesverfassungsgericht im Politikfeld Innere Sicherheit, 2010

–, Die Karlsruher Entscheidung zur Vorratsdatenspeicherung: Lässt das Bundesverfassungsgericht die Bürger im Regen stehen? In: Gesellschaft –Wirtschaft – Politik 2010, S. 167 ff.

–, Das Bundesverfassungsgericht, die informationelle Selbstbestimmung und das WEB 2.0, in: ZfP 2012, S. 85 ff.

Schmid, Karl (=Carlo): Die Legitimität der Verfassung, in: DRZ 1946, S. 2 ff.

Schmidt, Jan-Hinrik/Weichert, Thilo (Hg.): Datenschutz, 2012

Schnabel, Christoph: Die polizeiliche Videoüberwachung öffentlicher Orte in Niedersachsen, in: DuD 2011, S. 879 ff.

Schneider, Hans-Peter: Grundrechte und Verfassungsdirektiven, in: Merten, Detlef/Papier, Hans-Jürgen (Hg.): Handbuch der Grundrechte, Bd. I, 2004, S. 707 ff.

Schoch, Friedrich: Das Recht auf informationelle Selbstbestimmung, in: JURA 2008, S. 352 ff.

Schröder, Meinhard: Persönlichkeitsrechtsschutz bei Bewertungsportalen im Internet, in: VerwArch 2010, S. 205 ff.

Schuler-Harms, Margarete: Die kommerzielle Nutzung statistischer Persönlichkeitsprofile als Herausforderung für den Datenschutz, in: Sokol, Bettina (Hg.): Living by numbers, 2005, S. 5 ff.

Schulz, Gabriel: Das neue IT-Grundrecht – staatliche Schutzpflicht und Infrastrukturverantwortung, in: DuD 2012, S. 395 ff.

Schulz, Sönke E./Hoffmann, Christian: Staatliche Datenerhebung in sozialen Netzwerken, in: DuD 2012, S. 7 ff.

Schulze-Fielitz, Helmuth: Das Lüth-Urteil – nach 50 Jahren, in: JURA 2008, S. 52 ff.

Schulzki-Haddouti, Christiane: Gläserne soziale Netzwerke, in: Bürgerrechte & Polizei/CILIP 98 (1/2011), S. 32 ff.

Schwabenbauer, Thomas: Kommunikationsschutz durch Art. 10 GG im digitalen Zeitalter, in: AöR 137 (2012), S. 1 ff.

Schwartz, Paul M.: "Personenbezogene Daten" aus internationaler Perspektive, in: ZD 2011, S. 97 ff.

Schweizer, Rainer J.: Die Rechtsprechung des Europäischen Gerichtshofes für Menschenrechte zum Persönlichkeits- und Datenschutz, in: DuD 2009, S. 462 ff.

Seubert, Sandra: Privatheit und Öffentlichkeit heute, in: Seubert, Sandra/Niesen, Peter (Hg.): Die Grenzen des Privaten, 2010, S. 9 ff.

–, Der gesellschaftliche Wert des Privaten, in: DuD 2012, S. 100 ff.

Siegel, Thorsten: „Spiel ohne Grenzen"? – Grundrechtliche Schranken der Videoüberwachung durch öffentliche Stellen und Private, in: VerwArch 102 (2011), S. 159 ff.

Simitis, Spiros: Die informationelle Selbstbestimmung – Grundbedingung einer verfassungskonformen Informationsordnung, in: NJW 1984, S. 398 ff.

–, Die Entscheidung des Bundesverfassungsgerichts zur Volkszählung – 10 Jahre danach, in: KritV 1994, S. 121 ff.

–, Übermittlung der Daten von Flugpassagieren in die USA: Dispens vom Datenschutz? in: NJW 2006, S. 2011 ff.

–, Hat der Datenschutz noch eine Zukunft? In: RDV 2007, S. 143 ff.

–, (Hg.): Bundesdatenschutzgesetz. Kommentar, 7. Aufl. 2011

Skistims, Hendrik/Roßnagel, Alexander: Rechtlicher Schutz vor Staatstrojanern? In: ZD 2012, S. 3 ff.

Söllner, Sebastian: Urteilsanmerkung, in: DVBl. 2010, S. 1248 ff.

Sokol, Bettina: Informationsfreiheit im Bund: Ein zögerlicher erster Schritt, in: CR 2005, S. 835 ff.

Son, Jae-Young: Heimliche polizeiliche Eingriffe in das informationelle Selbstbestimmungsrecht, 2006

Spieker gen. Döhmann, Indra: Teil-Verfassungsordnung Datenschutz, in: Vesting, Thomas/Korioth, Stefan (Hg.): Der Eigenwert des Verfassungsrechts, 2011, S. 263 ff.

Spindler, Gerald: Persönlichkeitsschutz im Internet – Anforderungen und Grenzen einer Regulierung (Gutachten F zum 69. Deutschen Juristentag), 2012

Steidle, Roland/Pordesch, Ulrich: Im Netz von Google. Web-Tracking und Datenschutz, in: DuD 2008, S. 324 ff.

Stern, Klaus: Das Staatsrecht der Bundesrepublik Deutschland, Bd. IV/1, 2006

–, Die Schutzpflichtenfunktion der Grundrechte: Eine juristische Entdeckung, in: DÖV 2010, S. 241 ff.

Sterzel, Dieter: Beschränkung des Brief-, Post- und Fernmeldegeheimnisses; Ausschluß des Rechtsweges, in: Ders. (Hg.): Kritik der Notstandsgesetze, 1968, S. 24 ff.

Stolleis, Michael: Geschichte des öffentlichen Rechts in Deutschland, IV. Band, 2012

Stuckenberg, Carl-Friedrich: BVerfGE 120, 224 – Inzestverbot, in: Menzel, Jörg/Müller-Terpitz, Ralf (Hg.): Verfassungsrechtsprechung, 2011, S. 846 ff.

Szczekalla, Peter: Die sogenannten grundrechtlichen Schutzpflichten im deutschen und europäischen Recht, 2002

Szuba, Dorothee: Vorratsdatenspeicherung, 2011

Thiel, Markus: Die „Entgrenzung" der Gefahrenabwehr, 2011

Tiedemann, Paul: Menschenwürde als Rechtsbegriff, 2. Aufl. 2010

Tinnefeld, Marie-Theres: Sapere aude! Über Informationsfreiheit, Privatheit und Raster, in: NJW 2007, S. 625 ff.

Trute, Hans-Heinrich: Grenzen des präventionsorientierten Polizeirechts in der Rechtsprechung des Bundesverfassungsgerichts, in: Die Verwaltung 2009, S. 85 ff.

Uerpmann-Wittzack, Robert (Hg.): Das neue Computergrundrecht, 2009

Valerius, Brian: Ermittlungen der Strafverfolgungsbehörden in den Kommunikationsdiensten des Internet, 2004

Ugarte Chacón, Benedict: Berlin Bank Skandal, 2012

Vesting, Thomas/Korioth, Stefan (Hg.): Der Eigenwert des Verfassungsrechts, 2011

Vogel, Joachim/Brodowski, Dominik: Urteilsanmerkung, in: StV 2009, S. 632 ff.

Voigt, Paul: Datenschutz bei Google, in: MMR 2009, S. 377 ff.

Volkmann, Uwe: Freiheit und Gemeinschaft, in: Merten, Detlef/Papier, Hans-Jürgen (Hg.): Handbuch der Grundrechte, Bd. II, 2006, S. 341 ff.

–, Urteilsanmerkung, in: JZ 2006, S. 918 ff.

–, Schutz der Privatsphäre im freiheitlich-demokratischen Rechtsstaat, in: AnwBl. 2009, S. 118 ff.

Wagner, Edgar: „Schutz der Privatheit – Informationsgesellschaft ohne Tabu?" In: DuD 2008, S. 736 ff.

Warntjen, Maximilian: Heimliche Zwangsmaßnahmen und der Kernbereich privater Lebensgestaltung, 2007

–, Die verfassungsrechtlichen Anforderungen an eine gesetzliche Regelung der Online-Durchsuchung, in: JURA 2007, S. 581 ff.

Warren, Samuel D./Brandeis, Louis D.: Das Recht auf Privatheit – The Right to Privacy, (Originalveröffentlichung in: Harvard Law Review, Vol. IV Dec. 15, 1890 Nr. 5), deutsche Übersetzung in: DuD 2012, S. 755 ff.

Weber, Kathrin: Die Sicherung rechtsstaatlicher Standards im modernen Polizeirecht, 2011

Wegener, Bernhard/Muth, Sven: Das „neue Grundrecht" auf Gewährleistung der Vertraulichkeit und Integrität informationstechnischer Systeme, in: JURA 2010, S. 847 ff.

Weichert, Thilo: Die Ökonomisierung des Rechts auf informationelle Selbstbestimmung, in: NJW 2001, S. 1463 ff.

- , BDSG-Novelle zum Schutz von Internet-Inhaltsdaten, in: DuD 2009, S. 7 ff.

–, Cloud Computing und Datenschutz, in: DuD 2010, S. 679 ff.

–, Datenschutzverstoß als Geschäftsmodell – der Fall Facebook, in: DuD 2012, S. 716 ff.

–, Anmerkungen zu Warren/Brandeis – Das Recht auf Privatheit, in: DuD 2012, S. 753 f.

–, Privatheit und Datenschutz im Konflikt zwischen den USA und Europa, RDV 2012, S. 113 ff.

Welsing, Ruth: Das Recht auf informationelle Selbstbestimmung im Rahmen der Terrorabwehr, 2009

Westphal, Dietrich: Leitplanken für die Vorratsdatenspeicherung – Abrücken von „Solange", in: EuZW 2010, S. 494 ff.

Weßlau, Edda: Gefährdungen des Datenschutzes durch den Einsatz neuer Medien im Strafprozess, in: ZStW 113 (2001), S. 681 ff.

Wiese, Günther: Bewertungsportale und allgemeines Persönlichkeitsrecht, in: JZ 2011, S. 608 ff.

Will, Rosemarie: Christus oder Kant. Der Glaubenskrieg um die Menschenwürde, in: Blätter f. dt. u. intern. Politik 2004, S. 1228 ff.

Wind, Irene: Die Kontrolle des Datenschutzes im nicht-öffentlichen Bereich, 1994

Winkel, Olaf: Bürgerpartizipation – Organisation und Vitalisierung politischer Prozesse durch Electronic Government, in: der moderne staat 2011, S. 381 ff.

Wolff, Heinrich Amadeus: Die Grenzverschiebung von polizeilicher und nachrichtendienstlicher Sicherheitsgewährleistung, in: DÖV 2009, S. 597 ff.

–, Vorratsdatenspeicherung – Der Gesetzgeber gefangen zwischen Europarecht und Verfassung? In: NVwZ 2010, S. 751 ff.

–, Die beschränkte Internettauglichkeit des BDSG, in: Hill, Hermann/Schliesky, Utz (Hg.): Die Vermessung des virtuellen Raums, 2012, S. 193 ff.

Worms, Christoph/Gusy, Christoph: Verfassung und Datenschutz, in: DuD 2012, S. 92 ff.

Zabel, Benno: Terrorgefahr und Gesetzgebung, in: JR 2009, S. 453 ff.

Zivier, Ernst: Erosion der Demokratie, in: Butterwegge, Christoph/Kutscha, Martin/Berghahn, Sabine (Hg.): Herrschaft des Marktes – Abschied vom Staat? 1999, S. 85 ff.

Zöller, Mark: Informationssysteme und Vorfeldmaßnahmen von Polizei, Staatsanwaltschaft und Nachrichtendiensten, 2002

–, Die Jagd nach den Verbindungsdaten, in: Wolter, Jürgen u. a. (Hg.): Datenübermittlungen und Votermittlungen. Festgabe für Hans Hilger, 2003, S. 291 ff.

–, Heimlichkeit als System, in: StraFo 2008, S. 15 ff.

MIX
Papier | Fördert
gute Waldnutzung
FSC® C083411

Kolibri 360 GmbH
Ferdinand-Jühlke-Straße 7
99095 Erfurt, Deutschland
produktsicherheit@kolibri360.de